JN189603

新装版

武士と文士の中世史

五味文彦――著

東京大学出版会

Samurai and Literati in Medieval Japan

Fumihiko GOMI

University of Tokyo Press, 2024
ISBN 978-4-13-020165-0

新装版

武士と文士の中世史

目次

第I部　武士の春

1　勇士たちの社会

武士の行動を探ってゆくと、常に「狼藉」「濫行」「濫妨」などということばとともに見える。ことに治承・寿永の源平の争乱後にはこうしたことばが頻出している。ここでは手初めに狼藉の側面から武士について考えてみよう。

狼藉の振舞い

鎌倉武士の典型といわれた畠山重忠に次のような話がある。文治三年（一一八七）九月、武蔵の武士重忠は、伊勢国にあった所領の代官が働いた非法の件で伊勢神宮に訴えられて、地頭職を奪われたばかりか、召籠《めしこめ》の処分を受けた。しかし何とか陳謝して免ぜられ武蔵の菅谷館に引き籠もっていたところに、今度は梶原景時の讒訴にあって謀反の噂が流れた。やむなく頼朝の召しに応じ鎌倉に上ってきた重忠は次のように述べたという。

重忠が如きの勇士は、武威に募り人庶の財宝などを奪取って、世渡の計らひとなすの由、若し虚名に及ばば、尤も恥辱たるべし、謀反を企つるの由、風聞せば、還りて眉目と謂ふべし、但し武家当世を以て、武将の主と仰ぐの後、更に弐ごころ無し、（『吾妻鏡』）

この釈明は認められ、許されることになったのだが、ここには勇士の二つの側面がよくうかがえる。一つは、「武威に募り人庶の財宝などを奪取って、世渡の計らひとなす」と称されるような、武威によって人々の財宝を奪い取る狼藉の武士の側面である。

それが虚名として伝わるのは恥辱だと重忠は述べているが、勇士が狼藉を行うものとみなされていたのは事実であろう。このことは「謀反を企つるの由、風聞せば、還りて眉目と謂ふべし」と、謀反こそ勇士の本分といっているのとも相通じている。頼朝が挙兵するきっかけとなった以仁王の令旨で「謀反」を呼びかけられたのも、実はこうした「勇士」であった。

もう一つの勇士の側面は、「武家当世を以て、武将の主と仰ぐの後、更に弐ごころ無し」といわれるような、主従関係の形成にともなう主人に仕える兵の道の遵守である。しかしここでは、狼藉の武士の側面を追うことにしたい。そうした勇士の姿をほかに求めると、遙かに下って『太平記』に見える結城宗広（道忠）がそれにあたるであろう。

> ゲニモ此道忠ガ平生ノ振舞ヲキケバ、十悪五逆重障過極ノ悪人也、鹿ヲカリ鷹ヲ使フ事ハ、セメテ世俗ノ態《わざ》ナレバ言フニタラズ、咎ナキ者ヲ殴チ縛リ、僧尼ヲ殺ス事数ヲ知ズ、常ニ死人ノ頸ヲ目ニ見ネバ、心地ノ蒙気《もうき》スルトテ、僧尼男女ヲ云ズ、日毎ニ二三人ガ首ヲ切テ、態目ノ前ニ懸サセケリ、サレバ彼ガ暫モ居タルアタリハ、死骨満テ屠所《としょ》ノ如ク、尸骸《しがい》積デ九原ノ如シ、

宗広は、咎のない者を殴ち縛り、僧尼を殺す事は数知らず、常に死人の頸を目に見ないと蒙気の心地がするということで、僧尼男女をいわず、日毎に二三人の首を切り、目の前に懸けさせたというのだから凄まじい。しかしこれがまさに勇士の典型なのであった。宗広について「十悪五逆重障過極ノ悪人也」と『太平記』は述べてこそいるものの、前後の文脈は決して非難をこととしていない。

その姿をさらに絵巻で見ようとすれば、『男衾三郎絵詞』の男衾三郎がそれに該当しよう。武蔵国の吉見二郎・男衾三郎兄弟は「花族栄耀」、富栄えた世にいみじき兵であったが、極めて対照的な性格の持ち主である。二郎は「色をこのみ」とする男で、上臈の女房を迎えて田舎住まいにはない風流な生活を送っていた。それとは対照的に、三郎

図1 『男衾三郎絵詞』12紙，男衾三郎館門前（東京国立博物館所蔵）

は兵の道に心掛け、見目よい妻を迎えたとて何になろうかと特別に見目の悪い妻を迎えたり、荒馬を乗りこなし、大矢・強弓を使いこなす生活を送っていた。その三郎の屋敷の門前の風景はと見れば、

馬庭《ばば》のすゑに生首たやすな、切り懸よ。この門外とをらん乞食・修行者めらは、やうある物ぞ、ひき目・鏑矢にて駆け立て駆け立て、追物射にせよ。

とあり、「馬庭のすゑに生首たやすな、切り懸よ」と称して門前を通る乞食や修行者を捕まえ、犬追物の犬に代わる的にしたという。そしてその荒々しい場面が絵巻にはリアルに描かれている[1]。

門前の場はそこを守る武士のテリトリーであり、そこを通る人人はまさに獲物に他ならない。野性的な勇士の一面が「生首たやすな」という表現とともに、その場面によく現われていよう。そうした勇士であったから、京都の大番役で東海道を上っても、山賊に襲われることはなかったが、貴族的な兄の二郎は狙われて遂に命を落としたのである。

絵詞の話はこうして始まるが、残念ながら全体が残されておらず、何を主題にしたものか明らかではない。しかし男衾三郎の勇士としての性格に作者の強い関心があったことは疑いなく、東国に成長した勇士の像にスポットは当てられていたのである。

勇士の群像

説話集の『古事談』も「勇士」という巻を立てて勇士の群像を追っている。鎌倉時代の初期に成ったこの説話集は、源顕兼という公卿の手に成る作品であるが、それだけに京都の貴族の目に映った勇士の像がよく浮かび上がっている。『古事談』は全部で六巻からなり、第一巻に「王道后宮」を配置して天皇を中心にその興味深い話を並べる。第二巻では臣下を扱うが、「臣節」と命名され、朝廷に仕える貴族の行動に関心が寄せられている。第三巻は僧侶の説話であって「僧行」と命名され、僧の目を見張るような行動に目が注がれる。その次の第四巻が「勇士」であって武士の勇猛さに焦点が当てられ、さらに第五巻「神社仏寺」、第六巻「邸宅諸道」と、建築や技芸にまつわる話が続くのである。

そのなかで勇士の巻は、量が二十九話と最も少く、総計四百六十二話あるなかの十五分の一にも達しない。これは顕兼が公卿という立場に制約されて武士の話を集めきれなかったことも影響しているのであろうが、にもかかわらず独立の巻を立てて、説話を配列しているところに勇士への関心の高さがうかがえよう。その取り上げられている勇士と話の数をあげると、

源満仲2、平将門5、藤原忠文2、藤原純友1、源頼光1、平維衡1、源斉頼1、平致経1、源頼義2、源義家5、後藤則明1、源義親1、藤原満兼1、藤原基衡の郎従1、平清盛の郎従1、安藤右宗1、由井七郎1、熊野の覚朝1

といった分布である。大体は年代順に並べられているが、最初の源満仲の話は平将門・藤原忠文・藤原純友の話より

も後のものであるにもかかわらず、最初に置かれている。しかもその話の内容は満仲の勇士の面を扱うというより、満仲の屋敷に入ったのが親繁王という皇族であったということで、この説話を読む人をあっと驚かせる。それと対応するかのように最後でも熊野の覚朝の話をもってきて結びとし、始めと終りは武士を描いていないのである。(2)

顕兼の意図は、そうした描写のなかから勇士の実像をさりげなく表現しようと試みたのであろう。例えば伊予入道頼義については「壮年の時より、心慙愧《ざんき》無し、殺生を以て、業と為し、況や十二年征戦の間、殺人の罪勝計すべからず」と述べており、熊野の覚朝の話では「熊野の習、指したる事は无しと雖も、人ヲ殺す事、此くの如し」と述べる。しかし全体は、そうした殺人を専らにし、死に臨んでも動じない勇士の武勇や大胆さに焦点を当てるというよりも、「勇士にもかかわらず」とった行動を好んで取り上げている。地獄に堕ちることを恐れて往生を願う心情や慎み深さなど、むしろ貴族と同じような心性や感情を持つものとして描きつつ、そうしたなかから勇士たちの奇怪な行動を浮かび上がらせているのである。従って『古事談』は勇士を勇士そのものとしてではなく、一種のオブラートでくるんで描いたのであった。

勇士の姿をさらに遡って見ると、『今昔物語集』に収められている説話がよく示している。その巻二十五の最初は平将門が主人公となっている。

将門、常陸・下総の国に住して、弓箭を以て身のかざりとして、多くの猛き兵を集めて伴として、合戦を以て業とす。

その次は藤原純友である。

純友、伊予国に有り。多くの猛き兵を集めて眷属として、弓箭を帯して舟に乗りて、常に海に出て、西の国より上る船の物を移し取りて、人を殺す事を業としけり。

それぞれ東国と西国で起こった反乱に材を取りながら、勇猛果敢で野性味たっぷりの武士の姿を描いており、合戦や人殺しを業となす勇士の群像を浮き彫りにしている。さらに巻十にある陸奥国の壬生良門という武者も「弓箭を以て朝暮の翫《もてあそびもの》として、人を罸《ころ》し畜生を殺すを以て業とす、夏は河に行て魚を捕り、秋は山に交はりて鹿を狩る」とあり、殺生を業とし狩猟を専らにしていたという。

こうした勇士や武士の源流を求めてゆけば、そこに狩猟民の性格を見出すことはたやすい。巻十九に見える讃岐国の源大夫は「心極て猛くして、殺生を以て業とす、日夜朝暮、山野に行て鹿鳥を狩り、河海に臨て魚を捕る」と先の武者と同じ行動をしていたが、「人の頸を切り足手を不レ折ぬ日は少くぞ有ける」と首を切る刑罰が日常の如くあったという。しかるにこの首を切る行為との関連では、絵巻にしばしば首級が描かれていることが思い浮かぶであろう。そこで次に絵巻から首を切る行為の意味を探ってみたい[3]。

首のフェチシズム

合戦が終わると、勝者は敗者の生存に脅かされる。まだ生きているのではないかと。そこで首実検が行われる。平治の乱では、信西の首実検を藤原信頼・惟方が神楽岡で行っている（『平治物語』）。源義経が陸奥国で攻められて自殺し、鎌倉に首がもたらされてきたとき、実検のために派遣されたのは和田義盛・梶原景時の二人であった（『吾妻鏡』）。

信西の首は長刀に結び付けられて運ばれたが、平正盛が源義親を討ち取り、首を都に運んだときも長刀に結ばれてきた（『中右記』）。ただ義経の首の場合は、黒漆の箱に酒にひたされて運ばれている。実検がすむと首は晒されることになる。信西の首は河原で検非違使に引き取られ大路を渡された上、西の獄門の楝木にかけられて晒されている。首は獄門に晒されるのが普通だったらしく、義親の首は七条河原で検非違使に引き取られ、大路を渡されて西の獄門の木に掛けられた。平重衡や宗盛も獄門の木に掛けて晒されている。

図2 『後三年合戦絵詞』下巻20～21紙，晒し首（東京国立博物館所蔵）

晒された首は近くに捨てられた。源義朝の首は東の獄門の辺りにあったものが、頼朝が義朝の供養に勝長寿院を建てたとき、文覚に見つけだされて鎌倉に運ばれている。ただ義朝の父為義の場合は晒されずに義朝に引き取られて供養されている。弟頼仲の方は鳥羽院の中陰にあたったため、晒されずに穀倉院の南の草深いところに捨てられたという。

戦場で倒した敵の首はかき切るのが作法である。『平治物語絵巻』にはそうした場面がふんだんに描かれている。これを単に残忍とのみ評価してはなるまい。鎌倉を戦場とした和田合戦では、二百三十四もの首が片瀬川の辺に集められたという（『吾妻鏡』）。そのような並べられた生首の様は『後三年合戦絵詞』などに生々しく描かれている。これらの首は恩賞のための証拠となるのだが、首を切り、集めるこうした行為はそれだけでは理解しがたい。獲物を狩り集める狩猟民のような感覚がそこに見出されるように思う。

『曽我物語』に描かれているように、武士は山野を駆けめぐり、大規模な巻狩りを楽しんでいた。頼朝は「男の一の栄華は狩庭には過ぎじ」と述べている。ほかにも武士は国司や守護の主催する大狩りに動員されていて、日常的にも狩りは武士と縁が強かった。合戦も狩りの延長にあったのであり、そこで得た首は山の神、あるいは戦の神への捧げ物といった意味があったのであろう。

平治の乱で処刑された藤原信頼に対して、ある武士がその死骸を散々に打ち殴ったとき、清盛はこれに怒って武士を追放したという。死骸を汚す行為は死骸敵対といって重い罪であったが、首を切り、集め、晒す行為は、それとは違うのである。こうして絵巻に様々に描かれた首は、武士がどのように発生したかを雄弁に物語っている。つまり狩猟民的な心性を持っていたのである。首のフェチシズムともいうべきこれらの心性や行為には、狩猟民が山の神に鹿の首を供犠として捧げる風習との共通性も指摘できよう。首の化粧を行うのもその関係によるものと考えたい。武士の心性は狩猟民と共通のものであった。

兵と狩猟民

こうした武士の前身を探ってゆくと、古代国家の律令の規定に行きつく。「軍防令」兵士条では、諸国の軍団の「兵士」は「弓馬に便ならむをば、騎兵隊とし、余を歩兵隊とせよ」と規定している。律令国家が諸国の軍団に組織した騎兵・歩兵の軍士こそ、武士の前身のひとつであったといえよう。弓や馬に便がある民とはすなわち狩猟民にほかならず、歩兵が農耕民と考えられる。さらにまた軍団に組織されない騎兵も相当に存在していたと見られる。やがて諸国の軍団が廃止され、弓馬に便ある騎兵が独立して自己武装したのが「兵」なのであろう。

これまでの律令制下の公民の像は、班田制実施の影響もあってか、農耕民として一元的にとらえられすぎていたように思う。税制でいえば、租庸調制度のうちの租に比重が置かれすぎて考えられてきた。だが延喜式に見える諸国からの様々な産物などは、どう見ても農耕民の生産活動だけから考えるのは無理があろう。狩猟民や農耕民もあわせて公民・百姓ととらえられていたのである。

つまり「兵」も狩猟民そのものというのではなく、狩猟民が公民的な編成を受けつつ変形したものである。律令国家は軍事国家としての特質を持っており、「政の要は軍事なり」といわれ、天皇の諡号も桓武天皇までの八人には「武」がついている。その軍事のシステムがつくられ、やがて衰退するなかで狩猟民が「兵」に転身を遂げていったのだろう。

普通には、公民の兵士は農民兵のために質を確保できず、衰退したといわれており、そのため富豪浪人から兵が生まれてくるのだとされている。ただその富豪浪人も農民とのみ見るわけにはゆかない。

例えば、天長三年（八二六）に大宰府は兵士・軍毅を廃して選士を置いたが、これは「富饒《ぶにょう》遊手の児」から選抜したものだった（『類聚三代格』）。この富饒遊手の児こそが狩猟民とみなされよう。一律に編成された兵士制はうまく機能しなかったので、そこからドロップした富饒遊手の児たる狩猟民が編成されるようになったのである。かれらが農民でないことは、天長三年の同じ官符が、豊後国の大野・直入両郡では「騎猟の児」が多くて、兵に向いていると述べ、大宰府は弓馬の士として編成したとあることからもわかる。この地には山の民の集団が住んでおり、それが武士の源流となったことは、戸田芳実氏が指摘されているところである[4]。

ただ注意したいのは漁撈の民も基本的には狩猟民ということである。そこでは山が海に迫る切り立った場を根拠地としているような民を想定するとわかりやすい。元慶七年（八八三）に備前国で海賊警固のために設置された「浪人有勇敢者」としての兵士はまさにそれであった（『三代実録』）。平将門に率いられた東国の狩猟の民、藤原純友に率いられた西国の漁撈の民、これらをすべて狩猟民と呼びたい。山野河海を活動の場とする民である。

こうして十世紀から諸国で活躍していた武士団だが、史料の上では「兵」（つわもの）と呼ばれていた。『今昔物語集』にはこう見える。

摂津守源頼光朝臣の郎等にてありける、平貞道・平季武・公時といふ三人の兵ありけり。皆、見目をきらきらしく、手聞き魂太く思量ありて、愚なる事なかりけり。

この兵たちは、「兵の家」を代々継承して、「兵の道」といわれる、名誉を重んじ死をも恐れず勇敢に戦う、独自の倫理をつくりあげていた。

武士の起こり

兵とともに「武者」あるいは「武士」ということばが見出される。貴族の日記に御所の警護や僧兵の防御に派遣された「天下武者、源氏平氏輩」といったふうによく使われている。この武士・武者の用例もたどってゆくと、律令国家の「公式令」内外諸司条に「五衛府・軍団及び諸の帯仗の者、武と為す」とある「武」にゆきあたる。さらに『続日本紀』養老五年（七二一）の詔に「文人・武士は天下の重んずる所」と武士のことばが見える。武士とは武官とほぼ同義に使われ、朝廷に武芸をもって仕える「帯仗の者」というほどの意味であった。

これらの武士の供給源は、京都周辺の豪族、なかでも河内・摂津国の豪族であった。かれらは軍団の廃止をうけて、また朝廷の五衛府の縮小・整理をうけて、貴族の家の私兵となりつつ、朝廷に任官して勢力を伸ばした。九世紀半ば頃、大納言の伴善男は左大臣源信と対立して、信の家人で朝官に任じられているものを遠国の国司に任じて遠ざけようとしたが、かれらはみな馬に乗り、弓を引くのに巧みなものばかりであったという。善男は信の武力をさいて、権勢を奪おうとしたのであって、ここに貴族の武力の基盤が衛府や馬寮などの官人となった武士であったことがうかがえる。(5)

やがて検非違使制度の発展とともに検非違使に任じられたり、地方に反乱が起こるとこれの追捕に動員されたりして、次第に実力をつけていった。また諸国の国司に任じられ国に下っては、朝廷の権威を背景にして勢力を築いた。

武士はいわば軍事貴族であった。

だが国に下ったまま在国して、兵として活動する例も増えていった。他方で兵は、諸国の経営が国司に任され、国司が受領として任地の支配を行うようになると、国司によって組織されるようになった。

実方中将と云人、陸奥守に成て、その国に下りたりけるを、その人は止む事なき公達なれば、国の内の可レ然き兵共、皆前々の守にも不レ似、この守を饗応して、夜昼、館の宮仕怠る事なかりけり。(『今昔物語集』)

このように都から下ってきた貴族である国司の館の警護や国司の主催する狩りに動員されるようになった(6)。いっぽうで兵が上洛して武士として朝廷に仕えるようにもなり、武士の兵化、兵の武士化の二つの傾向が進行して、両者は一体化していったのである。

十世紀から十一世紀にかけては、地方では朝廷に対する反乱が何度も起きた。これらの反乱は、結局は都から同類の武士が派遣されて鎮圧されたのであるが、幾度か起きた反乱を通じて武士相互の秩序が形成されていった。それは『今昔物語集』に描かれた武士の英雄時代ともいうべき時代であった。

十一世紀に東国では三度にわたって戦乱があった。それらの鎮圧にかかわったのが源氏の武士である。まず平忠常が上総国で反乱を起こしたとき、利根川の浅瀬を突破してこれを従えさせたのは源頼信である。頼信は摂津国に基盤を持つ武士であり、甲斐守となり、東国にやってきて勢力を広げていた。その子の頼義は、相模の鎌倉を本拠としていた兵の平貞方の娘との間に義家を儲けて貞方から鎌倉を譲られ、相模守などを歴任しながら、勢力を広げた。頼義は「武勇を好み、民の帰伏するもの多し、頼義朝臣の威風大いに行はれ、拒捍《こかん》の類みな奴僕《ぬぼく》のごとし。しかるに士を愛して施しを好む。会坂以東の弓馬の士は大半、門客となる」(『陸奥話記』)と称され、東国の大半の武士を組織したという。

その子の義家は父が築いた武士の棟梁の位置を継承して、「武士の長者」とも、「天下第一の武勇の士」ともいわれ、奥州で起こった豪族の清原氏の内紛と反乱に陸奥守として介入し、東国の武士を引率して戦った（後三年の役）。この戦いは朝廷からは私合戦とみなされ、義家に恩賞は与えられなかったが、義家の威勢はそれだけに上がって、兵による土地の寄進が義家に相次ぎ、朝廷はそれをあわてて停止させる事態さえ生まれた。こうして兵が独自に武士の棟梁に結びついて所領を経営するようになった。例えば後三年の役で勇猛に戦った三浦為継と鎌倉景正の二人を祖として、三浦氏と鎌倉党の武士の家が所領の開発を通じて成長している。武士の家が諸国に生まれてきたのである。

狩猟民から農耕民へ

弓と馬を上手にこなす狩猟民的な性格を持った武士は、十一世紀から十二世紀にかけて、周辺の土地を開発してゆき、やがて農耕民的な性格を帯びるようになった。山野・荒野を開発して所領を形成し、これを寄進して上からの保護をあおぐ開発領主へと武士は大きく転身していったのである。

鎌倉幕府の訴訟・裁判の手続きを解説した『沙汰未練書』が、御家人とは武家の下文を拝領した「開発領主」と規定していたように、開発こそは武士の属性として考えられていた。その土地の開発のためには、国の役所である国衙との繋がりが大事であったから、国衙の在庁官人となって国から物資・人員の援助を得ることも行われた。相模の三浦氏はそうした例である。また寺社に蓄えられている神物・仏物を借りて、開発を推進することも行われた。相模の大庭氏はそうした例である。

開発といっても、推進したのは武士だけではない。武士も、農民も、また下級の貴族もその担い手だったが、そのなかで武士が開発に積極的にかかわったのがこの時代の特徴である。例えば相模国では、源義家に従って奥州の後三年の合戦に従軍した鎌倉権五郎景正が、「山野として全く田畠無し」といわれた先祖相伝の私領を伊勢神宮に寄進して浮浪人を招き寄せ、開発を企画している（『天養記』）。景正は鳥海の戦でもって敵に矢を射られたのにもかかわらずそのまま戦った武士の典型であって、その矢を抜こうとした同僚の三浦為継が顔を踏みつけかけたので、名誉を傷つけられまいと、為継を下から差し抜こうとしたといわれている。

そうした勇猛果敢な武士が開発領主としての途を模索していったのが十二世紀のことである。開発所領の形成にともなって、所領は農場、館は農場のセンターとされ、館をめぐらす堀は用水の役割を果たし、開発領主の直営地は堀の内、あるいは門田・門畠と呼ばれ、下人・所従らの従者が耕作していた。この開発所領を軸にして、武士は支配を周辺に及ぼしてゆき、周辺地域をそっくり支配下に収めていった。「重代相伝の屋敷」とか「住郷」であると称して、郡・郷・村などの地域を館の延長として支配するところとなって、農民から貢物や公事を納めさせていた。

こうして武士がつくりあげた開発所領は、名字の地といわれ、あるいは「一所懸命の地」ともいわれ、武士が守り、育て、子孫に継承させるべき土地であった。近くには墓所をもうけ、屋敷地を守護する神を祭り、一族の発展を祈った。神の多くは御霊神であり、御霊のもつ死を超えた生命力により、開発所領を守ろうとしたのである。

また様々な権威や武威から逃れるために、武士の棟梁の庇護の下に入ったり、中央の貴族・寺社の権勢に頼った。しかし、それにもかかわらずこの所領も国司や領主の権力・権勢に脅かされた。請け負った官物や公事を納めないことを理由に、国司に追籠められることもしばしばであった。また開発を通じての武士の進出は農耕民との対立を招かざるをえなかった。その対立を通じて武士は農耕民的性格を持つようになっていくのである。

そうした狩猟民から農耕民への転身は徐々に進行したのであって、山地から平野へと次第に根拠地も移っていった。開発というのも、山地と平野の境界部、海と平野の境界部がまず求められたのである。

武士の進出と抵抗

備後国に大田庄という荘園がある。平清盛が後白河院に寄進して成立したものだが、その後、平氏の滅亡により院が高野山に寄進したために、今日まで多くの文書が『高野山文書』として残されている。この荘園では源平の争乱後に武士の非法の停止が後白河院に訴えられており、その訴状を見ると、武士と荘園領主・農民の関係がくっきりと浮かんでくる。

建久元年（一一九〇）十一月、高野山の根本大塔の供僧は次の六ケ条にわたって武士の非法を記している。

一　遠平知行の時、給はる所の門田・門畠と号し、百余町田畠を押領して合夕の所当を弁済せしめざる事
二　加徴米と号し、段別二升五合の公物押領の事
三　雑免と号して百余町田畠を押領して、寺家の所役等を勤仕せしめざる事
四　数百宇の在家を押領し、寺家の所役等を勤仕せしめざる事
五　朝夕伺候の所従の如く、御庄内の百姓駆仕の事
六　御庄内殺生禁断の事

これらの訴えは武士の支配の拡大について厳しく対処しており、そこから逆に武士の支配拡大の方向性がよく見て取れる。第一条に見えるのは武士が館を中心にして門田・門畠（堀の内）と称して囲いこんだ土地についてのことである。この地は荘園領主の土地調査（検注）が行われずに年貢免除とされ、開発領主の農場のセンターともいうべきところであった。大田庄の武士は東国からやってきた武士の土肥遠平と結びついて年貢免除の土地を拡大した、とここでは訴えられている。

この所領の中核の周辺に広がるのが、第三条で非難されている雑免と称されている田畠である。これは荘園領主に

公事を納めずに、その分を武士に奉仕させるものであり、ここでは武士がこうした田畠を多数押領したと訴えられたのである。武士の私的な支配が荘園領主や百姓の土地に進出していった結果、荘園領主と武士とが最も衝突した場がこの地であった。

第二条は、武士が加徴米と号して段別に二升五合を押しとっていると非難している。これが課されるのは荘園領主支配下の農民の土地（公田・公畠）であって、そこの年貢・公事はすべて荘園領主に納められ、農民はそこでは「平民の百姓」として身分が保障されていたのだが、そこに武士が加徴米と号して所得を求めたのである。武士が館を中心にして荘園全体に支配を拡大してゆこうとする動きがよくうかがえよう。

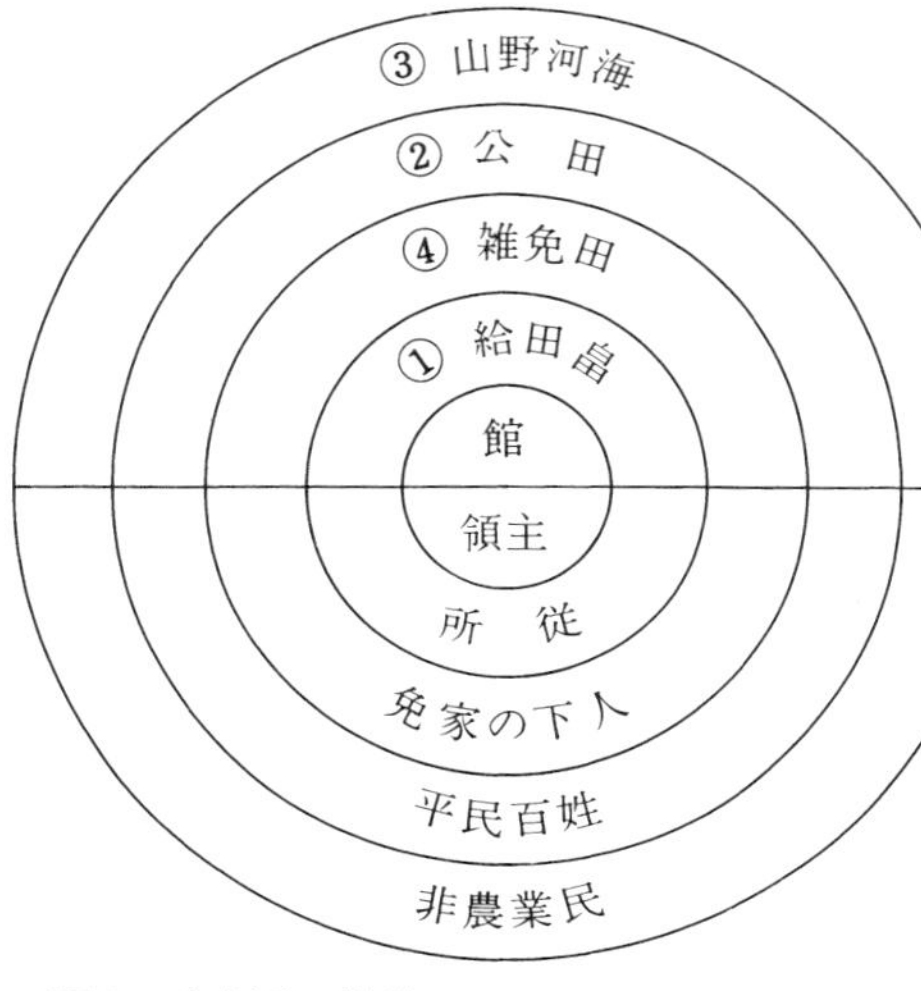

図3　武士団の構造モデル

これら三つの土地、門田・雑免田・公田に対応しては、それぞれ「朝夕伺候の所従」「免家の下人」「平民の百姓」が働いていたが、その際の非法を非難しているのが第四・五条である。平民の百姓を「免家の下人」のように働かせたと非難しているのが第四条、「朝夕伺候の所従」つまり奴隷のように働かせたと非難しているのが第五条である。

こうして館を中心に門田がひろがり、その外部を雑免田・公田が取り囲む同心円的な構造が見出されるが、さらにその外延部には山野河海が存在した。ここは狩猟民としての性格を持つ武士の根拠地であったが、これに対しても第六条は殺生禁断を掲げて強い規制を求めている。殺生は武士の本来的な属性だけに、その根幹に迫って追及する性格のもので、そこに文明と野性の衝突の姿が見出せよう。

このような武士の所領の同心円的な構造は、鎌倉時代の承久の乱後に置かれた新補地頭の取り分の率、①田畠は十一町についてそのうち一町が地頭の土地（給免田）、②その他の田畠は地頭が一反あたり五升ずつの加徴米を徴収できる、③山野・河海の産物の半分は地頭のもの、という三つの同心円的構造と対応するもので、さらに上の大田庄の例から考えると、図のごとくもう一つ①と②の間に④雑免田を設定すべきであろう(7)。

狩猟民のなごり

こうして武士は多くの抵抗を受けつつも開発所領を形成したが、狩猟民としての性格が全くなくなったわけではない。館のなかには馬場を設け、流鏑馬や犬追物などの弓矢の訓練に勤しんでいた。『男衾三郎絵詞』の「生首を絶やすな」という掛け声で門前を通行する乞食・修行者を捕まえて、犬の代わりに射るような荒っぽい行動も失われなかった。

鎌倉幕府をつくった武士の英雄時代を描いた『曽我物語』は、武士の狩猟生活を克明に描いており、伊豆の奥野から富士野での頼朝による大規模な巻狩りまで物語は続いている。奥野の巻狩りは、伊豆に流されてきた頼朝の無聊を慰めるためのもので、総勢五百騎、七日間に及ぶ大掛かりなものであったという。そのあと「馬上、徒歩立ち、腕とり、おどりこえなどこそ武士のしわざ」という掛け声で相撲が始まっている。富士野での巻狩りでは、頼朝の嫡子頼家がみごとに鹿を射とめると、そこで狩りは中止され、頼家の獲物に対して山の神に感謝する山口祭りが行われている。頼家を将軍家の跡継ぎとなして、山の神に、また御家人に広く披露し、認められたのであった。

さて武士が狩猟民から農耕民へと転身してゆくなかで、さらには都市生活者の面をも帯びるようになった。もともと軍事貴族として都に住み、貴族の家や朝廷の警護を行っていた武士は多かったのだが、保元・平治の乱を経て、京都に住み着く武士はとみに増えていった。平氏が貴族と変わらぬ生活を送ったのは、こうした都市生活者への急速な転換にともなっている。平氏は六波羅に早い段階で根拠地をつくり、さらに西国との出入り口にあたる西八条にも邸宅を建設して京都の東西の出入り口を押さえ、そこから次第に京中に進出していったのである。

また、幕府が鎌倉に置かれ、鎌倉が都市として整備されてくると、幕府の有力御家人たちも都市生活を余儀なくされた。京都には六波羅探題が置かれて、西国の有力な御家人がこれに常時奉公することが義務づけられて、やはり都市生活を送るようになった。ここに武士にもう一つの都市民的性格が付け加わってくる。所領の経営は現地の代官にまかせておき、所領からあがってくる所得で消費生活を営むようになったのである。

ことに幕府の有力御家人の場合は全国の各地に所領を持っており、そこからあがってくる物資・銭貨に経済をゆだねることになった。こうした武士の生活は、貴族の経済生活とほとんど変わらないのであって、武士の貴族化を進行させ、貴族との婚姻をもたらした。『男衾三郎絵詞』に描かれた三郎の兄二郎の姿はそうした貴族化した武士の姿といえよう。

しかし武士はまだ本質的には農村や山野を駆け巡るに相応しい存在だった。そのために武士が都市生活者となって暮らしてゆくには、自前の都市を建設してそこでの独自の生活の様式をつくりあげなければならなかった。狼藉の武士が都市に住んで、その平和を保つための訓練が必要だったのである。

最近、鎌倉の御成小学校の敷地から発掘された今小路西遺跡の武家の屋敷と庶民の家との関係は、この点を考えるのによい材料となる。

武士の屋敷は東と南に門を構え、中央が母屋、そのほか厩・台所・納屋などがあり、屋敷のなかの北側には掘立柱の被官の建物らしい家が数軒あるといったものである。これは有力な御家人クラスの屋敷と考えられているが、興味深いのは、門が道に面しておらず、東と南の門と道路とは通用路で結ばれており奥まって屋敷がある点である。他方、道に面しては庶民の方形竪穴住居、半地下式建物が存在していた。問題となるのは武士が奥まって住まう、その住まい方であろう(8)。

既に指摘したように、武士の場合は門前が特有な空間であった。門は屋敷とその外部との接点だけに狼藉の場となりやすく、門前は武士のテリトリーだったのである。こうした武士が都市に住まうのであるから、そのまま門前が道路に面していたならば争いは絶えることがない。農村生活から都市生活へと転換するにあたって、住まい方もこのような形態になったのではなかろうか。農村の武士の家をそのまま鎌倉に持ちこんだ武士が都市生活の規制からつくりだしたのが、こうした住まい方であったといえる(9)。

次の室町時代になって幕府が京都に置かれたのは、武士が都市生活者としての生き方を身に着けたことを物語っていよう。以後、武士は都市生活者として、長い間、君臨することになったのである。

考えてみると、武士が日本の社会において長く支配階級として君臨しえたのは、狩猟民から始まって、農耕民へと転身し、さらに都市民になってゆく、そうした変化する力を身に着けていたからであろう。しかもその変化のなかでも、それぞれの性格に全く染まることもなかったことが重要な点である。

2 武者の好むもの

奥州の藤原氏をやぶった翌年に上洛した源頼朝は、やがて鎌倉に戻ってくると、それまで地頭職の安堵や給与を下文で行っていたのを改め、政所下文で行うようになった。これに驚いた有力な御家人たちは頼朝の花押が据えられる下文の存続を要求した。武士にとって下文はことに好まれた文書だったのである。ここでは下文という文書形式から武士の一面を探ってみよう。

御判の下文

鎌倉時代になると武家の文書が発達するが、そこで最も格式の高いものとして位置づけられたのが下文である。[1]最初に単に「下」とあって、続いてその下に充所が記され、内容が記された後、日付があるという簡単な形式である。著しく簡便でありながら、最初の「下」という文字からしてどこかしら権威をひけらかしている風に映る、そんな感じの文書である。しかも文書を出した人物は、文書の一番奥の上に署判を加えているかと思えば、あるいは相手が格下の身分の場合には文書の袖に花押を据えている（袖判という）。実に権威ぶった文書なのである。

下す　尾張国海東三箇庄

早く元の如く彼の家の御沙汰として、庄務を執行せしむべきの状、件の如し、

寿永三年四月廿二日

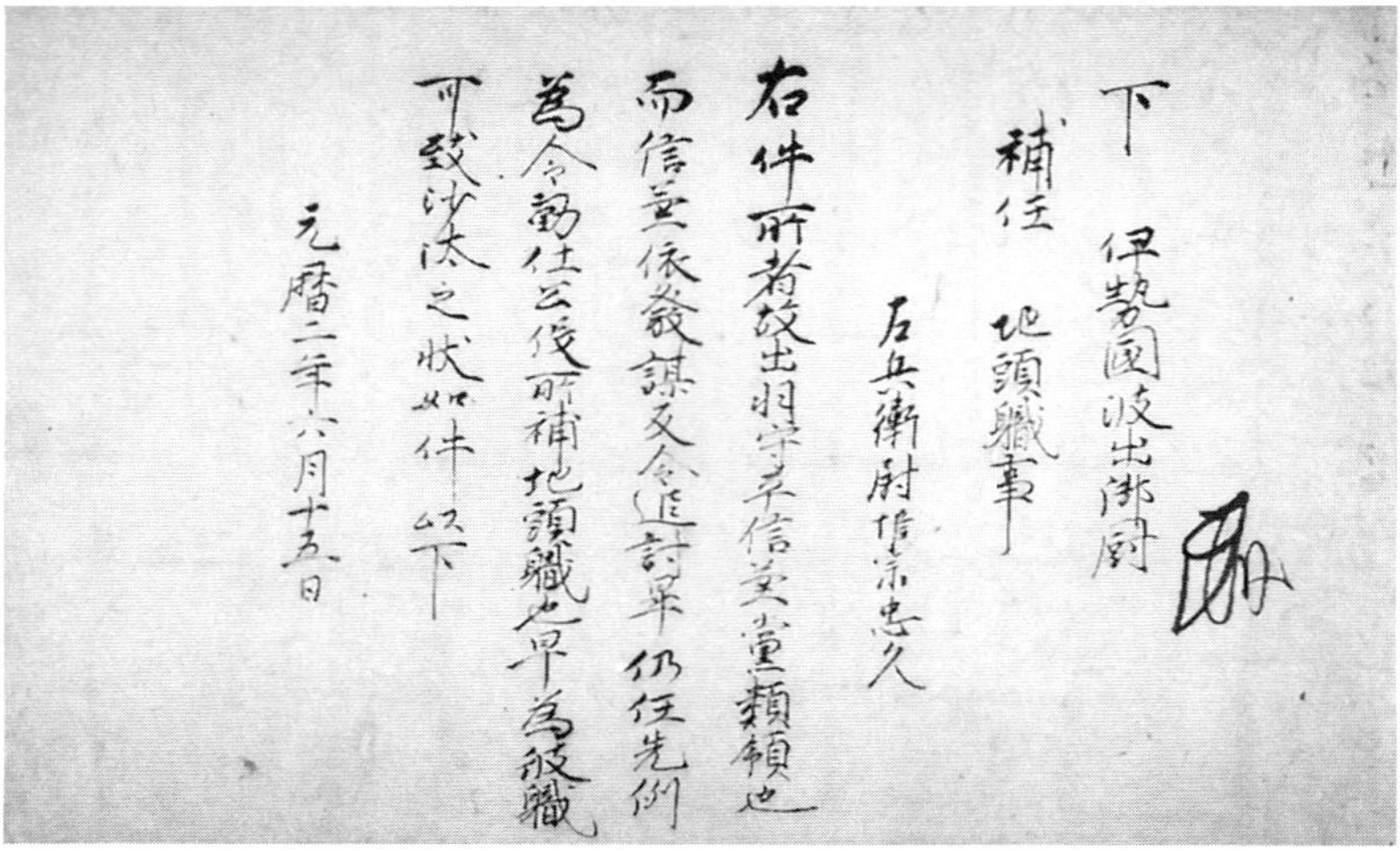
下　伊勢国波出御厨
補任　地頭職事
左兵衛尉惟宗忠久
右件所者、故出羽守平信兼党類領也、
而信兼依発謀反、令追討畢、仍任先例、
為令勤仕公役、所補地頭職也、早為彼職、
可致沙汰之状如件、以下
元暦二年六月十五日

図1　元暦二年六月十五日，源頼朝袖判下文（「島津家文書」東京大学史料編纂所所蔵）

前右兵衛佐源朝臣（御判在り）

一例をあげてみたが、これは頼朝が平頼盛の所領の安堵を認めたものである（『久我文書』）。奥上に前右兵衛佐源朝臣とあるのが頼朝であって、「彼の家」とあるのが頼盛である。ここで頼朝は頼盛の所領尾張国海東三箇庄を安堵しているが、前年（一一八三）の八月に都落ちした平氏から離れ鎌倉に下っていた頼盛と、その所領を安堵する頼朝の関係が下文からよく伝わってこよう。とはいえ袖判ではなく、奥上に署判を加えているのは、多少とも敬意は払っているのであって、御家人の場合にはすべて袖判であった（図1参照）。

頼朝が出したこの種の下文は御判の下文といわれたが、治承四年（一一八〇）八月に挙兵した直後からこの下文を多く出していた。そのなかで著名なのが、挙兵直後に伊豆の蒲屋御厨の住人に宛てて出した安堵の下文であろう。これは関東施行の始めとして『吾妻鏡』に載せられているものである（『吾妻鏡』治承四年八月十九日条）。

下す　蒲屋御厨住民等の所
早く史の大夫知親の奉行を停止すべき事

右、東国に至りては、諸国一同庄公、皆、御沙汰たるべきの旨、親王宣旨の状明鏡也、住民等其の旨を存じ、安堵すべき者也、仍て仰する所〔件の如し〕故に以て下す、

治承四年八月十九日

頼朝の花押は見えないが、それは袖判が省略されたためで、『吾妻鏡』に載る文書にはこうした例は多い。なおこの下文は頼朝の最初の文書でもあるので、少し解説を加えておこう。

時は頼朝が宿敵の山木兼隆を打ち破った直後のことである。兼隆は検非違使として都で鳴らしていた平氏一門であったが、父親との不和によって解官の憂き目にあって、伊豆にやってきていた。そこに以仁王の乱が起こり、以仁王に謀反を勧めた源頼政の知行国であった伊豆は没収され、検非違使別当の平時忠のものとなった。かくて兼隆は時忠との縁故から伊豆の目代となり頼朝に圧迫を加えてきたのである。

身辺に不安を覚えた頼朝は、源氏の御家人を集めて挙兵した結果、兼隆邸への夜討ちは見事、成功したものの、その前途は決して容易ではなかった。伊豆には伊東祐親が、駿河には国の目代橘遠茂、そして相模には大庭景親などの平氏の勢力があって、このままでは袋小路に陥ってしまう。だがそのなかにあっても、自己の権力の出発を宣言することは忘れなかった。すぐにこの下文を出したのである。ここに頼朝の目指した方向がはっきりとうかがえる。

関東の事始め

まず充所の蒲屋御厨であるが、ここは伊豆の南端の伊勢神宮の荘園（御厨）であって直接に戦闘があったわけではない。頼朝の意図は次の「史の大夫知親」の奉行を停止した点にあったろう。『吾妻鏡』によれば、知親は兼隆の親戚と見えるのみであるが、ただの親類ではない。「史」とは、太政官の弁官の下にあって事務を行っていた役職であり、その位は六位相当であった。律令の官位制度では位が上がると今までいた官職を退かねばならない。史の場合に

は五位に上がると退任させられるが、こうした人物を史の大夫という。大夫は五位の別名である。

かくして史を退くと次の官職にありつくまで、文筆の腕を生かして所々に仕えることになる。多くは受領の代官（目代）となって地方に一時の職を得ることになる。というわけで知親は伊豆の目代として伊豆に下ってきていたのであろう。兼隆を『平家物語』は目代と述べているが、さしずめ兼隆は武勇の目代、知親は文筆の目代ということになろうか。諸国を治めるには武力と文書による統治技術が必要であった。

興味深いことに、知親については幾つかの史料が見えてその実像がわかっている。保元の乱前の久安二年（一一四六）正月、中原知親は文章生から史となって活動し、その翌年十二月に五位となり右大史を去っている（『本朝世紀』）。やがて摂関家に仕えて、長寛二年（一一六四）には摂関家の文殿に詰めていたが（『兵範記紙背文書』）、そうした知親の姿を生き生きと伝えているのが『十訓抄』の説話である。

史大夫朝親といふものありけり、学匠なりければ、ここかしこに文の師してありきけり、わかくては文章の生にてありける、ことの外にかほのながかりければ、世人、長面進士とぞいひける、よのつねならず、才こびたる者也けり（一巻四十四）

ここには「朝親」とあるが、「ともちか」と読めることといい、文章生から史大夫となり「ここかしこに文の師してありきけり」という経歴といい、さらに後続の文には「我は文殿の衆にて」ともあるので、中原知親のことに疑いはない。進士とは文章生のことを意味するのだが、その知親は「長面の進士」と呼ばれたほどに顔が長かったらしい。きっと頼朝は日頃から知親をよく知っていたに違いなく、この下文を記すにあたっても頼朝の脳裏にはその長面の顔が去来したことであろう。

では頼朝の近くにあって文書を実際に記したのは誰であろうか。治承四年六月二十二日、京都の情勢を告げてきた三善康信の使者が帰るに際して、頼朝は康信の功に感謝する旨の書状を認めたが、それは右筆の「大和判官代邦通」が書き、それに頼朝が加筆し花押を据えたものであったという。従ってかの下文は大和判官代邦通が書き記したものであろう。邦通は兼隆を討つのに備えて、兼隆の屋敷での酒宴の席に潜りこんで、屋敷の周辺を絵図に描き取り、これによって頼朝方は勝利したとある。もともと「洛陽放遊客」として頼朝のもとに滞在していたというから、邦通も京都から下ってきた人物であった（『吾妻鏡』）。

邦通の「大和判官代」の「大和」とは大和権守という官職にあったことからの、「判官代」とは院庁の職員であったことからの名称であろう。邦通は京都のどこやらの院庁に仕えていたのである。頼朝の周辺がこうした京都から下ってきた人物により構成されていたことは記憶しておくべきであって、京都から情勢を伝えてきた三善康信も後に鎌倉に下ってきて問注所の執事となるが、かれも中原知親と同じく史大夫であった。

かくして頼朝は挙兵してまず武勇の目代を武力で否定し、その次には文筆の目代を文書で否定したことになる。つまり朝廷から任じられた国司の権威を否定したのであった。

以仁王の令旨

頼朝がその際の根拠としたのは、下文の本文に記されている「東国の諸国一同庄公は皆、頼朝の沙汰とせよ」という「親王の宣旨」にあった。親王とは以仁王のことをいい、親王宣旨とは以仁王の令旨とも呼ばれている清盛の追討を命じた文書のことである(2)。

頼朝はここで令旨を利用したのみならず、この後も行軍の旗にこの令旨を結びつけて旗印とし、軍勢を進めた。石橋山の合戦で破れて安房に逃れ、安房の有力な武士安西景益を味方に誘うにあたっても、「令旨厳密の上は、在庁等を相催し、参上せしむべし」と令旨に基づいて国衙の在庁官人を引率し、軍勢に加わるように促している。

さて『吾妻鏡』に載るその令旨は、令旨とはいいながら下文という形式で出されていることがまず注目に値する。

下す　東海東山北陸三道諸国源氏并に群兵の所

応に早く清盛法師并に従類叛逆の輩を追討すべき事

右、前伊豆守正五位下源朝臣仲綱宣す、

最勝王の勅を奉はるに偁く、清盛法師并に宗盛等威勢を以て、凶徒を起こし、国家を亡す（中略）然れば則ち、源家の人、藤氏の人、兼ねて三道諸国の間、勇士に堪へたる者、同じく与力追討せしめよ（中略）若し勝れたる功有るに於いては、先ず諸国の使節に預け、御即位の後、必ず乞に随ひ分ちて勧賞を賜ふべき也、諸国宜しく承知し宣に依りて之を行ふべし、

治承四年四月九日　　　　　　　　前伊豆守正五位下源朝臣

最勝王とあるのが以仁王であって、護国の経典『金光明最勝王経』に由来するこの名称は、仏敵の清盛を倒そうという意図からつけられたものである。その勅を源頼政の子の仲綱が奉じて「宣」として出されており、まことに異例な文書形式に属する。そのことからこれは偽文書とも考えられてきたが、むしろ謀反を起こすにあたり、工夫して考えられた文書と見るべきである。以仁王が直接に文書を出すことは不可能なことから奉書の形をとり、さらに武士に宛てて出すことから下文の形をとった。そう考えると、決して異例なものでもないのである。ただ形式面からすれば、日付の下の仲綱の署判には問題があって、仲綱は本文に登場した上に、またここに署判を加えるのはおかしいのだが、これは下文とは別にあった差出人の署判がたまたまここに加えられてしまったと考えれば理解できよう。

さらに頼朝はこれを利用して東国支配権を主張したのであるが、ここには頼朝の名は全く見えず、これだけで頼朝に支配権が与えられたと見るのは難しく思われるかもしれない。しかし新たな権力が築かれる際のことであれば、そ

の後に頼朝の獲得していった権限の何もかもがこの令旨に備わっていたはずもない。頼朝が注目したのは「若し勝れたる功有るに於いては、先ず諸国の使節に預け」とある部分であったろう。これによってこの令旨を受け取った頼朝は諸国の使節として勲功を授与する権限を行使できるのであり、清盛を追討するなかで平氏の所領を没収し恩賞を与えることが可能となった。

そこから支配権の内容を次第に拡張解釈して主張したものと見られる。実力で獲得した権力を令旨に結びつけて正当化していったのであろう。その際、頻繁に使われた文書が下文であった。以仁王の令旨を下文の形式で受け取った頼朝は、自らもまた下文で支配権を広げていったのである。

自由の下文

頼朝のみならず源平の争乱期には武士たちが下文を出して活動していた。頼朝に続いて木曾で挙兵した源義仲も同じ形式の下文を出しているので見ておこう。

　　下す　　資弘の所知等
　　　早く旧の如く安堵せしむべき事
　右、件の所、元の如く沙汰致すべきの状、件の如し、
　　　治承四年十一月十三日
　　源（花押）

文書は信濃の武士中野資弘の所領を安堵したものであり、端裏には「きそとのの御下文」と見えており、挙兵直後の文書である（『平安遺文』）。ただ義仲がかかる文書を実際に出していたのか、これまで疑われてきたが、同じ形式の文書はほかにも出現しており、この文書もまずは義仲の文書として見てよい。

源氏だけでなく、平氏もまた下文を出していた。養和元年（一一八一）九月二十日の河内国の田井庄の訴えによれば、「御下文」が出されて兵乱米が催促されたと見えている。また「大将殿御下文」によって隣接する会賀牧の住人が荘内に乱入するのが停止されたとあるが、この大将殿とは平宗盛のことである。次いで寿永二年（一一八三）四月の興福寺領大和国平田庄の訴えでは、源義仲の追討のため北陸道に追討使が派遣されることにともなって、兵士役の賦課が「御下文」により催促されたという（『平安遺文』）。

このように源平の内乱期には源平双方がこぞって下文を出していた。先に下文について権威を振りかざした文書と指摘したが、むしろ武威を振りかざした文書といえよう。従ってこの時期には武力と武力の争いとともに、下文と下文の争いがあったことになる。そうであれば内乱が終息するとともに、乱発された下文は整理されねばならない。その点を物語っているのが元暦元年（一一八四）二月十九日に出された宣旨である。

近年以降、武士ら皇憲を憚らず、恣に私威を輝かし、自由の下文をなして、諸国七道を廻し、或ひは神社の神税を押籲し、或ひは仏寺の仏聖を奪い取る、況んや院宮諸司及び人領においてをや、（中略）今より以後永く停止に従へ（中略）若し由緒有るにおいては散位源朝臣頼朝子細を相訪ね官に触れよ、

これによれば、武勇の輩が「自由の下文」を発して、神社仏寺や院宮・人領に押し入り乱暴行為を働いているのでこれを停止することがまず述べられ、続いて頼朝にその乱暴行為を調査して停止させ、もしも武士に「由緒」があれば官に報告することが命じられている（『玉葉』）。由緒とは下文などにより武士が荘園・公領に権利を主張している根拠のことである。

宣旨はすぐに鎌倉の頼朝の下に届けられたが、それは義仲が頼朝の派遣した義経・範頼に討たれた直後のことであり、源平の争乱の帰趨が定まった時期のことであった。これにそって頼朝は諸国に追捕使を派遣し、武士の乱暴行為

を取り締まり、さらに諸国の軍事警察権を掌握していった。その点で後の守護制度にも直結する宣旨と考えられるが、ここで頼朝が与えられた権限については後に問題とすることとして、武士が「自由の下文」を梃にして荘園・公領に進出していったこと、それが内乱の終息とともに秩序化されていったことに目を向けよう。

文治二年（一一八六）六月二十一日に頼朝は院に奏聞して、院宣で武士の濫行を停止されんことを望んだが、その際に諸国の武士が神社仏寺以下の所領に対し、「頼朝の下文」も帯びずに由緒もなく押領していることに驚いていると述べている（『吾妻鏡』）。頼朝の下文のみが正当な文書とされ、それに反する下文は排除されていったのである。

こうして下文は武者の好む文書として使われてきたのであるが、では武士と下文の密接な関係はいつまで遡れるのであろうか。次にその点を探るために平氏の下文を見ることにしよう。

平氏の下文

時代は清盛の父忠盛の代まで遡る。そこに次のような下文が見出される（『東大寺文書』）。

下す　鞆田御庄政所
早く沙汰致さしむべき東大寺御領鞆田庄家訴へ申す、対捍せる寺領の御地子并に所役の事
副へ下す寺家の書状一通
右、寺家訴へ申す如くんば（中略）御庄司等宜しく承知し重ねて訴へを致す勿れ、以て下す、
天承二年四月十六日
備前守平朝臣（花押）

ここで奥上に署判を加えている「備前守平朝臣」が平忠盛であり、充所の鞆田庄は伊賀国にある荘園で、忠盛の父正盛がここを白河院に寄進したことが院との結びつきを平氏が強めていく契機になったことでよく知られている。従

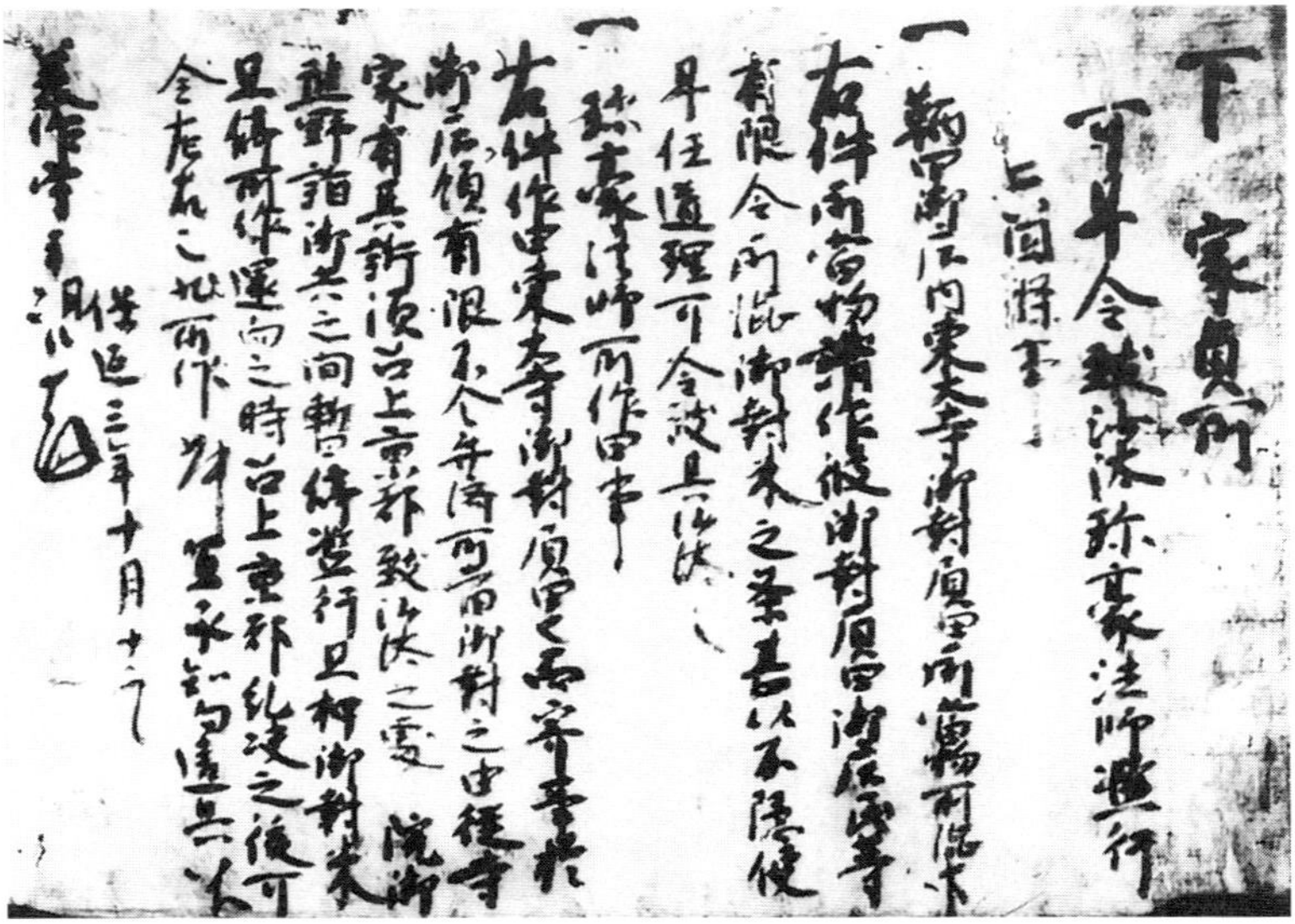

図２　保延三年十月十二日，平忠盛下文（「東大寺文書」正倉院宝物）

って天承二年（一一三二）に東大寺からの訴えにあった忠盛は、この下文を備前国司として出しているのではなく、院領の一つ六条院領伊賀国鞆田庄の預所としての立場からこの下文を出しているのである。つまり荘園の預所が荘園の経営に使うのに利用した文書が下文であったといえよう。

同じく忠盛が仁平二年（一一五二）八月に河内国会賀・福地牧政所に宛てた下文もまた預所としてのものであった（『醍醐雑事記』）。この荘園は後院領といって、院や天皇が「治天の君」として管轄する直轄領であって、鳥羽院の覚えの目出度い忠盛はここを預け置かれ、以後、平氏が代々管理することになった(3)。同じ後院領の肥後国神埼庄の預所として出した忠盛の下文は、はじめて平氏が日宋貿易に乗りだしたことを物語るもので、源師時の『長秋記』長承二年（一一三三）八月十三日条に見える。

この日の早朝、大宰権帥の藤原長実から師時に手紙があって、大切なことを示したいので来てくれと依頼された。そこで昼頃に出向いたところ、言うのにはこうであった。

鎮西唐船来着し、府官等例に任せて存問し、出すに随ひて物を和市し畢ぬ、その後、備前守忠盛朝臣自ら下文を成して、院宣と号し、宋人周新の船は神崎御庄領たり、官、経問すべからざるの由、下知するところなり、

鎮西に唐船が来航したので、例によって府の官人が交易物を聞き尋ねて取り引きをしたところ、備前守平忠盛が下文を出して院宣であると号し、宋人の周新の船が来着したのは神崎庄領であるから、官が関与してはならないと下知してきた、との報告が大宰府から届いた。ついてはこれでは面目がないので院に訴えようかと思うゆえ、訴状の案文をつくってほしい。

この申し出に師時は案をつくった上で、日記のなかに忠盛の院の近臣としての所行を「近臣猿犬がごとき所為なり」と述べて筆誅を加えている。だが、長実自身にしても院の近臣であって、二度も大宰府長官になったにもかかわらず、一度も赴任することがなかったのであり、結局、その六日後に死去している。死去の報を聞いた藤原宗忠は日記『中右記』のなかで諸大夫から中納言に昇った人物の多くは、才知にあふれていて大弁に任ぜられた上で昇任するものだが、こんな無才の人が中納言になったことは、未曾有のことであると述べている。忠盛はそうした院近臣が大宰府の長官になり大宰府が留守になっている状況をついて、日宋貿易に進出していったのである。

その際、注目されるのは、神埼庄に宋人が来着したという理由であり、そのことを下文で主張していった事実である。神埼庄は三千町歩に及ぶ大荘園であり、天皇の直轄領として代々の治天の君に継承されてきており、当時は鳥羽院の管轄下にあった。この神埼庄と日宋貿易との関係は深く、長和四年（一〇一五）に「唐僧の念救」の帰朝の際には上洛していた神埼庄司の豊島方人が途中まで同道したとある（『小右記』）。どうも神埼庄の年貢などの積み出しのため博多には倉敷が置かれており、そこに唐人が渡来してきたらしい。後に平清盛が備後国大田庄を知行した際に倉敷

をそこから遙か南に離れた尾道に置いている。それと同様に神埼庄の倉敷を博多に置き、そこに米などの年貢を運び、海路で京都に送ったのであろう。

このように宋人が来着した博多の倉敷であればこそ、それがために大宰府と神埼庄との日宋貿易をめぐる対立が起きたのであろう。時代は下るが、承久の乱直前のこと、博多津の通事・船頭であった張光安の殺害事件が起きた際に、その死んだ地（墓所）の領有を要求して大山寺を末寺とする比叡山と、箱崎社を末社とする石清水社、それに神埼庄の三者が争っている（『肥前国神崎荘史料』）。殺害により死者の亡くなった地はその死者が属する集団のものとなる法理が存在していた。神埼庄は明らかに博多の地に所領を持っていたのであり、そこに宋人の船は来着したと見てよい。したがって忠盛はその点に注目して神埼庄を知行したのであろう。

忠盛が神埼庄を知行するようになったのは、かの事件の六年前まで遡る。大治二年（一一二七）に神埼庄から白河院に鯨珠が進上されたことがあったが、これに関与していたのが忠盛であった（『鯨珠記』）。その当時、忠盛が越前守であったことが何とも興味深く、忠盛は保安元年（一一二〇）から七年間にわたって越前守となっていたが、越前の敦賀の津には唐人が来航してきており、保安元年の文書には敦賀の唐人から「白藕三十筋」を入手したということが見えている（『平安遺文』）。博多での貿易が難航した場合、唐人は日本海を回って敦賀にやってきたのであった。越前守は敦賀を管轄していたから、そこで貿易を行ったことから貿易の利益に注目するようになり、やがて本格的な日宋貿易を目指して、神埼庄を知行することを望んだのであろう。そのときに「下文」が効果的に使われたのである。

下文の効用

このように忠盛は各地の荘園の預所として下文を発給していたが、さらに伊賀国で次のような下文も発給していた。

下す　左衛門尉家貞

早く停止せしむべき家実の狼藉の事

右、東大寺御領丸柱村、国司と相論の間、家実横しまに出来して、非道の沙汰を致し、有限の寺役を勤仕せしめざるの由、右、寺家より訴へ有り、事実たらば、所行の旨、甚だ非常なり、(中略) 勘当に処すべきの状、仰する所件の如し、宜しく承知し違失する勿れ、以て下す、

保延五年三月廿三日

美作守平朝臣在判

奥上の美作守平朝臣が忠盛であり、ここではこれまでの文書と違って「左衛門尉家貞」という人物に宛てられている。家貞は平氏筆頭の家人であって、この下文が出される四年前の保延元年(一一三五)に海賊の追討により左衛門尉に任じられている。なおそのときに清盛は従四位下に叙せられたのであった(『中右記』)。また『平家物語』の最初の場面、忠盛が内の殿上人になったとき、闇討ちを心配して庭に伺候した忠義の侍こそ家貞であった。

内容は、東大寺から平家実が国司との相論において狼藉を働いているので取り締まってほしいとの訴えが出されたのに対して、忠盛が家人の家貞に命じて狼藉の停止を指令したものである。これに応じて次のような下文が出されている(『東大寺文書』)。

下す　家実の所

早く御下文の旨に任せ、狼藉を停止すべき事

右、今月廿三日御下文に偁く(中略)早く狼藉を停止すべきの状件の如し、宜しく承知し違失する勿れ、以て下す、

保延五年三月廿三日

左衛門尉平家貞在判

このように家貞は同じ形式の下文を家実宛てに出して狼藉の停止を命じているが、家実は家貞の子であった。二つの文書の相違といえば、署判を前者が奥上に、後者が奥の中段に加えている点だけであるが、ここに下文の体系は主従関係において利用されていたことがわかる。後に頼朝が武家の文書をつくりあげるについて、下文を中心においた理由もこの付近にあったのではなかろうか。主人から下文が出されると、それを実行するためにまた下文が出されるシステムである。

下文の内容を見ると、狼藉の排除を目的としている例が多く、忠盛が仁平二年（一一五二）八月に河内国会賀・福地牧政所に下した下文もまた牧住人の狼藉停止であり、既に見た伊賀国鞆田庄でも狼藉停止であった。ただ狼藉排除といっても二面性があり、武士が荘園公領に進出していって衝突が起きたとき、権威を頼んで相手方を排除するときの狼藉排除もあれば、逆に相手からの訴えについて内部の規制としての狼藉排除もある。

このほかに平氏の例に限らず、下文がどのような用途に使われているのか調べてみると、荘園の預所が下司や公文等の荘園の諸職に補任する例が多い。さらに安堵や免除の例も多く、これらは後の頼朝の下文にも多く見られるものである。

下文の発生

こうした下文の発生を物語っているのは、物資の下行を命じる下文であろう。官や国からは物資を下行するために切下文という文書が作成されていたが、これが下文の前提になる文書と見られる。そこで物資の下行を命ずる下文について遡って見ていくと、次の『赤染衛門集』が注目される。

さもいひつへき人のあきのかみになりしに、つかうへきようありて、くれ《榑》をこひたりしに、たたすこしのくたし

文をしたりしかは、かきつけてかへしし

　　中々にわかなそおしき杣川のすくなきくれのくたしふみ哉

安芸国の名産である榑を衛門は知人が安芸守になったことから求めたところ、わずかな量しか下文には記されていなかったのでこう詠んだという。その現物は衛門が下文と交換で獲得することになるが、この点は次の『雲州消息』に見える文例から知ることができる。

　御封米事

右、伊予守所進の米、淀津に到来すと云々、解文・下文、一日史生秦福充持ち来る所也、早く下行すべきの由、綱丁所に示さるべし、某謹言

　極月　日　　　　　　　　　　　　　　　　　　　　皇后宮権大進

謹上　伊予守殿

　宮の御封米の事

右、仰せの如く、早く下し進すべきの由（中略）先日差米を仰せらるの所、同じく下文を副へ之を奉らん、某謹言、

　即日　　　　　　　　　　　　　　　　　　　　　　伊予守藤原

伊予守からの米が淀津に到来したので、皇后宮の史生秦福充が解文・下文を持ってきたので、皇后宮権大進が伊予守に下行を請うたのが前者の書状で、それに対して伊予守からは下文が届けられて下行が命じられた、これが後者の書状の内容である。その際、伊予守が出した下文は次のような文書（『東大寺文書』）であろう。

下す　木津預惟助
　干鯛二千枚を下すべき事
右、東大寺当年御封前分五十斛代、下すべきの状、件の如し、
　　永承二年七月十二日
　讃岐守藤原朝臣

これは讃岐守が発行したものであるが、木津の預惟助に対して干鯛二千枚を東大寺のこの年の封戸五十斛（石）の代物として下行を命じたのであった。東大寺はこれを持って木津の預のところに行き、物資を預から受け取ることになる。

こうした物資の下行を命ずる下文がさらに俸禄や給田の宛て行いに使われ、さらに職の補任や職の安堵へと用途が広がり、ついに訴訟に際しての免除や乱暴排除にまで使われるに至ったものと推測される。

下文は簡略な形式であったため、広く武士を中心に用いられるようになり、形式も整えられて武家政権の文書形式として重要な位置を占めるに至ったのであろう。

政所下文の成立

鎌倉幕府の文書体系の中心に据えられた下文にはこうした歴史的な背景があったが、では下文は幕府の成長とともにどのような変化をするに至ったのだろうか。

当初はすべての機能を下文のみで行っていたのだが、幕府機構の拡大により、下文の分化が起きていたらしい。そのことを物語るのが政所下文の成立である。実例としてよく知られているのは頼朝が上洛して右大将となり、次いで将軍になった段階で出された前右大将家政所下文・将軍家政所下文であるが、それ以前からも政所下文は出されてい

た。

政所下す　常陸国奥郡

早く下行せしむべき鹿島毎月御上日料の籾百二拾石の事

多賀郡　　十二石五斗

（佐都郡他中略）

右、件の籾、毎年懈怠無く下行すべきの状、件の如し、

文治三年十月廿九日

中原

藤原（邦通）

大中臣（秋家）

主計允（藤原行政）

前因幡守（中原広元）

この文書は『吾妻鏡』に収録されているもので、しばしば偽文書として扱われてきた。建久二年（一一九一）の政所設置以前の文書であること、形式が整っていないこと、鹿島神社にこの文書が残されていないことなどがその根拠である(4)が、政所はなにも公卿の家にのみ置かれていたわけではない。荘園の現地にさえも庄政所が置かれていたのであるから、幕府が早くから政所を設置していたとしても不思議ではない。この後に実朝が頼家の跡を受けて将軍になったときには、公卿に列座する以前に政所始を行っている。公卿になる、ならないとは関係なく政所は置かれたものと考えられる。まして頼朝は既に文治元年（一一八五）に位は二位に昇っていたから、公卿家の政所開設の資格もあ

った。

頼朝は治承・寿永の内乱期には敵方を始めとする荘園・国衙領を没収したが、それらの多くは元暦元年（一一八四）に朝廷から知行が認められ、また朝廷からは知行国が新たに与えられた。こうした膨大な所領を経営してゆくために置かれたのが政所である。元暦元年十月に公文所が新造されたとあるが（『吾妻鏡』）、これは政所の一分課である公文所が新たに造営されたことを示すにすぎない。なお文治三年の政所下文に署判を加えている職員はいずれも公文所の新造の際に名を連ねていた人物である。

従ってこうした政所下文は、下文の機能の内、物資の下行などの政所の実務を扱う機能を分担するものとして使われるようになったのであろう。文治二年に政所から俸禄の出されている記事が『吾妻鏡』に見えるが、これも政所下文により行われたものと考えられる。また最近、文治二年に京都の六条八幡宮の造営の文書が紹介されたが、それによれば主要部分の造営を担当していたのも政所であった(5)。

政所の整備

やがて建久元年（一一九〇）に頼朝が右大将になり、同三年に将軍になった段階で出されたのが、前右大将家政所下文・将軍家政所下文である。『吾妻鏡』建久二年正月十五日条は次のように記している。

政所の吉書始を行はる、前々諸家人恩沢に浴するの時、或ひは御判に載せられ、或ひは奉書を用ひらる、而るに今、羽林上将し給ふの間、沙汰有り、彼の状を召し返し、家の御下文に成し改めらるべきの旨、定めらる、

これは頼朝が右大将になり、辞して鎌倉に帰ってから政所始を行ったときの記事である。これまでの御判下文や奉書による地頭職などの恩賞授与の文書を召し返して、「家の御下文」つまり政所下文を与えたというのである。同様に将軍になったときの『吾妻鏡』建久三年八月五日の記事を次にあげよう。

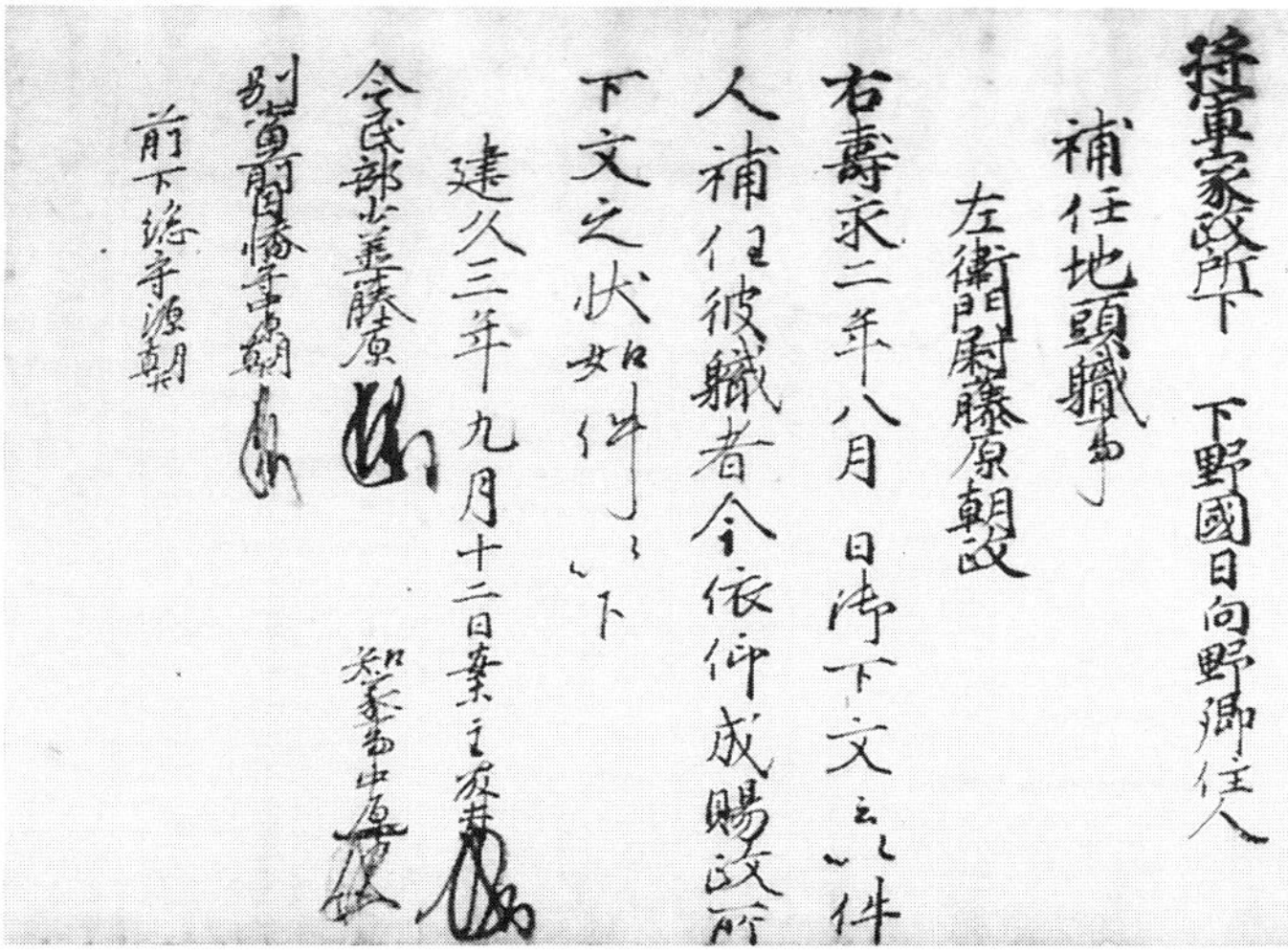

将軍家政所下　下野國日向野郷住人
補任地頭職事
左衛門尉藤原朝政
右、壽永二年八月日御下文云、以件人補任彼職者、今依仰成賜政所下文之状、如件、以下
建久三年九月十二日　案主藤井（花押）
知家事中原（花押）
令民部少丞藤原（花押）
別當前因幡守中原朝臣（花押）
前下総守源朝臣（花押）

図3　建久三年九月十二日，将軍家政所下文（山川家所蔵）

千葉介先ず御下文を給はる、而るに上階以前は、御判を下文に載せられ訖ぬ、政所を始め置かるるの後は、召し返され、政所の下文を成さるるの処、常胤頗る確執す、

このときにも御判の下文に代えて政所下文を発給するようになったという。しかしこうした変更には千葉常胤を始めとして御家人がすこぶる反発したらしい。そこで改めて有力御家人には地頭職安堵の御判下文が出されたのであった。将軍の花押のない下文では後の証文には備え難いという言い分であった。武士にとって主人の花押の据えられた下文がいかに愛着の深いものであったかが知られるであろう。『吾妻鏡』は次のような御判下文を載せている。

下す　下総国住人常胤
早く領掌相伝すべき所領・新給所々の地頭職の事
右、去ぬる治承の比（中略）所々の地頭職を宛て給ひ、政所下文を成し給ふ所也、其の状に任せ、子孫に至るまで、相違有るべからざるの状、件の如し、
建久三年八月五日

政所下文のほかにこの御判下文を特別に与えたのであった。

しかしこれを前後にして御判下文の用途のある部分が将軍家政所下文に移管されたことは間違いない。将軍家政所下文の実例は図版で示しておいたが、ここに下文は政所下文・将軍家政所下文・御判下文の三つに分かれたわけである。かくして下文は幕府体制の最も格式の高い文書としての地位が定まった。それはまた幕府機構の官僚制的な整備を物語ってもいる。

3　地頭に法あり

武士の行動や幕府の発展を考えるにあたって、重要な存在が地頭である。鎌倉時代末期に著された訴訟制度の解説書『沙汰未練書』に「地頭とは、右大将家以来、代々将軍家に奉公し、御恩を蒙る人の事也」とあるように、地頭制度は右大将家（頼朝）以来の鎌倉幕府の主従制度の根幹に据えられており、それの展開とともに幕府政治が推移したといっても過言ではない。この章では地頭を通じて武士と幕府の存在を探ってみたい。

守護・地頭の設置

幕府の地頭制度の出発点は、頼朝が挙兵して富士川で平氏を破り、治承四年（一一八〇）十月二十三日に相模の国府に着いたときに行った勲功賞の授与にあった。

北条殿及び信義・義定（中略）以下、或ひは本領を安堵し、或ひは新恩に浴せしむ、また義澄三浦介となし、行平元の如く下河辺庄司たるべきの由、仰せらる（『吾妻鏡』）

北条時政以下の武士に頼朝は本領安堵や新恩給与を行ったのである。「義澄三浦介となし、行平元の如く下河辺庄司たるべきの由」と見えるのは、本領安堵や新恩給与の実例を示したもので、三浦義澄を相模国の在庁の三浦介となし、下河辺行平を下総国の下河辺庄の荘官として安堵している。本来は国司や荘園領主が行うべきことを頼朝が代わって行ったものである。

やがてこの所領の充行を地頭職として広く行うようになるのは、文治元年（一一八五）十一月に幕府が朝廷に迫って、守護・地頭の設置を認めさせてからであった。各国に守護を置き、荘園や公領に地頭を置くことの勅許を獲得したことによるもので、大江広元が提言した政策といわれる。後白河院が源義経に頼朝追討を命じた責任をとらえて実現したのであった。

そのとき、大軍を率いて上洛した北条時政に対して、あわてて朝廷は十一月二十五日に義経の追討宣旨を出した。だが、時政はこれに満足せず、同月二十八日に「諸国平均に守護地頭を補任し、権門勢家庄公を論ぜず、兵粮米段別五升を宛て課」したいとの申請を行って、翌日に勅許がなったという（『玉葉』『吾妻鏡』）。

ただこの勅許については、出された宣旨の本文が残されていないために、これまでに様々な見解が提出されてきている。特に石母田正氏が九条兼実の『玉葉』の記事を根拠にして提出した国地頭職の存在[1]をめぐっては、ホットな論議が繰り返されてきた。しかしその『玉葉』の記事も伝聞であり曖昧なため、肝心の国地頭職の実体はいまだに明らかでない[2]。ここでは『吾妻鏡』の記事にそって、守護・地頭が置かれたものとひとまず見ておくことにしよう。

ところでこの内の守護については、それと類似の総追捕使が平氏追討を名目に早くから置かれていたから、朝廷にとってはさして問題とはならなかったらしい。しかし地頭を荘園や公領に置くということは、平氏に先例があって、これまでにも幕府が内乱期に東国を中心にして置いた例はあるのだが、それらは私的でかつ限定的なものであった。しかしこの場合は、勅許により広く全国的に配置されるものであるから、朝廷の経済基盤を揺るがしかねない大問題であった。

だがその内容、特に地頭職の内容や権限については、勅許の時点では極めて流動的で、権限・得分についても明示されたものではなかったらしい。これまでの研究史の混乱の原因の一つは、勅許の時点で地頭職の権限・得分が定まっていたものとして、その内容を明らかにしようとしたことから生じたものであり、そこから各種の見解が生まれて百花繚乱の体をなしているのである。しかし地頭職の内容をめぐっては、その後、翌年の十月まで幕府と朝廷との間の長い折衝が続いていた。

地頭をめぐる幕府と朝廷

当初、頼朝は諸国荘園に平均に設置することを意図していた。例えば、文治元年十二月六日の頼朝の書状は、

今に於いては、諸国庄園平均に地頭職を尋沙汰すべく候也（中略）然れば伊予国に候と雖も、庄公を論ぜず、地頭の輩を成敗すべく候也、

と表明しており、伊予国の例をあげて地頭を諸国荘園に平均に置くことを述べている。また『吾妻鏡』の文治元年十二月二十一日条にも次のように記されている。

前々地頭と称するは多分に平家の人々也、是れ朝恩に非ず、或は平家領内に其の号を授けて補し置き、或は国司・領家私の芳志として、其の庄園に定め補す、又本主に違背せしむるの時は改替す、而るに平家零落の刻、彼の家人たるに依りて知行の跡を没官に入れられ畢ぬ、仍て芳恩を施す本領主は手を空しくして後悔の処、今度諸国平均の間、還て其の思ひを絶つ、

かつての地頭の多くは平家の家人が平家の領内や荘園公領に私的に補任されたものであったが、平家が没落して地頭の所領が没官され、新たに地頭が置かれたため、これまで私的に恩として平家の家人に所領を与えていた領主たちは自分たちだけが没収されたものと後悔の念を抱いていた。しかし今度の処置によって諸国平均に地頭が置かれるようになったので、その後悔の思いも絶つことができよう、といささか皮肉っぽく指摘している。頼朝は明らかに各地に地頭を置こうと考えていたのであった。

ところで頼朝が各地に地頭を設置するといっても、その土地を具体的に調査しなければならない。だが、荘園領主や国司の反発にあってそれはスムーズには進まなかったらしい。後白河も守護・地頭の勅許を与えた失敗を挽回するべく、朝廷がそれまでに築いてきた権威や統治技術を背景に、上洛中の時政を交渉相手にして地頭の停止や兵粮米の停止を求め交渉をしていた。

現実的な政治家の時政は、院の要求の前についに七ケ国の地頭職を辞退するなど、要求を後退させていく。頼朝も、遠くでこれを見測りながら、まず兵粮米の未進分を免除する方針を打ちだし、ついで文治二年六月二十一日には院に次のような奏聞を行った。

伊勢国においては、住人梟悪の心を挟み、已に謀反を発し了ぬ、而るに件の余党、尚以て逆心直ならず候也、仍て其の輩を警衛せんがため、其の替の地頭を補せしめ候也、(中略) 凡そ伊勢国に限らず、謀反人居住の国々、凶徒の所帯跡ニハ地頭を補せしめ候ところ也、然らば庄園は本家・領家所役、国衙は国役雑事、先例に任せ勤仕せしむべきの由、下知せしめ候ところ也、(『吾妻鏡』)

伊勢国に置いた地頭の例を引きながら、謀反人居住の国々や凶徒の所帯跡にのみ、その警衛のために地頭を置く方針を示したのである。それとともに荘園・国衙に置いた地頭にはそれぞれの所役や国役を勤めるように命じている。これは地頭の義務をはっきりと規定した点で注目されるが、地頭の権限や得分の内容はまだここには示されていない。やがて時政が鎌倉に戻され大江広元が派遣されるなど、交渉の当事者の交替もあって、地頭の権限についての交渉は続けられた。その結果、出されたのが文治二年（一一八六）十月八日の地頭に関する太政官符である（『吾妻鏡』)。

太政官符の解釈

太政官符という朝廷で最も権威のある文書で示されたことから明らかなように地頭問題はここに一応の決着を見た

ものといえる。その内容を見よう。

太政官符す　諸国

応に早く国衙庄園地頭の非法・濫妨を停止すべきの事

右、内大臣宣す、勅を奉るに偁く、平氏を追伐せしむるに依り、其の跡に補せらるるの地頭、勲功の賞と称して、指したる謀反の跡に非ざるの処に、加徴・課役を宛行ひ、検断を張行し、惣領の地本を妨げて、在庁官人・郡司・公文以下の公官等を責め煩はすの間、国司・領家訴へ申す所なり、然れば、武家に仰せて、現在謀反人跡の外は、地頭の綺を停止せしむべきの状、件の如し、宣に依りて之を行え、符到らば奉行せよ

文治二年十月八日　　正六位上行左少史大江朝臣

修理左宮城使従四位上左中弁兼中宮権大進藤原朝臣

平氏追討の跡に補任された地頭は、「指したる謀反の跡」でもないところに、勲功の賞と称して加徴や課役を課し、検断を張行し、「惣領の地本を妨げ」、在庁官人・郡司等の公官を責め煩わしている。国司や領家からはこうした訴えが相次いでいるので、武家に命じて「現在謀反人」のほかは「地頭の綺《いろい》」を停止することとする。こんな内容である。

この官符が鎌倉にもたらされると、頼朝は十一月二十四日に、官符の内容を了承し、地頭の綺《いろい》については面々に下知することを約束し、その上でもなお張行する輩についてはその名前の報告があったならば命令を加えるとの請文を提出した。以後、地頭の権限の問題についての朝幕間の交渉は見出されず、地頭問題はここに決着を見ることになったのだが、官符の内容は意外とわかりにくい。

これまでの研究は幕府と朝廷の細かい交渉ばかりに目を注いできており、この官符が地頭問題に決着をつけたものであることに注意を払うことなく、交渉過程での幕府の主張や朝廷の対応についてのみ検討してきた。だが最も大事

なのはその後の地頭問題の大枠を定めたこの官符の正確な理解であろう。

まず、太政官符によって地頭問題の解決がはかられている意味をしっかりと考えねばならない。通常であったならば宣旨で示せば事足りるところをわざわざ格式ばった太政官符で地頭の権限・得分を定めたことは、ここに朝廷の基本的な原則が示されたことを物語っている。

しかるに官符についての多くの理解は、地頭の置かれたのが平氏追討の跡の地に限られていたことをのみここから読み取り、その上で地頭がほかの土地に進出して押領するのを禁じ、かつこれを幕府に命じたものと見ている。(3) だがはたしてそれで充分な理解といえようか。これまでにも地頭の押領については何度も朝廷からその乱暴を停止するように要請があり、幕府もこれに応えて下文を出していた。十月一日には二百五十二枚に及ぶ下文を一挙に出したばかりであり（『吾妻鏡』）、特別に官符が出されるべきものでもなかろう。

その点からして、地頭押領の禁圧を幕府に託したことに意義があると見て、幕府に広範な権限を与えたものという理解もある。(4) しかし地頭の押領の停止を具体的に実現するのは、実力を備え、地頭を各地に補任してきた幕府であることは、これ以前から全く変わっていない。例えばこれより二年前の寿永三年（一一八四）二月十八日の朝廷の宣旨はそのことを物語っている。これは既に下文のところで触れた宣旨であるが、武士が自由の下文をなして、諸国七道において年貢や所領を奪い、押領しているので、これらを停止するとともに、もし武士らに由緒があるならば、事情を調査し、違反者を処罰することを頼朝に対して命じたものである（『玉葉』）。従って文治二年の時点で、特別に地頭の押領の停止を幕府に命じるための官符が出される必要はなかった。では官符は何を停止したのであろうか。

ここで考えるべきは「指したる謀反の跡」や「現在謀反人の跡」が何を意味しているかであろう。それを越えて地頭が綺をなすのを禁じているのであるから、その内容が明らかになれば官符を正しく理解できるはずである。

跡という場合、二つの解釈が考えられる。一つは土地の意味で解釈するもので、「平氏を追伐せしむるに依り、其跡に補せらるる」といった場合の「跡」と同じ意味に考える見方であり、これが何となく今まで支持されてきた。しかしこうした解釈では理解できないことは既に見たところである。そこでもう一つとして権利や得分と解釈することがあげられる。「指したる謀反の跡」や「現在謀反人の跡」といった場合の「跡」を、この権利・得分を意味していると見るならば、謀反人が今まで有してきた権利・得分と解されるのであり、地頭はこれを継承し、それ以外に地頭が介入するのを禁じた、と官符の内容を理解できる。

新地頭は、謀反人が有してきた権利や得分などを引き継ぐものであって、それ以外に加徴や課役を充ててはならず、ましてや従来の権利を越えて土地を妨げたり、在庁官人や郡司を責め煩わせてはならない、地頭が現在有している謀反人跡の権利のほかへの地頭の干渉を停止する。ほぼこんな解釈になろうか。

そう見るならば、官符の出される一ケ月前の九月五日に、幕府が「諸国庄公の地頭等、領家の所務を忽緒するの由、其の聞え有るに依りて、限り有る地頭の地利の外、相交はるべからず」と定めているのが注目される（『吾妻鏡』）。この「限り有る地頭の地利」こそが謀反人跡の権利・得分にほかならない。従って幕府が九月に定めた法に応じて、朝廷から出されたのが十月の官符であったろう。こう見てくれば流れもよくわかるし、解釈もうまくつく。しかもこの原則はその後の幕府の地頭制度の基本となって継承されているのである。

地頭制度の充実

文治二年の官符によって地頭制度の基礎は築かれたと見たが、これによって地頭の押領が止んだわけではなかった。度重なる朝廷からの地頭の非法の訴えに関して幕府のとった方針は、領家と地頭の紛争は朝廷の記録所で審議するように求めて裁断を回避することにあった。例えば、文治二年十月一日に二百五十二枚に及ぶ下文を一挙に出したときには、「自今以後、摂政家に仰合せしめ、記録所に仰下し、御成敗有るべく候也」と述べて、以後の理非の判断については朝廷に託しているのである（『吾妻鏡』）。

しかし朝廷には武士の非法を停止するだけの実力はなく、文治三・四年には朝廷から、幕府は国司・領家の訴えを取り上げて調査し、地頭が国司・領家の勤めに従うようにしてほしい、という強い要請が次々と続いた。さらに文治二年以後の年貢未進については、年貢の受取りを調べて未進がないようにしてほしいと訴えている。源平の争乱により失った年貢はやむをえないにしても、それ以後の年貢は確保したいというせめてもの願いであった。

こうした朝廷の巻き返しもあって、地頭の押領も少くなり、年貢も次第に回復してゆくことになるが、それがスムーズに運んだのは一つに奥州の藤原氏を文治五年に幕府が滅ぼし、その跡に地頭を置いて武士の要求を満たしたからである。その年の九月二十日には「奥州羽州等の事、吉書始めの後、勇士等の勲功を糺し、各々賞を行はれ訖ぬ、その御下文、今日下さる」と広く御家人に地頭職を御判下文によって与えると、十月一日には地頭の所務について定めている（『吾妻鏡』）。さらに翌年に上洛した頼朝は鎌倉に帰ると、政所を拡充・整備して地頭職の御判下文による充行の方式を改め政所下文により与えることとしたのであった。

次いで建久三年（一一九二）の後白河の死後には、諸国から大田文を提出させて地頭が置かれていない土地の調査を行い、そこに地頭を置くこととした。建久八年に幕府が九州の諸国に大田文の作成を命じたところによれば、補任した地頭が誰であるか、補任していない土地がどこかをしっかり知っておきたいからだと述べている。

こうして文治二年に定まった地頭制度の枠内で幕府は制度の充実を求めていったのであって、そのことをよく示しているのが実朝の時代の元久元年（一二〇四）九月十八日に定められた次の法令である（『吾妻鏡』）。

諸国庄園地頭郷保等、事を勲功賞に寄せ、非例を構へ、所務を濫妨するの由、国司・領家の訴訟出来の間、今日

其の沙汰有り、名田と云ひ、所職と云ひ、本下司の跡に任せて沙汰致すべし、御旨に背かば、職を改むべきの旨、
仰下ると云々、

国司・領家の訴訟がしきりにあるので、幕府で審議があって地頭の名田や所職は「本下司の跡」を守るようにと定められたという。これはまさに文治二年に定められた、地頭の権利は「謀反人跡」に限定するという原則にそったものである。

このように文治二年の官符の法はまことに重要な意味を持っていた。だが、やがてその官符に基づく原則も大幅に変更されるに至った。

新補率法の地頭

承久三年（一二二一）、北条義時追討の宣旨が出されたことにより、幕府は東国十五ケ国の御家人を動員して京都に向けて軍勢を派遣し、またたくまに宮方を打ち破った。これにより宮方の所領は没収されて、その跡に地頭が置かれた。その得分について定められたのが次の貞応二年（一二二三）六月の法である（『鎌倉遺文』）。

左弁官下す　　五畿内諸国七道

応に自今以後、庄公田畠の地頭得分は十町別に免田一町を給ひ、并びに一段別に加徴五升を充つべき事、

右、頃年勲功賞に依りて地頭職に居ゆの輩、各涯分を超え恣ままに土宜を侵す、茲れに因りて、国衙と云ひ、庄園と云ひ、事を彼の濫妨に寄せ、勤めをその乃貢に懈る、（中略）然れば則ち一に庄公の愁訴を休めんがため、一に地頭の勲労を優ぜんがため、旁がた折中の儀により、須らく向後の法を定むべし（中略）左大臣宣す、勅を奉るに庄公田畠の地頭得分は十町別に免田一町を給ひ、并びに一段別に加徴五升を充て、自今以後は制符を厳守し宜しく遵行すべしてへれば、諸国承知し宣に依てこれを行へ、

大史小槻宿禰

貞応二年六月十五日

中弁藤原朝臣

宣旨によって、地頭の得分を十町別に給田一町、反別に加徴五升という率法（新補率法）として定めたものである。これに基づいて、幕府では七月六日に法令を出して、没収された本司の跡の内、得分が尋常の地の場合では旧来通りとするが、得分が少い土地では新補率法を適用すると定めている（『鎌倉遺文』）。

ここに見える「本司の跡のうちで得分が尋常の地では、旧来通りである」とする方針こそ、文治の官符の原則に基づくものにほかならない。つまり文治の官符では、謀反人の本司の跡の得分の多少にかかわらず、それを新地頭が継承することと定めた。これに対して、貞応の官宣旨は得分の少い地頭には、新補率法を定めて救済したのである。

もちろん、このことは幕府の意向に基づいており、前年の四月に幕府は、新地頭が本地頭や下司の跡を沙汰するように命じるとともに、その得分が無下に乏少の地の場合には、幕府が派遣した使者の注進にそって今後計らうので、追っての下知を待つようにと定めている。ここで改めて文治の官符を見ると、「指したる謀反の跡」でもないところに加徴や課役を課した地頭を批難していたが、それこそまさに得分が尋常ではない、あるいは得分が無下に乏少といった意味であったことがわかる。そしてそうした跡を継承した地頭をも救済しようというのが、貞応の宣旨の趣旨であった。

地頭の新補率法が宣旨で出されたのは、官符を修正するのには宣旨が必要だったからであろう。ことは幕府だけで処理できないのである。こう見てくると、文治二年の官符の意義も極めて大きいことがわかってくる。それは前年に諸国荘園に置かれた地頭の権利・得分を定めた法であって、以後の幕府と朝廷の土地制度の大枠を定めた基本法だった。従って官符によって定められる必要性も存在したわけである。

こうして貞応の新補率法が定められて、以後の地頭制度は文治の官符と貞応の宣旨の方針にそって進んでゆくことになる。地頭が本司の跡を継承するか、新補率法を選ぶかで、得分は定まったが、そのことをめぐっての地頭と荘園領主の争いが起こされることになる。なおこの後の土地制度の大幅な変化は室町幕府による南北朝時代の応安元年(一三六八)の半済令まで待たねばならないが、実はこれも宣旨で出されているのであった。

武者の世と法

地頭制度は文治元年・二年に国制として定まったのであるが、ではこれ以前に武士の所領はどのように朝廷の制度として扱われていたのであろうか。

地頭制度の歴史的位置を考えるために、朝廷の土地制度に関する法令を探ってゆくと、保元の乱直後に出された保元元年(一一五六)閏九月十八日の保元の新制が注目される(『兵範記』)。この新制は九ケ条からなるが、その第一・二条が土地法にあてられている。

保元元年閏九月十八日　宣旨

一、諸国司に下知して、且つは停止に従ひ、且つは状に録し、神社仏寺院宮諸家の新立庄園言上せしむべき事、

仰す、九州の地は一人の有つところ也、王命の外、何ぞ私威を施さん(中略)久寿二年七月二十四日以後、宣旨を帯せず、若しは庄園を立つるは、且つは停廃し、且つは国宰に注進せしめよ(中略)

一、同じく諸国司に下知して、同じく社寺院宮諸家庄園の本免の外、加納余田并びに庄の濫行を停止せしむべき事、

仰す、件庄園等、或いは官省符に載せ、或いは勅免地として、四至の坪付券契分明なり、而るに世澆季に及び、人貪楽を好む、加納と号し、出作と称し、本免の外に公田を押領す、暗に率法を減じ、官物を対捍す(中略)兼ねて亦在庁官人郡司百姓庄官に補し、寄人に定め、恣に名田に募り、課役を遁避す、郡県の滅亡、乃貢の擁怠、

職として此れに由る（中略）濫行を停止し、国務に従はしめよ、（中略）但し宣旨并びに白川・鳥羽両院庁下文を帯ぶるは、領家件証文を進せよ、宜しく天裁を待つべし、

長い引用になってしまったが、第一条は新立の荘園の停止を命じており、これまでにも何度か発された、ごく一般的な荘園整理令の法令ではあるものの、以前とやや違う点は「九州の地は一人の有つところ也、王命の外、何ぞ私威を施さん」と王土思想によりながら整理を命じた部分と、「久寿二年（一一五五）七月二十四日以後」という後白河践祚を基準とし新立荘園の停廃を命じた部分である。

しかしここで注目したいのは第二条である。なぜならば、この条文は保元以前の白河・鳥羽院政の時期に起きていた荘園・公領をめぐる事態を踏まえての立法だったからである。加納や出作と称して本免田のほかの公田を押領する動きは白河・鳥羽院政の時期にさかんに行われた。後三条天皇や初期の白河院政では荘園の立券は極力押さえられていたのだが、白河院政の後期からは荘園が次々に立てられ認められるようになっていたからである。いわば寄進地系荘園が広範に成立したのであったが、それらの中心となって動いていたのが地方の武士である。

保元の新制の第二条はこうした事態に対応した政策であって、荘園形成に動いている在庁官人・郡司・百姓といった武士の活動を認識するとともにその規制を図っており、庄司らを召し捕り、検非違使に下すという厳しい措置を命じている。しかし他方で宣旨や白河・鳥羽両院庁下文によって成立した荘園については、証文を提出させた上で認可しており、結果的には武士の活動を追認したのである(5)。

もともと荘園整理令は条件にあった荘園は認可するものであったから、結果的には荘園の体制的な追認をもたらしてきたのであり、ここでも全くそれと同じ効果をもたらしている。つまり記録所で審査してパスした荘園には宣旨が与えられたため、以後、その荘園は停止されることがなくなった。同様に武士の活動によって生まれた荘園も次々に

認められてゆき、武士の活動はもはや押さえられなくなってしまった。

それも無理もないことで、この直前に起きた保元の乱は、武士の活躍によって後白河方が勝利を得たのであった。保元の乱後に「武者ノ世」になったという、慈円の『愚管抄』での指摘はまことに現実的な認識であったといえよう。

ところで地頭という言葉の語源は地の頭《ほとり》であったというが、武士が出作や加納として公領を荘園に取りこもうとする、その境界の地こそ地の頭であった。その地の頭で下文を帯びて活動する輩が地頭の輩であり、かれらの活動を組織していったのが平氏・源氏の武者であったわけである。(6)

そうした武士の活動に応じて、平氏は地頭職を与え、また荘園・公領の領主もかれらを地頭職に補任することになった。「前々地頭と称するは多分に平家の人々也、是れ朝恩に非ず、或は平家領内に其号を授けて補し置き、或は国司・領家私の芳志として、其の荘園に定め補す」と『吾妻鏡』が記した事態が進行していった。それを一気に全国的に広げたのが既に見た鎌倉幕府であり、幕府によって地頭職は武家政権の根幹に据えられたのである。

幕府と朝廷の土地制度

これまでの分析を通じてわかったことをまとめると、武士の活動と朝廷の土地制度をめぐる歴史的段階は次のようになろう。

第一段階は白河・鳥羽院政期から保元の乱にかけての時期。武士が荘園の形成に動いた結果、保元元年（一一五六）には保元の新制が出されて、荘園公領制の基本的な枠組みが整った。

第二段階は後白河院政期から治承寿永の乱にかけての時期。武士が各地に地頭として台頭して、文治元年（一一八五）の勅許と同二年十月の太政官符により地頭制度が荘園公領制のもとで定着した。

第三段階は後鳥羽院政期から承久の乱にかけての時期。鎌倉幕府の武威を背景に地頭の活動が盛んとなり、幕府が承久の乱での勝利を背景にして、貞応二年（一二二三）の宣旨において新補率法が定められ、荘園公領制が確立した。

これらの三つの段階を経ながら、武士の活動が武家政権をつくり、やがて全国的な政権を形成するに至ったことについては、改めて指摘するまでもなかろう。またそれぞれの勅許や宣旨に応じて、裁判機構が整備され体制の整備が図られている。保元の新制に応じては、藤原信西が中心になって記録所を設けており、荘園の整理のみならず、諸種の訴訟を受理して裁判機構としての機能を果たしている。

源平の争乱後には、九条兼実が朝廷政治の復興を目指して、文治の勅許後の文治二年に記録所を設けている。文治二年十月一日、朝廷からの要望に対して頼朝は多数の下文を発して武士の押領の停止を命じたが、それを京都に送るにあたって、こうした押領行為については、以後は摂政兼実と協議の上で記録所に命じて成敗をすべきだと述べている。この記録所は、兼実が頼朝に打診して生まれたものであり、保元の記録所の先例によりながら、朝廷の裁判機構を整備したのであった。

慈円の『愚管抄』は兼実の治世として、「善政トヲボシキ事、禁中ノ公事ナドヲコシツツ、摂籙ノハジメヨリ諸卿ニ意見メシナドシテ、記録所殊ニトリヲコナイアリケリ」と述べており、記録所の設置を特筆している。

幕府は地頭をめぐる相論には当初こそ消極的であったが、承久の乱後になると、幕府の裁判機構が鎌倉と六波羅探題において整備され、領家と地頭の相論をも扱うようになっていった。この動きは嘉禄元年（一二二五）には評定衆の制度を生み、貞永元年（一二三二）には御成敗式目の制定を、さらに建長元年（一二四九）には引付制度を生みだして、幕府の裁判制度の発達を促したのである。

こうして承久の乱を経て、朝廷と幕府の土地制度は定まったものと評価できよう。鎌倉幕府の法令が、貞応の新補率法の宣旨から収録しているのはそれなりに意味あることだったのである。

4 文士は下る

頼朝を中心に武士を結集して鎌倉幕府は生まれたが、幕府が政権として成長するにあたっては、武士の力だけでは不可能であった。幕府の行政を支える官僚、つまり文筆に秀でた人々が必要とされた。これを幕府は文士と呼んでいたが、その文士の動きをここでは探ってみよう。

文士の存在

建保六年（一二一八）十二月二十六日、源実朝の右大臣拝賀の儀式を行うにあたり、随兵の人数を定めた際、二人の武士が辞退した。そのために交替があり、そのときに選ばれた一人に二階堂行村の子基行がいる。基行は「武士」ではないものの、父が検非違使の任にあった上に、「容顔美麗」にして「弓箭」の達人であり、また将軍の近習でもあったことから、内々に次のように訴えたという（『吾妻鏡』）。

> 将軍家の御家人に列しながら、偏へに号を文士に定めらるの間、武者に並ぶの日、時において恥辱に逢ふべきの事等有り、

これまでに文士に定められていたため、武士と並ぶと恥辱を被ることが多かったが、今度は随兵を是非とも所望したいと訴えたのである。随兵には、譜代の勇士、弓馬の達者、容儀神妙の三徳が必要とされ、このときの基行は「容顔美麗」と「弓箭」の達人であることが高く評価され、随兵に取り立てられたという。ここに武士と並ぶ文士の存在

が認められる。

また仁治二年（一二四一）十一月二十五日に北条泰時は自宅で酒宴をひらいた際、そこには子の経時や金沢実時を始めとする幕府の要人のほかに、二階堂行盛や大田康連などの「文士数輩」が伺候しており、泰時からは「好文」の重要性が説かれたのであった（『吾妻鏡』）。

こうして武士と並んで文士は幕府の経営に参画し重きをなしたのであったが、かれらは二階堂行政や三善康信など、いずれも京都から下ってきた下級官人の子孫であった。藤原基行の父行村は行政の子であったし、二階堂行盛や大田康連もそれぞれ、行政の孫や康信の子であり、ともに幕府の政所と問注所の執事であった。幕府の行政機構は京都から下ってきた下級官人により運営されていたわけである。

建久二年（一一九一）正月、前年に京都から帰ってきた頼朝は幕府の機構を整備した。右大将に任じられてすぐに辞任したことから、前右大将家政所を開設したもので、別当には大江広元を、令には二階堂行政を据えた。さらに問注所執事に三善康信を任じ、公事奉行人には、藤原親能、俊兼、三善康清、宣衡、平盛時、中原仲業、清原実俊らを選んだが、これらはいずれも朝廷での官職を得た、文筆に秀でた官人・文士であった（『吾妻鏡』）。

例えば、この内の三善康清は康信の弟であって、頼朝が挙兵する直前に兄の使者として伊豆にやってきて、洛中の情勢を知らせている。兄の康信は、母が頼朝の乳母の妹であった関係から、その志を源家にかよわして、山川を凌ぎ、毎月三度の使者を頼朝のもとに派遣して洛中の子細を知らせていたという。その後も康信は養和元年（一一八一）閏二月十九日に一通の記録を頼朝に届けて「洛中巨細」を伝えてくるかたわら、寿永元年（一一八二）二月八日には頼朝の求めに応じて伊勢神宮に捧げた「四海泰平・万民豊楽」を祈る願書の草案をつくっている。その康信が鎌倉に下ってきたのは、平氏が一の谷の合戦で敗れ、源平合戦の帰趨がついた元暦元年（一一八四）四月十四日、幕府の基礎がつくられようという時期であった。

源民部大夫光行、中宮大夫属入道善信俗名康信等、京都より参着す、光行は豊前前司光季平家に属すの間、申し宥めんがため也、善信は本より其の志関東に在り、仍て連々恩喚有るの故也、

とあって、源光行とともに鎌倉に下ってきた（『吾妻鏡』）。康信は頼朝の招請を受けたもので、光行は父の豊前前司光季が平家に属していたことの許しを得ようとしてやってきたという。康信は翌日の十五日には頼朝と対面して、鎌倉に参仕し、武家の政務を補佐すべきことを約諾したのであった。十月二十日に問注所がつくられるとその執事に任じられたが、このときの『吾妻鏡』の記事を見よう。

諸人訴論対決の事、俊兼・盛時を相具して、且は召し決し、且は其の詞を注せしめ、申沙汰すべきの由、大夫属入道善信に仰らると云々、仍て御亭の東面廂二ケ間を点じて、其の所となし、問注所と号して額を打つと云々、

問注所が幕府の御所の内に建てられ、康信は藤原俊兼や平盛時らの寄人を指揮して諸人の訴訟の対決を審理することになった。こうした康信の活動と前後して弟の康清も鎌倉に下って公事奉行人になったのである。

ところでこのような文士の活動を含めて幕府の歴史を詳細に描いたのが『吾妻鏡』である。そこで『吾妻鏡』の性格を簡単に眺めておこう。

『吾妻鏡』の成立

治承四年（一一八〇）の源頼朝の挙兵に始まって、文永三年（一二六六）に朝廷から迎えた宗尊将軍を京都に追い返したところで『吾妻鏡』は終わっている。将軍年代記の形式を取りながらも、将軍を廃立する北条氏の存在が大きく取り上げられており、その意味を解くうえでのキータームとして注目されるのが「王殺し」である(1)。

以仁王の令旨が出されると、伊豆の北条館の頼朝のもとにもたらされ、頼朝・北条時政によって開かれた、それが

『吾妻鏡』の始まりである。武家の貴種・頼朝、東国の武士団・時政、朝廷の権威・令旨、この三つが結びついて幕府という組織・王権が誕生したと『吾妻鏡』は見ているのであった。その後、頼朝は東国の武士を糾合して幕府を成長させた後、子の頼家にその地位を継承させたが、頼家は母の政子や祖父の時政によって退けられ、さらに次の実朝も暗殺されてしまった。頼朝の死因は不明だが、頼家・実朝はいずれも殺されている。だがその死を通じて幕府はかえって発展していった。そこに王殺しの構造が認められる。

東国の武士団に迎えられた「王」が、武士の家の集合の核となって幕府をつくりあげたものの、やがてその力が衰え、組織を破壊する動きが目立ったときに、殺されたり追放されたりする、そうした歴史が書かれていたわけである。ではかかる『吾妻鏡』はいかにつくられたのであろうか。

その原史料を探ると、将軍年代記ごとに次のような史料が中心的に使われたものと考えられる。

頼朝・頼家・実朝将軍記……政所奉行人（二階堂行政・行光）
頼経・頼嗣将軍記…………恩賞奉行（後藤基綱・中原師員）
宗尊将軍記…………………御所奉行（二階堂行方・中原師種）

それぞれに文士の手になる日記が用いられたらしい。既に頼朝・頼家・実朝将軍記の政所奉行人の二階堂行政・行光父子については触れたところであるが、頼経・頼嗣将軍記の原史料の記主と考えられる恩賞奉行の後藤基綱・中原師員の二人についてここで触れると、後藤基綱は承久の乱で京方として加わった在京御家人の後藤基清の子であって、乱では父とは異なって関東方について参陣している。中原師員は朝廷で外記を経て頼経に従って下ってきた文士である。ともに朝廷での文筆の能力が生かされ幕府に仕えていた。さらに宗尊将軍記の御所奉行である二階堂行方・中原師種は、行方が行政の孫、師種が師員の子であった。

それぞれ京下りの吏僚・文士が幕府で活動していた様がうかがえるが、それと同時に京から下ってきた吏僚・文士の子孫が幕府の政治を支えていたこともわかる。その際、かれらが京都で蔵人や外記・検非違使などの官職を経験して鎌倉に再び戻っていることにも注意したい。そこで次に鎌倉幕府に結集した文士たちの京都での活動を考えてみよう。(2)

文士の前身

三善康信は応保二年（一一六二）正月二十七日に「右少史三善康信」となり、同二月十九日に「中宮少属正六位上三善朝臣康信」と見える（『山槐記』）。頼朝が伊豆に流された翌々年に右少史となり、次いで育子中宮の中宮少属となったのである。康信が『吾妻鏡』に「中宮大夫属入道」と見えるのはこれによる。興味深いのは、右少史となっている点で、既に見たように史は太政官でも訴訟や公事についての事務を行う役職であり、その技能が幕府で役立ったのであった。

二階堂行政は『吾妻鏡』では元暦元年（一一八四）十月十九日の公文所の新造にかかわって、康信とともに「主計允」として見えるのが初見であり、その後も公文所・政所の職員として活動しているが、主計允となったのは治承四年（一一八〇）正月二十八日のことであり（『玉葉』）、やがて鎌倉に下ってきたらしい。主計允という官職の技能は、財政機関としての政所を経営してゆくのに相応しいものであった。

行政とともに政所で活躍した大江広元は、『吾妻鏡』では元暦元年六月一日条に「安芸介」として見えるのが最初で、八月二十日には受領のことが朝廷に申請され、因幡守に任じられている。朝廷での広元の活動は、嘉応二年（一一七〇）十二月五日に権少外記に任じられ、承安三年（一一七三）に五位に叙されて外記を退き、その年に安芸権介に任じられ、元暦元年九月に外記の巡により因幡守に任じられたと見える（『外記補任』）。つまり広元は太政官の公文を扱う外記の職にあって、その技能が幕府の政務に生かされたのである。

康信とともに鎌倉に下った「源民部大夫光行」の場合は、すぐに鎌倉で幕府に仕えたわけではなく、京都でしばらく活動した後、頼朝の晩年になって鎌倉にやってきて政所別当になっている。治承四年正月二十八日に「民部大丞正六位上源朝臣光行」として見えるのが早い時期の姿で、次いで同四月二十一日には「従五位下源光行（民）」と見える。民部大夫とあるのはこれによるもので、その後、翌年十一月三日に「三位殿侍始」に侍として光行の名が見えるが、三位殿とは近衛基実の娘の通子である（『玉葉』『山槐記』『吉記』）。

同じ日に通子の侍で「所司」として見えているのが、後に問注所の寄人として見える平盛時である。『吾妻鏡』には当初は「平五盛時」として登場するが、文治五年（一一八九）に民部丞に任官している。盛時は文治・建久年間に頼朝の右筆として活躍しており、文治二年十月一日に頼朝が朝廷に送った御教書には、頼朝の書状で広元や盛時の手跡になるものには頼朝の花押を加えないと述べている（『吾妻鏡』）。右筆として、広元とともに深く信頼されていたことがわかる。

頼朝の初期の右筆は藤原邦通であったことは既に見たが、治承四年六月二十二日に頼朝が康信の功を称えた書状の筆は「大和判官代」邦通の手になり、それに頼朝は御筆・御判を加えたという。邦通は「洛陽放遊客」といわれており、この「洛陽放遊客」という表現と「大和判官代」の呼称から思いだされるのが次の土佐判官代通清である。

これも今は昔、土佐判官代通清といふもの有けり、歌をよみ、源氏、狭衣などをうかべ、花の下、月の前とすきありきけり、かかるすき物なれば、後徳大寺左大臣、大内の花見んずるに、かならず、といざなはれければ、

『宇治拾遺物語』に載る説話で、源平の争乱期に王朝の風雅を代表した後徳大寺左大臣（実定）に誘われて大内の花見に行ったときの失敗談である。この「すき物」の「土佐判官代通清」は治承四年四月二十一日に「従五位下源通

清新院判官代」と見える人物であり（『山槐記』）、高倉院の判官代であった。邦通もいずれかの院の判官代であって、ツテを得て伊豆に下ってきたものであろう。

活躍の場を求めて

幕府に仕えることになったこうした文士たちは、もともと朝廷の下級官人や権門に仕えていた人々であり、うだつの上がらない境遇から一旗あげようと東国に下ってきたのであろう。頼朝の旗揚げの標的になった山木兼隆にしても、もともと検非違使として都で活動していたが、父との不和から解官されて（『山槐記』）、伊豆に下ってきていたし、また兼隆の親戚として頼朝の初めての下文で標的とされた史大夫知親も、既に見たように史を退いた後、摂関家に文筆をもって仕えていたのである。

頼朝の挙兵直前の伊豆はまさに京下りの官人たちで満ちていたのである。だがそれはなにも伊豆だけのことではなかった。頼朝は文治五年九月に奥州藤原氏を攻めて、首尾よく平泉を制圧したが、平泉の館が炎上したために陸奥・出羽両国の大田文が焼失してしまった。そこで藤原氏に仕えていた豊前介清原実俊が故実に明るいところから召しだして、国内の事情を尋ねると、余目の三ケ所を言い洩らした以外は、すべて諳じており逐一答えたという。やがて実俊は頼朝に取り立てられ、公事奉行人に登用されている。豊前介の官職からして、実俊もかつては朝廷に仕えていたのであろう。

奥州藤原氏に仕えていた人物で、都で活躍していたのが明らかなのが中原基兼である。『玉葉』文治三年（一一八七）九月二十九日条は、秀衡のもとにいる前山城守基兼を「元法皇の凶臣、北面の下臈、凶悪の人」と記している。基兼は鹿ケ谷の平氏打倒の陰謀に荷担して奥州に流され、そのまま秀衡のもとにあったのであり、かつては院近習として後白河院に仕えていた人物である。

このように流罪とともに地方で活躍する場を求めた人々のほかに、地方には中原知親のように受領の目代として下った人々も多かった。『中右記』天永二年（一一一一）正月二十一日条はその点をよく物語っている。

僉議有り、史の巡第一は正基、季仲帥の事に逢ひ、（中略）第二は良俊、陸奥国清平（衡）のもとに行き向かふ如何、（中略）予申して云く、件の良俊国家に背き、清平に従ふ者、尤も其の咎有るべき也、但白地に下向、則ち馳せ上るの由風聞す、凡そ外記・史叙爵の後、受領のために鞭を執り遠国に赴き、巡年の時、参上し其賞に関はる、近代の作法也、良俊早く参上せらるれば、何ぞ成し給はざらん哉、人々多く予の定に同じ、

この日、朝廷では受領に誰を任ずるかの僉議があった。史の巡の第一に相当する正基は「季仲帥の事」に逢って除かれたという。季仲の事とは大宰権帥の藤原季仲が日吉社の訴えによって流罪に逢った事件であり、それに大宰府の目代としてかかわっていたため正基は外されたのであろう。第二の良俊は奥州に行って清衡に仕えていたことから、国家に背いたとして問題視されたという。

このように史大夫はしばしば活躍の場を求めて地方に赴いていた。これについて、記主の宗忠は、外記や史は五位に叙された後、受領のために遠国に赴き、史の巡で官職に任じられる年になると、京都に上ってきて賞に預かるのが、近代の作法だと述べている。すなわち院政時代になって、下級官人は活動の場を求めしばしば地方に下って、受領の目代になったり、地方の豪族に仕えていたことがわかる(3)。

院政時代になった『朝野群載』という文書の文例集は、「国務条々」として受領の心得を説いているが、そこでは公文に優れた人を目代にすべきことを指摘している。

諸国公文の目代、必しも優長少し、然らば則ち貴賤を論ぜず、唯堪能の人を以て、目代となすべし、

と、述べている。史や外記の経験者はその能力を大きく期待されたのであった。また地方に下らない場合でも、文筆

の能力は各方面で期待された。『古事談』には、外記の公文の能力が買われて荘園の訴状の草案が依頼され、それが摂関家の目にとまって、文殿に伺候するに至ったという説話が見える。時は近衛天皇の時代、東北院領の大和国池田庄からの訴えのなかに「啻に殿下の御威を軽んずるのみに非ず、兼ねて又梁上の奸濫をなさん」とあるのが関白の目にとまった。これは「田舎者」の作成したものではなく、しかるべき儒者・学生の書いたものであろうということになって、そのことを荘官に尋ねたところ、「江外記康貞」に誂えてもらったという。こうして大江康貞は文殿に召され仕えるようになったという話である。その康貞が外記の巡によって大隅守になったのは、仁平二年（一一五二）正月のことであった（『山槐記』）。

東寺観智院本『東征伝』紙背文書一覧

年　月　日	文　書　名	『平安遺文』番号
①元永 2. 12. 25	散位藤原宗遠送進状	
② 2. 8	直講中原師安書状	
③ 2. 13	壱岐致遠書状	4672
④	某書状	4673
⑤	（大江則遠）書状	4675
⑥ 6. 11	大江則遠書状	4675
⑦	某書状	
⑧	某書状	
⑨ 12. 10	某書状	
⑩ 5. 26	安房守伴広親書状	4676～78
⑪	某書状	4674

目代に残された文書

院政時代は下級官人や文士の活動が京都や田舎において活発化し、諸国の国衙・荘園の経営をかれらがになうようになった時期である。とはいえその動きを具体的に知る材料はまことに少い。だが、ここに国衙を経営する目代の動きを知るのに格好の史料ともいうべき、目代のもとに保管されて書物の書写に利用された紙背文書群が存在する。東寺観智院本の『東征伝』の紙背文書と半井本『医心方』の紙背文書の二つの文書群である。[4]

前者は十一通と量こそ少いものの内容はまことに興味深い。なお『東征伝』とは鑑真の伝記であって、正式には『唐大和上東征伝』という。

表に示したのがそのすべてであり、年次のある文書は白河院政期の元永二年（一一一九）のもの一通しかなく、内容は菓子や酒を進上した送文である。

全体もほぼそれと同じ時期の文書と見られ、『平安遺文』もこの送文の年次にかけて文書群の幾つかを収録しているが、そのうちの一通の書状を見よう。

③ 借上の御庁宣の事、如何様の仰の事候哉、今朝、中内の許より、御返抄送られ候也、返々不審候者也、謹言、

二月十三日　致遠

丹後御目代殿

書状の充所を見ると「丹後御目代」となっており、このことから丹後の目代のもとに保管されていた文書と考えられる。事実、ほかにも丹後目代宛ての文書（②）や目代宛ての文書（⑥）、本文に「目代殿」と見えるもの（⑧）、丹後国関係の内容が見えるもの（⑩）などがある。そこで元永頃の丹後守を探すと、元永元年正月十八日から翌々年の保安元年（一一二〇）十一月にかけて藤原顕頼が丹後守であった。

さらに⑥の六月十一日付けの目代宛ての大江則遠書状には「右大弁殿」「頭弁殿」「右衛門権佐殿」の名がこの順序で別人として見出される。この時期の近くで、右大弁と頭弁（蔵人頭で弁官を兼ねる）が別人なのは保安元年正月から同三年正月に限られていて、右大弁は丹後守顕頼の父顕隆、頭弁は藤原伊通である（『公卿補任』）。しかも伊通は顕隆の娘婿であり、顕頼には義兄弟にあたっている。そうであれば右衛門権佐は丹後守で右衛門権佐を兼ねていた顕頼であって、従って⑥の文書は保安元年のものと考えられよう。

また文書群は十二月から六月にかけて分布しており、おそらく全体は元永二年十二月から保安元年六月にかけての文書であり、丹後の目代に保管されていたが、やがて『東征伝』の書写に利用されたものと見られる。

さて③の内容であるが、「借上」とは金融業者のことで、借上の語の初見史料である。具体的な内容はこれだけでは今一つ明らかでないものの、これから十六年後の保延二年（一一三六）に日吉社に奉仕する神人が債務の支払いを

求めて朝廷に訴えた申状を見ると、神人らは「讃岐守庁宣四枚」「参河守庁宣三枚」などの形で庁宣を抵当にとっていた（保延二年九月明法博士中原明兼・同小野有隣勘文『平安遺文』）。近江の日吉社の神人たちは日吉社の神事のために納められた米や金銭（日吉上分米）を資金にして広く金融を行っていたのである。

「借上の庁宣」とはこのような高利貸から借金した際に、受領が抵当として差しだした国司庁宣のことと見られる。受領は諸国を知行する際に多額の資金を必要としており、受領功といって、国を知行する見返りに寺院や御所の造営を請け負ったり、院の消費生活の負担をするのを常としていた。受領ともなれば、その資金が回収できたわけであるから、それだけに高利貸の世話にもならざるをえなかったのであろう。

保延の日吉神人の訴えのなかには借上の名とそこから借りた債務者のリストがある。

散位橘成親、故肥後前司請文、後日を以て進覧すべし、

同成親、故左大弁宰相殿請文、後日を以て進覧すべし、

こんな形式をとるもので、橘成親とあるのが借上であって、その債務を負っていた「故肥後前司」は藤原盛重、また「故左大弁宰相」とは『東征伝』紙背文書において丹後守と見えた顕頼の叔父為隆である。為隆は保安元年に遠江守を辞退して息子の憲方を出雲守に申し任じて出雲を知行し、さらに周防を知行している間に死去したのである。受領となるためには借上から借金をしなければならない。その様子がこの文書からよく知られるであろう。さらに故能登守高階時章は三人の神人から借金をしており、神人の源貞元は讃岐守藤原経隆・三河守源資賢らに貸し付けている。丹後の目代もこうした借上にかかわっており、資金を調達していたのであろう。(5)

目代の周辺

『東征伝』の紙背文書の性格が少しずつではあるが見えてきたようである。そこでさらに文書を見てゆくと、⑩は

保安元年正月に安房守になった伴広親の書状である（『除目大成抄』保安元年春）。広親はこの後、大治四年（一一二九）三月に摂関家領の大和国夜部庄をめぐる相論について理非を判断する勘状を作成して「前安房守伴広親」と署名している（近衛家本『知信記』紙背文書）。広親は摂関家の藤原忠実の家令としても見えるので（『殿暦』）、摂関家に文筆をもって仕えていたのであろう。

ところで伴広親は史を経て受領となっており、③の差出人の「致遠」も壱岐致遠という史大夫であって後には出羽守になっている。目代や受領には史や外記の経験者がやはり多かったのである。なお壱岐致遠の書状は、もう一つの目代に保管された文書、医書『医心方』の紙背文書に見えている(6)。

俄に御相博、国中定めて物騒に候歟、然れども御一家の沙汰也、別事候ふべからざる也、弘田・東八代保等の事、官物・農料能々御沙汰候ふべき也、致遠の従者其の力及ぶべからず、纔かに御免を申請すと雖も候ふべからざる也、（中略）諸事御上洛を期すのみ、謹言、

十二月廿九日　　　　出羽守（花押）状

謹上　御目代殿

③と全く同じ筆跡であり、しかも本文のなかでは「致遠の従者」と実名を記しているので、出羽守壱岐致遠の書状とわかる。弘田・東八代保はともに越中国にある国衙領で、最初に「御相博」（交換）とあるのは大治四年十二月二十九日に越中守藤原公能と紀伊守藤原顕長とが知行国の交換を行ったことをさしており、書状はこのときのものである。「御一家の沙汰」というのは両家が姻戚として繋がっていることを示している。

紀伊守藤原顕長は先に見た顕頼の弟で、この交換により越中は顕頼の知行国となったのである。書状は越中の目代に宛てられていて、致遠が与えられていた弘田・東八代保の所領について便宜をはからってくれるように訴えている。

この紙背文書群もまた目代に保管されたものであって、その数は六十通にものぼり、地方の国衙の動きを生々しく伝えているが、その具体的内容は後に考えることとしよう。

こう見てくると、当時の丹後目代や越中目代らは壱岐致遠や伴広親との交流があって、同じような下級官人であったことがわかる。さらに⑦の書状は正月の三ケ日の「殿下侍の饗」について述べており、「所司・職事」は一旦は免除されたものの、正月の二・三日の分が欠けることから、二日は所司の式賢が、三日は「別当信乃前司」大江広房が勤めるようにとの仰があったと見えている。このほかにも「殿下の元三の饗」に触れた⑨の十二月十日付け書状があり、また⑩に見える伴広親も摂関家に仕えていたことから、摂関家との関係もうかがえて、丹後の目代の交遊圏には摂関家もあったことが知りうる。

さらにその交遊圏を探ると、⑩の文書中に「木工の事、実に言語道断に候ふ事也、温顔せざるの次では、申し尽すべからず候」とあって、かれらと「木工」との交遊がうかがえるが、保安元年七月二十七日に「一日、木工助藤原敦隆卒去す年五十余、悪瘡と云々、件の人は故肥前守俊清の男也、高才の者也、風月無しと雖も頗る諸道に通ずる也」（『中右記』）とその死去を報じられた木工助藤原敦隆こそ「木工」その人と考えられる。「高才の者」や「頗る諸道に通ずる也」といった評価がかれらの交遊の性格をよく物語っている。

諸道と風月の世界

この時代、諸道と並んで風月の世界もまた隆盛を極めていた。その中心にいたのが風流の貴公子源有仁であろう。白河院は父後三条の遺言を無視して位を子の堀河に譲り、さらに孫の鳥羽に伝えた。そのために後三条が皇位を譲ろうと意中で考えていた輔仁親王は不遇のうちに世を過ごしたが、その子が有仁である。既に皇位の継承からは外れた存在であったが、それだけに風流を心掛けて、有仁の家は文化サロンとして機能していた。『今鏡』はその周辺に集まってくる人々についてこう記している。

上の御兄の君たち、若殿上人ども、絶えず参りつつ遊びあはれたるは、さることにて、百大夫と世にはつけて、影法師などの朝夕馴れ仕うまつる、吹物・弾物せぬは少くて、ほかより参らねど、内の人にて御遊び絶ゆることなく、伊賀大夫・六条大夫などいふすぐれたる人どももあり、

有仁の家に集まった人々には、まず「上の御兄の君たち」つまり有仁の北の方の兄弟がいるが、これは歌人の西行が仕えた徳大寺実能らである。さらに風流に心を寄せる「若殿上人ども」が集まり、また「伊賀大夫・六条大夫」といった「百大夫」もいたという。

この伊賀大夫とあるのは「桂少輔信綱は基綱すゑの子なり、子息の中には員外也、伊賀前司孝清がやしなひごに成て伊賀大夫といふなり」と見える琵琶の名手源信綱のことである（『胡琴教録』）。六条大夫とは『古事談』の四百三段に「六条大夫基通」が源中納言入道雅兼のもとにやってきて管弦の話をしたと見える人物であり、また『古今著聞集』二百七十四段では藤原頼長の宿所で頼長の父忠実を始め、頼長・源雅定らの公卿に交じって六条大夫基通が笛を吹いたと記している。このように有仁の周辺には多くの文化人が集まっていたことは疑いない。

諸道と風月との二つの世界で諸大夫が活躍したのが、白河から鳥羽院政期にかけての時代であった。学術・文芸がこの時代に開花していることも見逃せない。諸国の目代に保管された文書を利用して『東征伝』や『医心方』が書写されたのを見てもそうしたことがわかるであろう。紙背文書の背景にはかかる社会と文化があったのであり、その社会・文化を支えたのが文書群にうかがえる諸国の富であった。④の書状には「尋ね仰せ遣す所の白藕、敦賀の唐人のもとに尋ね遣して、此より案内を申せしむべく候也」とあって、敦賀の唐人の話も見えている。

またこの時代は、貴族が子弟や家人を国司に任じて、自らが受領として諸国を経営する知行国制度が広く展開して

おり、中央貴族は地方に下向することが稀になっていた。そのために中央と地方を結ぶ目代の活動は大きな役割をになっていたのである。『古今著聞集』や『古事談』『宇治拾遺物語』などの、この時代を背景とした地方の説話を探ると、ほとんどが中央の貴族の目に映る話であるが[7]、その貴族に地方から情報を伝えていたのが目代であったわけである。

こう見てくると、目代を媒介にして院政期の諸階層が結びついていたことがわかるが、しかしそれにもかかわらず、かれらの活動の場は狭く少かった。官位と身分の厚い壁は容易に乗り越えることはできなかったのである。そうしたなかでも壁を突破する文士も現われている。『江談抄』の聞き手である儒者藤原実兼の子の信西は、早くに父を失って裕福な受領高階経敏の養子となり学問に励んで立身出世を目指した。紆余曲折を経ながらもついには後白河天皇の乳父として保元の乱後には朝廷の実権を握ったのである。だが、その絶頂も長続きせず、やがて平治の乱で没落してしまうことになる。

そうした不遇の文士が、武士の活動に引き上げられつつ、本格的な活躍を始めるようになるのは鎌倉幕府の成立を待たねばならなかった。

第II部　荘園の夏

5　目代を探って

武士と文士の動きがある程度わかってきたところで、ここでは少しばかり紙背文書群の性格に触れておこう。多くの人が中世を難しいと感じるものに文書がある。しかもそのなかでも紙背文書というのは、ことに難関である。しかしここをクリアすると、中世の難解な世界も開けてゆくものである。三人のお喋りを聞こう。

『医心方』紙背文書

A　やはり君も始めたのか。まさか冗談だと思ったんだがな。

C　何だか楽しそうだったから、僕にもできるんじゃあないかなと思ったのさ。君らの方法を学ばせてもらったんだ。

B　それで紙背文書も扱ったというわけかい。

C　そう、実際に検討してみないとね、聞いていただけだと、ただなるほどなと感心するだけで終わってしまうから。だが、意外と難しいね。一度、使われた文書が反古とされ、その裏が違った目的に利用された文書だけに、内容は断片的だし、年付けも欠いて、およそとりとめがない。一寸、僕には難物だから指導してよ。

A　よしよし、僕らが聞き手を引き受けるからやってごらん。

C　有り難い。扱おうと思うのは半井本の『医心方』の紙背文書なんだ。つい最近、山本信吉・瀬戸薫の両氏によって全貌が明らかになった文書（「半井本『医心方』紙背文書について」）。

B 『医心方』は確か、丹波康頼がまとめた医書だったね。

A 十世紀の末に中国の医書を渉猟して三年の歳月をかけて編纂した医学の百科全書だ。

C 僕はその本を若いときに少しばかり読んだことがあってね、今度は……。

A 若いときというと、それは房内篇じゃあないのか。セックスのあれこれが記されているからね(笑)。そこで今度は裏から読もうというわけかい。

C まあ、想像にまかせるにして、これがそれだよ。通常の文書ならば、後々のために保存が心掛けられているため、その性格は摑みやすいのだが、一見しただけでは字も読みにくいだろう。それに内容も取りにくく、文書の作成された背景もさっぱり摑めない。ただ、幾つかの研究が出されているので、だいぶ明らかになってはきているんだ。

B こういうのは一度手掛りがつきはじめると、歴史の一断面がくっきりと浮き出てきて、魅力はいっぱい。上手に使えば、新たな事実が探りだせるはずだよ。

C この文書群は宮内庁書陵部にあって、院政期の国衙の姿をリアルに示すものとして興味深い内容であると指摘されている。事実、そうなんだ。

A 院政期の国衙の具体的姿を示す史料といえば、これまでに注目されてきたのでは、『朝野群載』に載せられた数多くの文書があったね。特に四二ケ条に及ぶ国務条々は国衙の経営をうかがわせてくれる絶好の史料だ。

B 次には、早川庄八氏によって紹介・分析された『時範記』の記事がある(「史料紹介・時範記」『書陵部紀要』一四号)。これは蔵人だった平時範が因幡守として神拝のために国に下向した際の日記。

C そのほかにも、断片的な日記・文書もあるんだが、この紙背文書ほどにまとまった文書群はかつてなかったことで、まことに貴重この上ない。文書群の内容についても、既に戸田芳実氏「院政期北陸の国司と国衙」や瀬戸薫氏

「半井本『医心方』紙背文書とその周辺」に適切な紹介と分析があって重要な指摘がなされているので、その指摘を踏まえつつ、紙背文書群の性格を読み取ってみようと思った。

B　前から僕も注目していたものでね、一緒にやってみよう。

C　総点数は四十八点になる。巻二十五に四十二点あり、巻二十七に六点ある。

A　それは一括して全体を把握して分析するのに手頃な量だね。確か八条院の紙背文書もその位ではなかったかな（五味『藤原定家の時代』）。

B　そうね。あれから少し見つかったものがあり、また違うものが入っていることもわかったので、六十九点ほどになる。だから同じような方法が使えると思うよ。

方法の手順

A　紙背文書を考える際には、まずグループ分けが必要だ。文書の年代・内容・形式・差出人・充所、こうした要素にそってグループ分けをしてゆくわけだが。

B　紙背文書という性格からすれば、一括して反古にされた経緯から見て、僕は年代を第一に問題としたいね。

C　では年付きのある文書を見ようか。全部で七点あるが、その内訳は保安三年（一一二二）一点、同四年三点、大治二年（一一二七）二点、同四年一点の内訳だから、全体は白河院政の最末期に分布していると見ていい。そしてその内容は、保安の文書がいずれも近江国関係、大治二年が加賀国関係、同四年が越中国関係となっている。

B　それに充所を加味して見てごらんよ。

C　充所の記されているものは二十四点あるが、その内「御目代」宛てが十二点、「越中御目代」宛てが四点、「加賀御目代」宛てが二点と、三分の二以上が目代に宛てられた文書だ。それ以外では「善大夫」宛てが二点見え、ほか

	年　月　日	文　書　名	群	充　所	番　号
26	3. 23	散位藤原親賢書状	2		35
27		某書状			36
28		某書状			37
29		散位藤原親賢書状	2		38
30		某書状	2		39
31	8. 18	散位藤原親賢書状	2	御目代	40
32	6. 9	皇后宮権大進某書状	2	御目代	41
33	(6)	散位藤原親賢書状	2		42
34	保安 4. 6. 25	近江国司庁宣	1	府院行事所	43・44
35	大治 2. 8. 28	額田庄寄人等解	2		45・46
36		国務雑事注文	2		47・48・49
37	大治 2. 8.	江沼郡諸司等解	2		50・51
38	12. 29	出羽守壱岐致遠書状	3	御目代	52・53
39		某書状			54
40	(1)	某書状	3		55
41		某書状			56
42	12. 18	散位藤原某書状	3	越中御目代	57・58
43	6. 26	散位藤原親賢書状	2		20・21・22
44		散位藤原某書状	3		23
45	8. 26	加賀国国宣	2	御目代	24・25
46	大治 4. 10. 15	越中国司庁宣	3	留守所	26
47	8. 22	散位藤原親賢書状	2	御目代	27
48	9. 5	散位藤原親賢書状	2	善大夫	28

(注)　群の欄は，三群に分ちたうちのそれぞれの群．
番号の欄は，山本信吉・瀬戸薫両氏の文書紹介による番号．

はいずれも年号を有する国司庁宣となっている。

A　そうすると、どこかの目代に宛てられたものだという性格づけは間違いなさそうだね。

B　では文書群のグループピングをしてみたら。

C　そうね。大体、次のような三つのグループが考えられる。

(一)　保安三・四年の近江国関係。いずれも年号を有するものの「近江御目代」宛てはない。

(二)　大治二年を中心とした加賀国関係の文書。

(三)　大治四年を中心とした越中国関係の文書。

これはあくまでも大雑把な把握だがね。

半井家本『医心方』紙背文書一覧

	年　月　日	文　書　名	群	充　所	番　号
1	保安 4.　7.　7	祝部惟直解	1		1
2	保安 4. (6) 28	近江国司庁宣	1	府院駅家行事所	2
3	3.　17	馬允平助永書状	3		3
4	(9)	某書状	2		4
5	8.　7	散位藤原親賢注文	2		5
6	4.　6	散位藤原某書状	2	御目代	6・7
7	3.　7	白山中宮大法師某書状	3	越中御目代	8・9
8	9.　19	禰宜祝部某書状	3	越中御目代	10・11
9	保安 3.　3.　25	近江国司庁宣	1	愛智郡追収納使	12・13
10	2.　10	大蔵大輔奉書	3	善大夫	14
11		大蔵大輔書状	3		15
12	5.　20	散位藤原親賢書状	2	御目代	16・17
13	(5) 25	散位藤原某書状	2	御目代	18
14	1.　30	散位守則書状	3	越中御目代	19・20
15	7.　29	右衛門尉橘某書状	2	加賀御目代	21
16	8.　22	加賀国国宣	2	御目代	22
17	3.　15	散位藤原親賢書状	2	加賀御目代	23・24
18		散位藤原親賢書状	2		25
19	5.　10	散位藤原親賢書状	2	御目代	26
20	(6.　7)	散位藤原親賢書状	2		27・28
21	1.　10	大舎人助某書状	2	御目代	29
22		散位藤原親賢奉書	2		30
23	4.　11	散位藤原親賢書状	2	御目代	31・32
24		散位藤原親賢書状	2		33
25		散位藤原親賢書状	2		34

B　よしよし。それにさらに月日を加味してみようか。どこかの月にまとまってはいないかな。

C　そうか。八条院の文書では正月にまとまってあったね。うん、八月が多いぞ。加賀国の大治二年の文書の二点はいずれも八月付けだし、年未詳の八月付けの「御目代」宛ての文書が五点もある。それに「加賀御目代」宛ての文書二点の内一点は七月二十九日だ。もう一点は三月十五日付けだけど、総じて八月頃の文書が加賀国関係に多い。

B　ではその内の年未詳の八月付けの「御目代」宛ての文書から手をつけてみようか。

C　国宣を蒙るに云く、夙夜恪勤の侍季房に充て給ふ運米三百斛下し遣す所也、来る十月　院の御物詣有り、件共に相具すべきの侍也、近津の納所に計ひ充てしめ、来月内に上道せしむべき也、兼ねて又冬の衣服計ひ充て給ふべし、凡そ経廻の間、殊に以て用意すべし者、国宣此の如し、之を悉せ、謹しんで状す、

八月廿二日　　　　散位藤（花押）

謹奉　御目代殿

国宣といわれる文書だが、こうした形式が当時から見られることにまず注目したい。

A　鎌倉時代になるとよく見かけるけれどね。

C　この16文書は既に加賀国関係の文書であると戸田・瀬戸両氏に指摘されている。その根拠は、「来る十月　院の御物詣有り」とある部分が45八月二十六日付の文書に見える「高野詣」をさしており、十月の院の高野詣の記録を史料で拾うと、大治二年十月の白河院の高野詣が該当するんだ。これには加賀守藤原家成が同道していたので、二つの文書はそれにともなって加賀目代に対し、運米・衣服などの支度を命じた加賀国の国宣と解されるという。

B　なるほどね。でもほかの可能性はないの。例えば、越中守はどう。

C　そのときの高野詣は越中守藤原公能により建立された高野塔の供養を兼ねていたので、越中国の可能性もあるんだが、公能はこれに同道しておらず、それはないだろう。従ってその16・45の二つは大治二年八月の加賀国関係の文書と見てよい。さらに「山下郷申文」とみえる47八月二十二日付けの「散位藤」の書状だが、山下郷は加賀国能美郡の郷名だから、これも加賀国関係と知られる。

国宣の奉者

A　16の国宣の奉者だがね、書状の差出人のほうにも「散位藤」とあるし、同じ人物かい。

C　そうなんだ。八月付けの五点の文書の内四点の差出人は「散位藤」とあり、それにもう一点の5文書の花押のみの差出人を含めて、花押と筆跡が共通しており同一人物とわかる。このことから奉者は加賀国司の命を受けて文書を発給していると考えられ、瀬戸氏はこの人物について藤原親賢と実名を比定しているんだ。

A　えー、わかるの。でもどうして親賢といえるわけ。

C　次の5文書を見てよ。「親賢納所」という実名の表現があるだろう、この実名表記はほかの文書にも見える上に、さらに花押の同定などによったものなんだ。

糸・綿斤納の事
早米早く運上せらるべき事
洪水の事
八丈絹の事
勧農候はざる所々の事 付り、検田の事
人々過料の事
率駄の事
兵士并びに夫の事
親賢納所の事
連著料糸の事
四十五両の由、一日仰せ遣し了ぬ、僻事也、定めて四十両也、
八月七日　(花押)

A　瀬戸氏の詳しい分析の結果に間違いはないようだね。そうすると、親賢は加賀国司藤原家成の近くに仕えた人物ということになり、その関係する文書はいずれも加賀国関係のものとみなしてよいわけだ。この文書でいえば、加賀の目代に国衙関係の報告を求めたり、指示を与えたものということになるね。

B　その親賢の名はどこかで聞いたことがあるな。

C　かれは『朝野群載』に載せられた文書からその翌年八月には佐渡守となっていて、佐渡に流されている源明国を他国に移してほしいことを申請している。だから散位とあるのは、それ以前のことであるから大治二年八月のものの可能性が高いわけだ。

B　うん、そうなんだが、そうだ、思いだした。親賢の子の美濃権守親重は出家して勝命といった歌人だ。勝命は歌人藤原俊成の妻方の親戚で、俊成が『千載集』を選集したときに、『難千載』を書いて非難したと伝えられている。確か『古事談』には、鴨社の禰宜季継が夢に八幡社の火事を見たとき、そのことを親重に語ったところ、事実、八幡が火事になったという知らせがきたので驚いた話が載っていたな。

C　そうすると親賢も文士と見ていいわけだ。親賢のほかの43書状を見ると、「去々年より吏途を忘れ、京侍に罷り成りての後」とある。親賢は大治三年に佐渡守になる以前は、木工允の大夫であったと『洞院家部類』に記されているので、「吏途」とあるのは自身が受領となったのではなく、受領の目代であったことを意味するのだろう。親賢も目代を歴任したタイプなんだ。そして目代を「去々年」の天治二年頃に辞めて京侍になったと見てよい。さらに18の文書を見ると、親賢は「年来の近習」ではないとも記しているが、それは京侍となって藤原家成に仕えるようになったことを物語っている。

文書群の性格

A　そうその調子。快調だね。そこで次に親賢が奉者・差出人となっている文書を拾い上げ、それらを月別に並べてみたらどうだろう。

C　そうね。面白そうだ。

三月二通	四月一通	五月二通	六月三通	八月五通	九月一通
17・26	23	12・19	20・33・43	5・16・31・45・47	48

やはり八月に多く、全体は三月から九月までの間に収まっている。そうすると、加賀国関係の文書は大治二年三月から九月にかけてのもの、という推測が生まれてくるが、どうだろうか。

B　家成が加賀守となったのは大治二年正月だったね。いいんじゃあないのかな。内容を調べてみたらどう。

C　加賀目代宛ての17三月十五日の親賢書状には「去年　若宮の御封の請使」とあるが、これは「御任に沙汰に非ず」とされている。鳥羽院の若宮の所領として「御封」（封戸）が加賀国に設定されたのは去年のことで、今の任のことではない、という意味だから、今年は大治二年と見てよいことになる。これと関連して25年月日未詳の親賢書状も、若宮御封請使に触れているので、同じ時期のものと見てよい。

A　そのほかに興味深い文書はないの。

C　これはどうだろうか。前に少し触れた43文書だが。

興保の事

右、国除目の初め、御乳母給はり預かられ候也、勝載所并びに益富保の庁宣下し遣はさるるの刻、同じく下されず候歟、頗る不審の事出来候はば尋ね申せしめ候也（中略）若し宜しき乗馬候はば、一疋牽給はれ候哉、河内守本院の主典代来月二十八日に任国に下向せらるる料に相求め候所也、去々年より吏途を忘れ、京侍に罷り成りての後、此の如きの事術無く候、察せしめ給ふべし、有無の御返事、早く承給はんと欲し候者也、尚々恐憚〳〵、他事又々申すべき也、恐々謹言、

六月廿六日　　散位（花押）

A　国除目なんて言い方があったんだ。朝廷の人事を行う除目に対して、国の人事を行うものだろう。ここでは国内の郷や保を諸人に宛て行っており、国司の初任に行われるものなんだろうね。

C　そうなんだ。やはり大治二年の可能性が高い。また馬を「河内守本院の主典代来月二十八日の任国に下向せらるる料に相求め候所也」と見えるのは、白河院の主典代大江行重の河内国下向のことだが、行重が河内守になったのは大治二年四月三日だから（『二中暦』）、任国下向の事実にもよくみあうものといえる。さらにこのほかに国司の初任にかかわる文書と見られるのは、「所知注文一紙」とある23四月十一日書状、同じく「所知等の事、尚々然るべきの様、後見せしめ給ふべき也」とある12五月二十日書状、加賀国額田庄の検注に言及している20六月七日書状などで、いずれも大治二年の加賀国関係と見てよい。

B　この推測をさらに進めて、三月から九月にかけての文書をすべて大治二年の加賀国関係文書と見ることはできないだろうか。

A　だがそのことを明言するためには、ほかの文書群の性格をも把握することが必要だね。

越中の目代

C　越中国関係の文書を見ると、年号のあるのは46大治四年十月十五日の国司庁宣。内容は国司藤原公能が貢蘇の使者として右馬允平助永を派遣したというもの。これに続いて同年の年末と推測されるのが、既にあげた38出羽守壱岐致遠の書状なんだ。大治四年十二月二十九日に越中守公能と紀伊守藤原顕長とが知行の国を交換したことが述べ

られている。この交換に関連するのは、「俄に十二月廿九日御相博」と見える14正月三十日書状や、「貴国の御任終りて御上洛」と越中目代に宛てた7三月七日の加賀白山の法師の書状もある。これらは翌年の大治五年のものといえよう。

B　こうして見てくると、越中国関係の文書は大治四年から翌年にかけて多くあるので、九月から三月にかけての文書は越中国関係と考えられるんだが。

C　そうなれば、8九月十九日と42十二月十八日の二通の越中国目代宛の文書も大治四年のものに比定できるんだがね。

A　ただその前にさらに考えてみなければならないのは、紙背文書群の全体の性格だろう。

C　そうか。(一)(二)(三)に共通するのは国衙に関係した目代の姿だった。目代宛ての文書が多いことから見て、これらはある一人の目代に保管された文書群の性格を持つものと見てまず間違いないと思う。かれは大治二年に加賀の目代となり、ついで大治四年には越中の目代となったとその動きがたどれる。それぞれ(二)(三)の群の文書の分布はそのことを物語っているのだろうと。

A　そうした目代の姿を伝える文書はないの。

B　どれどれ、ここに二通見える「善大夫」宛ての文書はどうかな。

A　ほう。これだよ。ほかでは目代と記されているのに、この二通に限ってはそう記されていない点が興味深いね。この人物こそ目代その人と見られる。

C　よし。では10文書を見てみよう。

前使の将里、去年の公物并びに郷保沙汰人等の得分を抑留の由、左兵衛督殿より申せしめ給ふ所也、早く免上せ

しむべきの由、下知せらるべし者、権弁殿の仰の旨、此くの如し、之を悉せ、謹しんで状す、

二月十日　　　　　　　　　　　　　　　　　　大蔵大輔（花押）

謹上　善大夫殿

二月付なので大治五年のものとまずは推測されるが、文書の形式は、書止めに「権弁殿の仰の旨、此くの如し」とあるから、これは権弁の意を伝えた奉書とわかる。当時、そういわれる可能性があるのは、保安四年十二月に権右中弁となり、大治五年に右大弁に転じた藤原顕頼だけだ（『弁官補任』）。また「左兵衛督」とあるのは、保安三年十二月に左兵衛督となり天承二年正月に右衛門督に転じた藤原実能。

A　内容はどうなの。

C　「去年の公物」などの抑留分につき実能からの要請によって「免上」したことを伝えたもので、実能は越中守公能の父で越中の知行主だった。大治二年に五節の課役が越中国にかかってきたとき、これを負担したのが実能でね。従って文書にいう実能の要請とは前年の越中の知行主からのもので、それを受けた顕頼は新しい知行主にほかならない。事実、新国司の顕長は顕頼の弟だ。つまりこの文書は前司からの引継ぎの件を越中目代の「善大夫」に告げたものとわかる。

B　すると、もともと善大夫は実能の下で目代であったので、国司の交替によって解任されるはずであったのが、前司と新司との「一家」の関係によって元の如く目代として沙汰するようになったんだね。そうであればここに善大夫と記されているのは、国司の交替という背景があって、まだ新国司に目代として正式に任じられていなかった事情によるものといえようか。

目代の善大夫

A　では、もう一通の善大夫宛の48文書はどうなのかな。

C　前を欠いているのが惜しまれるが、これがそうだ。

以前、条々、不審の為、大略申せしめ候所也、早米相構へて早く運上せしめ給ふべきの状、件の如し、

九月五日　　散位藤（花押）状

謹上　善大夫殿

差出人は藤原親賢で、既に見たように加賀の国司家成の側近なので、善大夫も加賀国関係者というより目代であったろう。このことから善大夫は加賀・越中の目代であったことが裏づけられたわけだ。

A　しかしほかの文書がすべて目代宛てになっているのにこれのみがそうでないのはなぜ。

C　注目されるのはこれが九月の日付けとなっている点で、大治二年のものとすれば、最後の加賀国関係の文書ということになる。おそらく善大夫はこの少し前に目代を辞めたのだろう。その結果、善大夫という充所が記されたものと考えられる。

B　これで解決した。整理してよ。

C　善大夫は大治二年に藤原家成が加賀守になると、目代に任じられて三月頃には加賀に赴任して国司初任の業務をとったが、八月末には任を解かれた。やがて大治四年になると隣国越中の目代に任じられて活動し、年末の藤原実能・顕頼との間での知行国の相博により目代を辞め上洛することになったのだが、そのまま新国司の下で目代に任用された。こんなところかな。

A　これで（二）（三）群の文書の性格がはっきりしてきたが、残る（一）群の文書はどう。

C　それらはどれも保安三・四年の年付けのある近江国関係で、国衙関係ではあるものの、善大夫が関係したことを

示す証拠は何もない。とはいえ、全体の性格から考えて、やはり善大夫のもとに残されたもの、おそらくは善大夫が近江国目代の際の文書と考えられる。

A　ついにこの紙背文書群が、善大夫と称される目代を歴任した人物のもとに残されたことははっきりしたわけだ。

B　そしてやがて廃棄され『医心方』の書写に利用された。

A　では目代の善大夫はどういう人なの。善とあれば三善姓で、さらに五位だね。

C　そうなんだ。外記の大夫か、史の大夫だろうと見て探したんだが、これだけではどうにもわからない。最初は『朝野群載』の編者である三善為康を考えたんだが、決め手がない。

B　その文書の裏が『医心方』の書写に利用されたんだし、当然のこと、文士であったと思われるが、わからないのは残念だなあ。

A　そうすぐにわかっても面白くないんであって、今後の研究にとっておくのもいいんじゃあないの。それより内容を考えようよ。

地方の国内の動き

B　僕は何といっても、「雑事を注進すべき事」として掲げられている八十九ケ条の36事書だ。

C　その最初で、「去年見作田の事」「国内田代の所の事」「荘園等の事 領主并官省符」「農料稲の事 三万束、稲請取の日、出し計ふべし」「諸郡勧農の事 種子の下行、国の事に同じ、田数・取るべき名の注文」といったことの注進が目代に命じられているのは、農料・種子を下行して農業の振興を促し、田代といわれる荒野を開発し、実際につくられている田を掌握し、さらに荘園となっている土地の領主とそれを立てるにあたって作成された官省符などの文書がどんなものであるかを把握することが意図されている。

B　国内の実情を把握して、ときには荘園整理令によって荘園を停廃するつもりなんだ。

A　確かに国司の関心の所在がわかる文書だね。そのほかにも、国内の産物や得分、土地、人物を書き上げさせているのも実に興味深い。また「院御庄の加納田の事」とあるのは院領が特別に国から保護されていたんだろう。

B　僕が注目するのは「国内富人の事」だ。国内の富裕な人物を把握しようというもので、富裕税をとろうというものじゃあないのかな。後には有徳銭といわれるもの。さらには「双六別当の事」なんて項目があるが、その次の「巫女別当事」と並んで、芸能の輩を管轄する組織があったわけで面白いね。

A　一番最後に書かれている「国中悪人勧善の事」とあるのはどういうことなの。これは勧善懲悪だね。

C　はっきりしないんだが、悪人に善を勧める、つまり勧進することだから、善とは作善のことだろう。仏への結縁を促す行為であり、寺や鐘、橋、道などをつくったり、あるいは念仏をしたりすることだと思う。

A　国司にそんな例があるの。

B　興味深い例が『後拾遺往生伝』にある。源親元が嘉保三年（一〇九六）に安房守となって国に下ったとき、念仏を多くの人々に勧め、念仏をすればその回数だけ納める年貢を減らし、重い科のある人も念仏を専らにするならば罪を免じたというんだ。

C　そうか。勧進上人が、国内の田数や領主の名を書き付けた大田文によりながら、国内を勧進したことが思いだされるな。

A　ところでその親元の往生の話が載っている『後拾遺往生伝』は、確か『朝野群載』と同じく三善為康の手になる書物だったろう。

C　そうなんだ。『拾遺往生伝』とともに念仏などによる往生を求めてなった人々の伝記だ。為康は越中国から上京して、三善氏の養子となり、算道の家を起こした人物。その著した往生伝には為康の周辺の人々の往生にまつわる話が多く載せられている。

A　文士為康の交遊関係やその考えがわかるわけか。

C　なかでも渡辺党の武士の源伝について「摂津国渡辺郡の住人、重代の武士也」と述べ、それに続いて文章博士藤原行盛について「累代の文士、当時の名儒也」と、並んで記しているのは文士と武士の関係を物語っていて実に興味深い。

A　どうやら『医心方』の紙背文書から探る君の試みは成功したみたいだね。

6　荘園への誘い

中世が難しいという場合、文書とともに荘園をあげる人が多い。荘園という言葉を聞いただけで敬遠する人をよく見かける。確かにその複雑な土地の権利・収取関係には頭を悩ませられるが、荘園をよく知るようになると、いつしか中世という時代が見えてくるものである。本章では、再び三人に登場を願って、荘園について語ってもらうことにしよう。

荘園の成立

C　尾道って知ってるだろう。広島県の港湾都市で、文学者が多く育った雰囲気のいい町だ。ここで見るのはそこを港湾として持つ、北に三十キロほど入ったところにある備後国大田庄という荘園なんだ。前の章で国衙を見たので、ここでは荘園を考えてみたい。

A　大田庄は第1章で武士の性格を考えたときに参考にした荘園だったね。南都焼き討ちの張本の平重衡が後白河院に寄進して生まれた荘園だろう。

B　後に高野山に寄進されて、高野山の荘園として長く維持されてきた。

C　ここに僕が目をつけたのは、平氏によって成立した荘園であること、鎌倉時代になると、幕府の問注所執事三善康信に地頭職が与えられたことなどからだ。

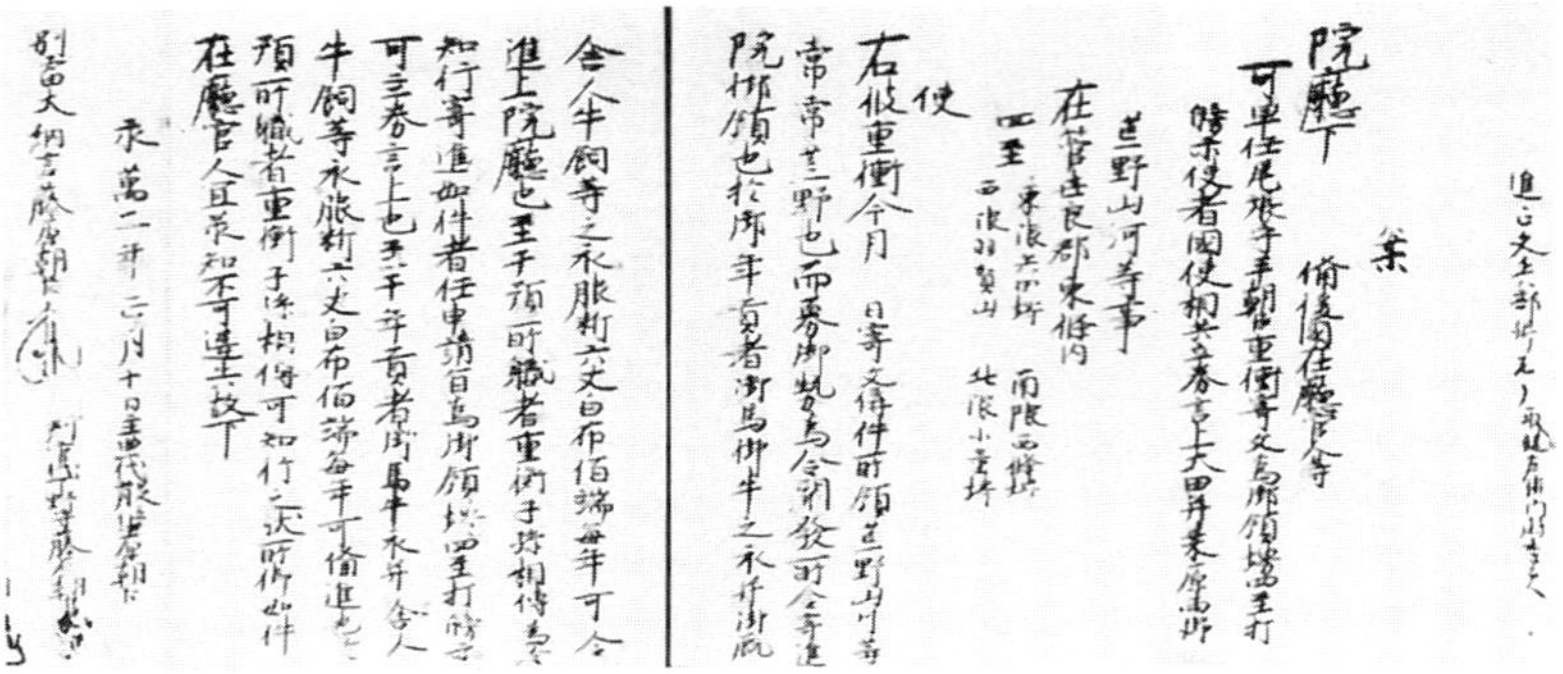

蔵影写本）

A　荘園から武士と文士の動きを探ってみよう、という構想かな。

C　武士と文士の荘園史を考えたいね。この荘園は、永万二年（一一六六）正月十日の後白河院庁下文で荘園として立てられている。尾張守平重衡が備後国の世羅郡大田・桑原両郷の荒野山河を寄進して後白河院領となしたもので、堺の周囲に牓示を打って券文を作成せよ、という命令が出された。年貢は院の厩の牛馬の衣や、舎人・牛飼の衣服に当てられることになり、重衡の子孫に預所職の相伝が認められている。

B　典型的な寄進系荘園だね。平氏は長寛二年（一一六四）に蓮華王院を後白河のために造進して、そこに各地の所領を寄進して広大な後白河院領をつくりあげている。その院領の下で平家領は増加したんだが、ここも同じような形で成立したわけだ。

A　これがそのときの院庁下文か。壮観だね—。別当が十九人も並んで署判を加えている。

C　荘園の権利を認めた券文（公験）だから、別当もこれだけの数が必要なんだ。普通の院庁下文はもっと少い。

A　ただ奇妙なのは、最初に「案」と記されているのに、正文と同じように花押が据えられていることで、これはどういうわけなの。

C　この案は控えという意味で、院庁に留め置かれるもの。正文は端裏に「正

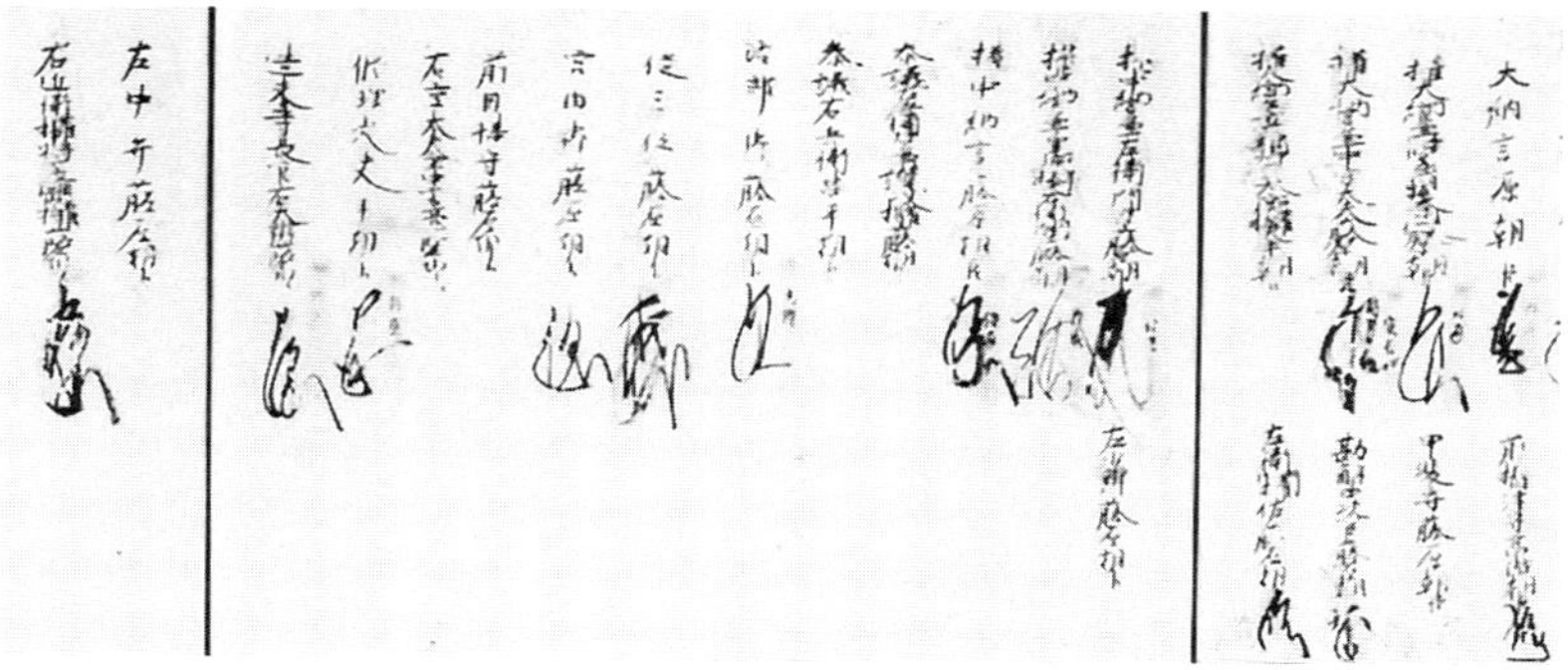

図1　永万二年正月十日，後白河院庁下文（「丹生文書」東京大学史料編纂所所

文は兵部卿に進せ了ぬ、取継は左衛門尉季貞」と書かれているように兵部卿の平清盛に進められていた。

B　そうか。ここに見える下文は後に荘園が高野山に寄進されたことにともなって院庁にあったものが送られてきたんだ。(1) 正文のほうは平氏の滅亡とともに失われたはずだからね。

A　そうすると正文を持つのが荘園の真の権利者だから、重衡は預所とはあっても、実際は正文を所持した清盛が権利を握っていたということになるんだろうか。

C　うん、清盛は領家だろうね。下文を見てごらん。清盛は兵部卿として別当に名を連ねているが、花押を加えていないだろう、当事者だからなんだ。寄進した重衡は当時十歳で幼いから、清盛は重衡の名で寄進してその後に相伝させるつもりだったんだろう(2)。

B　それにしても普通は在地の豪族がいてその私領が寄進されるものなんだが、ここでは最初から中央の平氏が動いており、荒野・山河だからという名目で寄進がされている。少し事情がありそうだね。

C　実は寄進から立荘までがすごく慌しい。正月にこの下文が出されると、すぐに国司から庁宣が出されて、立券が留守所に命じられている。その上国司は二月にも独自に国司庁宣を発して、宇賀村は無主の荒野だからとして追加して大田庄に認めてしまっている。荘園と国衙とは衝突するのが普通だが、ここでは国司がとても協力的なんだ。

B　国司は藤原雅隆だろう。歌人の藤原家隆の兄だね。そうすると父は猫間の中納言光隆で、備後はその知行国と見られる。光隆も院の別当だったはずで、ほら、ここに署判を加えている「治部卿」がそれだ。平氏が院領として寄進するというんで協力的だったとは考えられないの。

C　なるほどね。『公卿補任』を見ると、この年に光隆は参議になり、次いで翌年には中納言になっている。この出世の背景にはそうした事情が含まれているかもしれないな。二つの国司庁宣が二月二十四日に国衙に到来するとすぐに、同日付けで留守所下文が出されているのもそのせいだろう。

大田庄の発達

B　留守所下文には在庁官人と目代が署判を加えているが、この目代はどんな人。「皇太后宮権大属中原朝臣」とあるが。

C　少し後の仁安三年（一一六八）正月十一日に皇太后宮大属中原業光の名が見えている（『山槐記』）。だがこの人物かどうかは、はっきりしない。ただ当時の皇太后宮の長官は清盛だったから、目代の中原も清盛と関係があったと見てよい。

B　皇太后は誰なの。

C　近衛天皇の皇后だった呈子、後に九条院となった女性だ。光隆は近衛天皇の乳母子だったから、その関係で中原某が目代になったのだろう。

A　確か源義経を生んだ常盤が九条院の雑仕の女房だったね。そうすると清盛と常盤の関係もありうる話なんだな。

C　ともかくこうして荘園の全貌を記す立券状が作成されたが、それも二月ですぐのことだった。国衙にある帳簿から書き写したものらしい。全体を整理すると、次のようになる。

田数　三十町八反二百六十歩　　田代　二百二十五町　　畠数　六町五反　　畠代　五十三町
除田　九町二反六十歩　　在家　二十六宇　　桑　二百三十五本　　栗林　二町八反
現作　二十一町六反二百歩　大田　十町五反百四十歩　桑原　十一町一反六十歩

B　随分のこと、田代が多いんだね。ここが荒野・開発予定地かい。

C　そうなんだが、面白いことに源平の争乱後の建久元年（一一九〇）の検注によれば現作田が六百十三町ということなんだ。相当に差があるが、それは戦乱の影響を受けて荒廃し、やっと本数に戻った数値であるというから、争乱の前には既にそれだけの数値は耕作されていたと見てよい。そうするとその本数から永万の田数や田代を差し引いた三百八十五町の数値がどんなものなのか、これが問題となろう。

A　平家領となって開発が急ピッチで進められたんだろうが、それだけでは理解できない数値だ。

B　もともと国衙領（公領）としてあったものが、次第に大田庄に含み入れられていった結果とは考えられないかな。そうだったら公領がそのまま荘園にスライドしていって大田庄が膨れ上がったことになるんだが。

C　そうね。ここは世羅郡の地だったから、その郡の公田が吸収されて、膨大な大田庄に発展していったのだろう。鎌倉時代にもその名残で「郡司」や「郡分」といった表現が見えている。

A　わずかな所領をテコにして、国衙領を含みこんで発達したわけだ。

C　この翌年に堺四至内に含まれていた戸張保という国衙領が国司庁宣によって大田庄のものとなっているのは、その点をよく物語っているね。これは円宗寺という後三条天皇が建立した寺院の封戸を弁ずるために設定された保という国衙領の単位なんだ。大田庄が生まれて、戸張保の権利を心配した円宗寺からの訴えがあり、その結果、現地が検注されて十五町分の所当が円宗寺に収められることになったという。

B　大田庄と尾道とはどういう関係にあったの。

C　仁安三年に大田庄の沙汰人は、米を運上する際の倉敷がないので尾道浦に田畠五町分の倉敷を免除してほしい、と国司に訴えて認められている。国衙領の時代とは違う独自の年貢の運上ルートを設定する必要があったのだろう。

A　平忠盛が知行した肥前の神崎庄の場合にも、京への年貢運上のために山を越えた博多に倉敷を持っており、そこに宋人が渡来して貿易が行われるようになった。平氏の日宋貿易の始まりを告げる出来事だったわけだが。

C　それと同じだと思う。この訴えは認められて大田庄は荘園としての基盤が整えられ、嘉応元年（一一六九）には改めて戸張・尾道を含んだ院領荘園として院庁下文が出され、年貢も六丈布が百反から百五十反に増えている。

文士と武士の動き

A　どうも荘園の成立といい、発達といい、国司と領家や本所の間ばかりで動いているように思われるんだが、文士や武士の動きはどう絡んでいるの。

C　院庁下文の正文を平清盛に進めたのは院庁の主典代の中原基兼。

A　中原基兼といえば、鹿ケ谷事件で奥州に流され奥州藤原氏に仕え「凶悪の人」といわれた人物（『玉葉』）がいたが。

C　いや、別人だ。当時、中原基兼は三人ほど同姓同名の人物がいて間違いやすい。鹿ケ谷事件の基兼は院の近習として活動しており、主典代の基兼は院庁の実務を担当していた。もう一人の基兼は史大夫から受領になっている。

B　同姓同名の人物が何人もいると困るんだよね。混同してとんでもない間違いを犯してしまう。例えば、平氏の家人として清盛の政所を牛耳っていた藤原能盛がそのいい例だろう。同じ時期に後白河院に近習として仕えた人物にも藤原能盛がいるんだ。前者は安芸守となり、清盛の知行した大宰府や伊予国の目代になったり、摂津国を平氏の根拠地とするために努力した。後者は後白河院に雑芸をもって仕えており、出雲・周防守となった。こちらは治承三年（一一七九）の清盛のクーデターで解官されている。

A　どこで違いを判断すればいいの。

B　その動きを丹念に追うことが大事だが、その際、花押が決め手になることが多いね。

C　横道に逸れたので話を戻そうか。主典代の中原基兼から下文の正文を受け取った源季貞は清盛の側近だった。この後、季貞は検非違使に任じられ、また清盛の亡くなってから後には宗盛の近習として活躍し、畿内近国での兵士役の催促を行うなど、平氏の権力の立て直しに尽くしている。

B　季貞は鳥羽院の北面の家から出ていたね、このことは平氏が院を基盤として成長したことを物語っている。

C　そうなんだ。だから嘉応元年十月に起きた大田庄の相論では院の厩に納める白布をめぐって争いが生まれたとき、厩側の主張を代弁していたのが平貞能、平氏の家人なんだね。貞能は厩の預だったのだろう。

B　貞能は、平忠盛の近習で『平家物語』の殿上の闇討ち事件の際に庭に控えていた家貞の子だろう。

C　本来は平氏の一門だったが、家人となって平氏に仕えていた。平氏が院庁に進出するとともに、その代官として活動しているんだ。

A　貞能が主人として仕えたのは重盛だから、厩の別当は重盛ということになるわけか。

C　そして預所である重衡の申次として見えるのが平盛国。これも平氏の家人だ。以上、整理すると、大体、次のような組織と構成によって大田庄は経営されていたらしい。

機構　　　　　　　中次
本所　後白河院　　中原基兼
御厩　平重盛　　　平貞能
領家　平清盛　　　源季貞
預所　平重衡　　　平盛国

武士の動向

B　中央の荘園領主の機構はわかったが、現地の情勢はどうなの。
C　荘園が生まれたときの荘官では下司に橘基兼と散位橘朝臣親満がおり、公文には散位紀朝臣為清と散位藤原朝臣雅盛などがいた。下司は加徴米を反別一升、公文は反別五合を得分としていたらしい。
A　意外と少いね。
C　そうなんだ。荘園領主が反別二斗か三斗の年貢だから二十分の一以下なんだ。下司や公文などの在地領主はそのために開発や私領の売買、年貢・公事の徴収などを通じて所領を拡大してゆくことになる。
A　そのなかで登場してきたのが地頭だろう。堺争いや年貢の徴収、さらに土地の開発を中心的に担ったのが地頭だったね。
C　大田庄では鎌倉時代の初期に「村々別作田」として見える開発地があって、そこが地頭とも呼ばれている。地頭で活躍する地頭の輩が、そのまま地頭と呼ばれるようになる。
B　源平の争乱はどんな影響を与えたのだろうか。
C　土肥実平・遠平が備後国を「守護」するために関東から入部してくると、それに従って勢力を伸ばしたのが橘兼隆と大田光家の二人の下司だった。

A　確か門田・門畠と称して百余町を押領し、加徴米として二升五合を徴収するようになったと訴えられていたね。平氏滅亡とともに、東国の武士の勢力と結びついて、かつての下司の一族が支配権を広げたものだろう。

B　その実平は備後国の国地頭だったという説(3)があったね。

C　国地頭というのはどうかな。総追捕使といわれた可能性は高いんだが。覚えているかい。元暦元年二月に武士が自由の下文を帯びて荘園・公領に入ってゆくのを停止した宣旨が出されたね、その際に頼朝に調査して停止させることが命じられたが、どうも実平はその権限を帯びていたらしい。しかし、現地の武士と結びついて押領したと各地で訴えられている。

B　大田庄は平家の所領だろう。平家没官領だから関東御領になったんじゃあないの。そうでなくとも地頭が設置されたんだろう。

C　後白河院庁が作成した没官領の注文には入っていなかったらしい。文治元年（一一八五）の守護地頭の勅許で地頭が置かれてもおかしくはなかったんだが、それを行う以前に院は大田庄を高野山に寄進してしまった。盲目の僧鑁阿が、平家の怨霊を鎮めるために高野山の大塔で供養を行うことを企画し、その費用に当てるため荘園の寄進を求めていて、それに応じたんだ。文治二年五月のこと。

B　鑁阿は勧進上人だったね。蓮華王院から弘法大師真筆の曼陀羅の借り受けを要請して「聖朝の安穏」の祈りをすることを企画したこともあったはずだ。

A　内乱期には多くの勧進上人が現われて、様々な活動をしていた。重衡により焼き討ちされた東大寺の再興のために動いたのが「南無阿弥陀仏」重源上人、三井寺の復興を図ったのが「南無阿房」上人。念仏上人の多くが朝廷ばかりか幕府にも働きかけて幅広く活動していた。

C　鑁阿は「高野法華房上人」とも呼ばれているから、法華経の持経者の上人に近いんだろうが、平氏の滅亡によって今度は平家の怨霊の鎮撫を院に働きかけ、ついに大田庄の獲得に成功したわけだ。文治二年八月には頼朝から土肥実平・遠平の大田庄からの退出を命じる御教書を獲得し、さらに翌年には保元以来の戦場で亡くなった勇士たちの鎮魂を供養することが院から命じられた。院庁にあった大田庄の文書も高野山に寄せられて、高野山領として大田庄は再出発したんだ。

A　平家領から高野山領に完全に転換したわけかい。

B　いや、この後も平家の所領だったことがいろんな形で影響を与えている。地頭が置かれなかったことから平氏の勢力が温存されたらしい。平知盛の遺児知忠がここに隠れ住んでいた、と『平家物語』には記されている。

荘園の復興

C　平家領から高野山領への転換という点では、寄進に際して太政官符により大田庄の地利が高野山の大塔の用途に当てられ、勅事・院事・国役が一切免除されたことが大きいと思う。かつての堺四至のなかの土地が基本的にはすべて荘園領主のものとして認められた。様々な所領の複合体がほぼ高野山の所領とされたんだ。太政官符の威力は大きいね。

A　平氏の築いてきた権利関係が壊れて、新たな関係の形成が始まったわけだろう。

C　そう、戦乱により勢力を伸ばしてきた下司の橘氏一族と、戦乱で荒廃した荘園の復興を急ぐ鑁阿上人、この二つの争いが開始されることになる。鑁阿は建久元年（一一九〇）に検注を実施して大田庄の土地の実態を把握するとともに、さらに新たな経営の体制を整えるべく、大塔の供養を行う供僧たちの連名でもって院に下司の非法停止を訴えた。

B　院に訴えたんだったね。

A　西国の武士の濫行は院の沙汰で行う、というのが文治二年に頼朝が院に申し出て認められた原則だからね。

C　その結果、門田・門畠の停止、加徴米は一升に限る、下司が保有する雑免田や在家は寺の決めた量に限る、朝夕に平民百姓を働かせるのを禁ずる、庄内では殺生禁断、といった訴えがそのまま認められた。下司が戦乱期に拡大した権限は根こそぎ否定されたことになる。しかも殺生禁断は武士の社会生活の根幹にかかわるもので、庄内での高野山の支配を確立することを狙ったもの。

B　厳しいね。

C　しかしこれはあまりに厳しすぎた。下司が荘園で果たしていた役割を無視しすぎていたために、荘園の生産がガクッと落ちこんだんだ。そこで慌てた鑁阿は、惟宗康重という人物を派遣して勧農を実施した。

A　どんな人なの。

C　「沙汰の者」とあるだけでよくわからないが、荘園経営の専門家なんだろうね。康重は百姓に農業を勧めるために、年貢の内から二升を百姓に免除する方針を打ちだした。

B　それは画期的なことだね。

C　しかしそれでは下司らの不満に応えることができなかった。結局、鑁阿は百姓に免除した二升の内一升五合を召し返して、その内一升を下司に与え、五合を公文に与えたほか、預所の得分の内から給田を一町ずつ下司に与える措置を講じた。

B　でもそれでは先に免除された百姓が納得しないだろう。

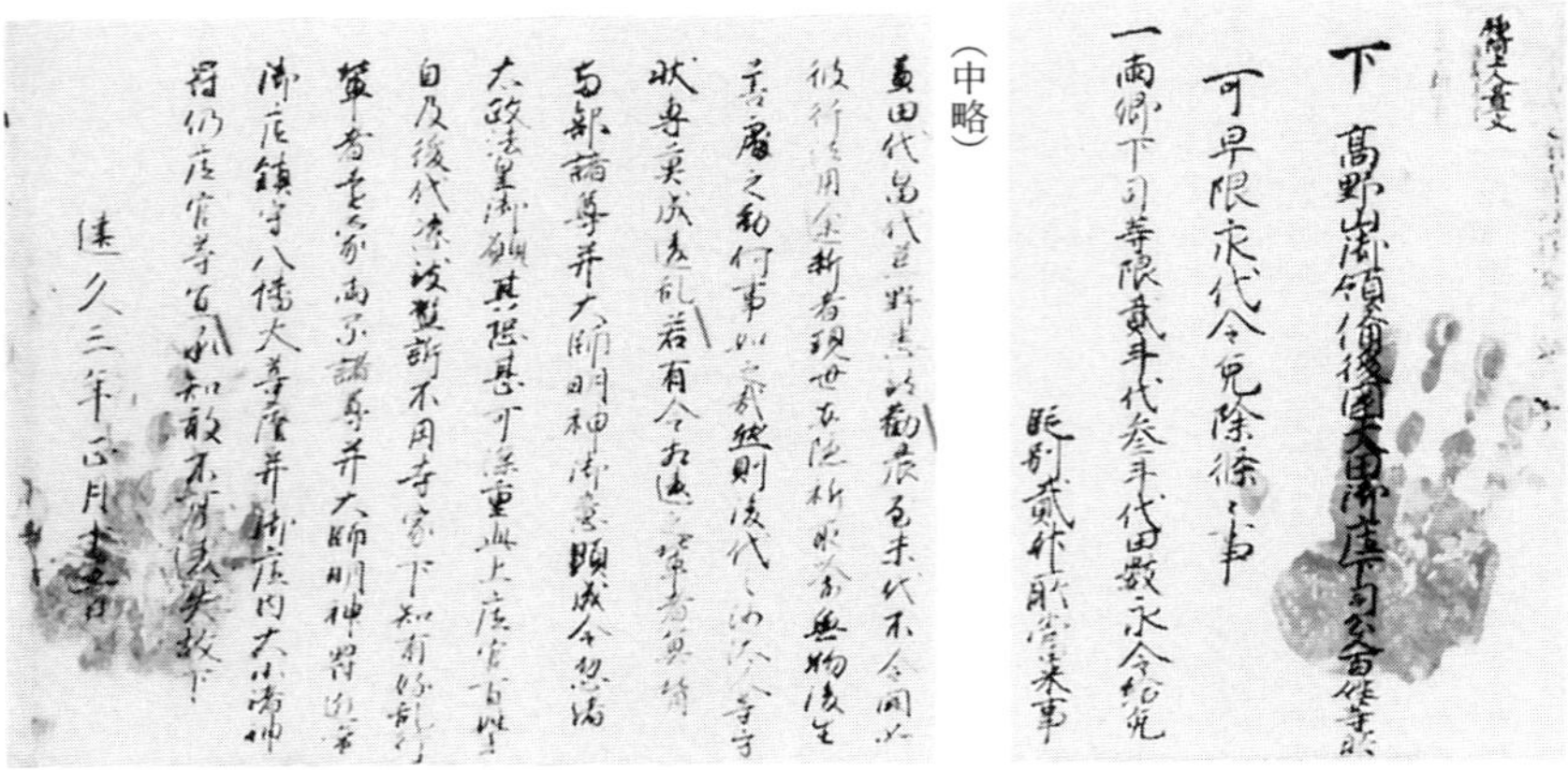

高野山文化財保存会所蔵）

C　そう。そこで百姓に対しては召した一升五合の代わりに、年貢の収納の際に筵や筵付き米として取っていた一石別に三升の米を免除したほか、雑公事を免除している。

A　これがそのときの文書かい。最初に鑁阿が自分の手に朱を付けて押した手印を加えているね。下文の形式をとっているんだ。それにこの内容に背いて従わないならば、神仏の罰を被るという内容の起請文を載せている。さらにその奥には下司・公文らが連署して、勧農を実行し、年貢をきちんと納める誓いの起請文も加えられている。

C　これで荘園は復興され、高野山にも年貢がきちんと納められるに至った。そこで鑁阿は、年貢をどんな用途に当てるのかを定めた相折帳といわれる文書を作成した。ここに高野山領の大田庄が確立したといえるだろう。建久五年（一一九四）のことだ。

A　もう問題は起きなくなったわけ。

C　いや。そう簡単ではない。その頃から幕府が改めて西国の支配に目を向けていたんだ。

地頭職の設置

A　建久年間といえば、幕府の体制が整備されるとともに、西国の諸国に大田文の作成が命じられ、内裏の大番役を勤仕する御家人交名の注

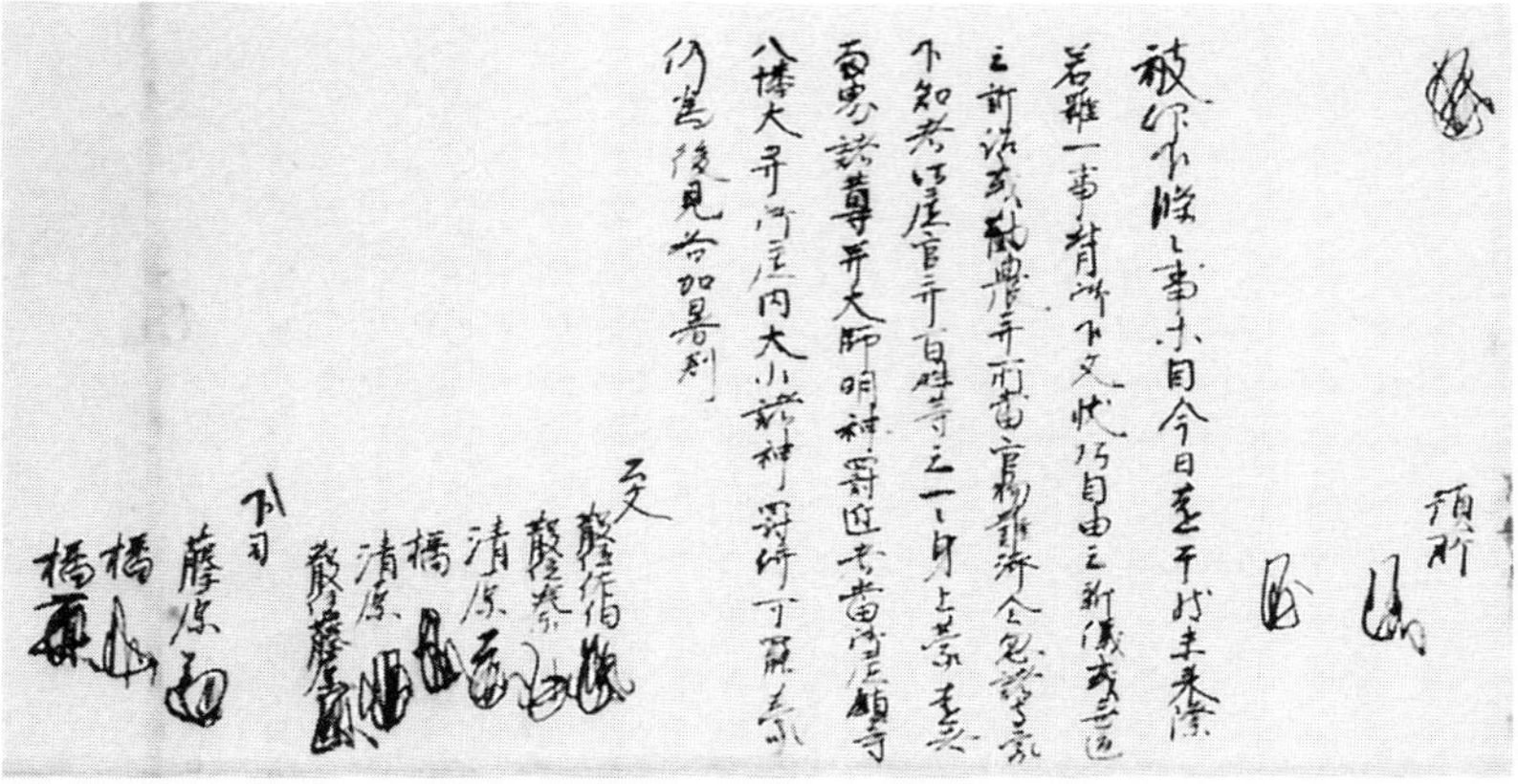

図2　建久三年正月十五日，備後国大田庄下司公文百姓等宛下文（『宝簡集』十，

進がなされた時期だったが。

C　そのことは九州の場合でよくわかっているが、国の在庁官人に命じて、国内の荘園・公領の田数とそこを知行する領主・地頭の名前を記した帳簿、大田文の作成が命じられた。地頭が補任されていない土地を把握し、そこに地頭を補任できるかどうか検討して、可能ならば補任しようという意図によるものだ。また幕府の公事を賦課するための基本台帳とする意図もあった。

B　そうすると当然のこと、もともと平家領だった大田庄には地頭が補任されていないわけだから検討の対象になったんだろうね。

C　しかしすぐには手を出しかねていた。

A　御家人の交名はどうなの。

C　大田庄の下司たちはかつて土肥実平に従ったこともあるので、御家人として登録されたらしい。そこで総追捕使（守護）の勢力が大田庄に入りこんできた。建久六年に大田庄からの訴えについて出された幕府の下知状は、総追捕使の荘民への煩を停止すること、下司の橘兼隆や光家は内裏大番役を勤仕することを命じているんだ。

A　その翌年だったね。突然に三善康信が地頭に補任されたのは。

C　建久七年十月二十二日のこと。下司が「謀反の咎」で改替されたという。この年、六月に平知盛の子知忠が京都守護の一条能保を襲おうとしたとして追捕されている。

B　それは確か、『明月記』の記事のはずだ。『平家物語』にも見えていて、「新中納言の末の子に、伊賀大夫知忠とておはしき、平家都を落ちしとき、三歳にてすておかれたりしを、めのとの紀伊次郎兵衛為教やしなひ奉て、ここかしこかくれありきけるが、備後国大田といふ所にしのびつゝゐたりけり」とあって、知忠が大田庄に隠れ住んで、やがて京都に上り一の橋にしのんでいたところを能保の軍勢に襲われて滅んだという。

A　実際に知忠は大田庄に隠れていたのかい。

C　何ともいえないね。ただ下司らが大番役で上洛していたときに、この事件が起きたことは間違いなさそう。それに巻きこまれたのだろう。兼隆らは鎌倉に召されて所職を奪われ、康信に地頭職が与えられることになった。その際、下司が記した得分注文に基づいて地頭の得分が定められている。

A　地頭の得分は謀反人跡の権利・得分を継承するという、文治二年（一一八六）の官符の原則によっているわけだ。

C　そうだね。その注文を見ると、下司の加徴米が反別五升とされている。この数値は文治元年に諸国の地頭に認められた兵粮米と同じなんだ。下司は兵粮米の数値を自己の得分として主張していたんだろう。ただし、高野山から二升を召されて、実際は三升が得分であったこと、さらに堀内も召されてしまったとも記している。

A　堀内が召されたというが、大田庄のこれまでの研究(4)では堀内漆が得分としてあがっていたが。

C　いや、それは意味から堀内と考えて改めてしまったもので、史料に「崛内漆」とあるままに理解した方がいいね、崛内漆とは山奥の漆を得分としていることなんだ。

A　そうか。なるほどね。

B　下司の主張と高野山の主張とでは違っているね。

C　そうなんだ。高野山は地頭が置かれたことに反発したことはいうまでもないが、さらには地頭の得分をめぐって以後、争うことになる。鎌倉時代を通じて続く地頭と荘園領主の果てしない争いはこうして始まった。幕府の法廷を裁判所にして。

A　荘園領主にとってはこの地頭は手強かったろうな。なにしろ問注所執事との相論なんだから。

C　それだけにこの相論はほかにも大きな影響を与えている。承久の新補率法が地頭の得分を反別五升に定めたのも、ここでのことと関係しているようにも思うね。

荘園をゆく

A　源平の争乱を挟んだ大田庄の歴史のおおよそはわかったが、何といっても荘園の具体的な姿が浮かんでこないことには、荘園に魅力はないね。大田庄を案内してよ。

C　それはそうだ。荘園の魅力は歩くことにより大きなものとなる。実は先日、久しぶりに大田庄を訪れたんだ。初夏の荘園の空気は気持ちがいい。心地好い風に吹かれながら、まず尾道に足を入れた。

A　尾道は自然の良港で、僕も何度か行ったことがあるけれど、そこに清盛は眼をつけて大田庄を立てたということなのかな。

B　京都と厳島・博多を結ぶ瀬戸内海航路の整備の意図はあったと思うんだ。

C　尾道は鎌倉時代になって一層賑わい、富裕な武士や海賊、守護の争奪の場にもなっていった。今でも町中を発掘すると、中国の青磁や陶器の破片がたくさん出土するというんだね。そこから北へ目指して、ほぼ昔の道にそって道路がつくられているから、車に揺られ中世に思いを馳せながら一路、大田庄へと向かうことになる。約三十キロほどの道程。

Ａ　その道を百姓たちが苦労しながら年貢や公事を運んだわけだね。

Ｃ　鎌倉末期に高野山から大田庄の預所に任じられた淵信は豪華な行列を組んで大勢の伴を連れて往復したという。

Ａ　それは尾道の浄土寺に関係している人物で、瀬戸内海の各地の荘園の預所ともなっていた。商品流通のなかで富を築いて鎌倉末期の新たな時代の流れを体現しており、「有徳人」と呼ばれていた。

Ｃ　淵信が通ったこの道は戸田芳実さんが古道を探って調査の記録を報告している。(5)

Ｂ　よし、今度行ったらその古道を歩いてみたいな。

Ｃ　尾道を昼過ぎに出て、夕方に大田庄に到着したが、その足で大田庄の心臓部ともいえる今高野に登った。ここは荘園支配の要として高野山をまねて建てられた寺院。参道の両脇には往時をしのばせる宿坊の跡があり、歩いてゆくと繁栄した昔が蘇るような思いがしたね。

Ｂ　いつ頃に建てられたんだい。

Ｃ　はっきりしないんだが、鎌倉時代には遡る。参道の突き当たりには、高野山の鎮守である丹生・高野明神が鎮座しており、ミニ高野山といった風情だ。本堂はその右手にある。

Ａ　鑁阿が手印を加えて下司らと契約を交わした起請文があったね。それに背いて従わないならば神仏の罰を被るという内容だが、そこで丹生・高野明神に誓っていた。

Ｃ　そうなんだ。それと同時に荘内の鎮守である八幡大菩薩にも誓っていた。今でも荘内には八幡宮があり、荘園の鎮守として旧くから祭られていたらしい。鎌倉時代の史料にも村々に八幡があると記されている。その最も大きなのが世良彦八幡社で、これは今高野の東方、桑原方にあり、地頭の支配下にあったことがわかっている。

Ｂ　八幡は在地勢力の基盤だったわけだ。

上・大田庄赤屋村水越の谷田
中・今高野の参道
下・今高野の麓の門

C　ほかに有力な神社としては、式内社である和利津姫社が今高野の西方、大田方の本郷にある。

B　荘園を舞台にして、人々の争いとともに神々の争いも繰り広げられていたことになるのか。

A　大田庄は大田方と桑原方からなる、といっていたけれど、どこが境界線になるの。

C　今高野がちょうどその堺になる。参道をまっすぐ北に線を引いて東側が桑原方で、西側が大田方なんだ。今高野はまさに荘園支配の拠点でね。少し奥に登ると見晴らしがいい。実は最初にここに来たときにその感想を書いた一文がある(6)。これだ。

おりよく雨もやみ、周囲の霧もはれてきたので、さらに奥の展望台に登った。そのときの感激はなんといいあらわせようか。霧に見えがくれする大田川、そのかたわらをとおる道にそって、えんえんとつづく家いえ、それらをおしつつむようにひろがる美田——すべてを山がとりかこみ、一セットになって、われわれの目の前にひろがっていた。……目をこらすと、田は山にくいこんで、いくつかの谷田がつくられていた。大田川はずっとひくい所をながれている。

どうも何度かきていると、こうした感激は薄れてしまうものだから、紹介したんだが。このときは、中世村落は谷田の開発を中心とした小村の散在している姿が原型であると主張している永原慶二さんら(7)と一緒だった。

B　よし、僕もすぐにでも行ってみよう。最初の感激を味わうためにも。荘園の夏を満喫してみたい。

7 東の武士と西の文士たち

大田庄を眺めたことで、荘園のあり方が多少とも見えてきたのではなかろうか。そこでさらに二つの荘園を選んでその歴史を探ってみよう。一つは肥後国の人吉庄、もう一つは安芸国の沼田庄である。ともに東国の御家人が移り住んで土着し、そこの領主として長く続いたために、文書が武士のもとに豊富に残された荘園である。

人吉庄と中原清業

熊本県の南部、球磨川の中流域にある人吉盆地に成立した荘園が最初に見る人吉庄である。その成立を語る史料は大田庄とは違って乏しく、建久八年（一一九七）に作成された肥後国の図田帳（大田文）の一部をなす球磨郡分の記載のみである、といっても過言ではない。この年、九州では薩摩・大隅・豊前・豊後等の諸国で鎌倉幕府の命令によって大田文が作成されており、肥後国でも同様に作成されたのであろう（『鎌倉遺文』）。

それによると、本家は蓮華王院、領家は八条院、預所は中原清業と見え、さらに下司には人吉次郎がおり、ほかに須恵小太郎、久米三郎らの荘官の名が並んでいて、総計六百町歩の大荘園であった。ではこの人吉庄の成立はいつに遡るであろうか。

本家と見える蓮華王院の荘園が広く全国的に形成されたのは、清盛が蓮華王院を造進した長寛二年（一一六四）であったが、はたしてそのときに人吉庄も成立したのであろうか。また八条院は膨大な鳥羽院領を継承していたが、人吉庄はそれを受け継いだものであろうか。後者の点については安元二年（一一七六）に作成された八条院領目録に人吉庄の名はないので、鳥羽院領を引き継いだものではなかったようだ。

ただ八条院領であることは大きな手掛りを与えてくれる。それは預所として見える中原清業の存在と結びつくからである。元暦元年（一一八四）に頼朝が鎌倉に下ってきた平頼盛の所領を安堵した下文については先に触れたところだが、このとき、清業は頼盛に同道して鎌倉に下っていた。清業は平頼盛の「後見の侍」であって、やがて清業が鎌倉から帰ってきたという情報を九条兼実の『玉葉』は伝えている。兼実はその頃、頼朝が自分を摂関に推挙しているという情報を得ており、鎌倉からの情報に敏感だったのである。

さて頼盛が頼朝に安堵された所領のなかに肥後国球磨臼間野庄という荘園がある。人吉庄が「球磨御庄」とも呼ばれていたことからして、この球磨臼間野庄こそが後に人吉庄に発展したのであろうと、工藤敬一氏は指摘している(1)。その可能性は高いと考えられるので、さすれば、球磨臼間野庄はいかに生まれたのか、そしてそこからいかに人吉庄へと成長したのか、が問われねばなるまい。

この点を探る際にもやはり清業の動きを知ることが大事である。清業は保元三年（一一五八）に左少史となっており、これまで何度も見てきた史大夫であった。父清貞も同じく史大夫であって、朝廷に文士として代々仕えていたことがわかる。その清業と頼盛との関係で注目したいのが、次の『伯耆国大山寺縁起』の一文である。

基好上人付法の弟子栄西葉上房、法皇御灌頂の為に前対馬守清業承にて勅喚にあづかり、帰朝して有職に任じ、あかけさをたまはり、こしをゆるされて院参せられけるとそうけ給る

大山寺の基好上人の弟子であった栄西が世に出るにあたっては、清業の力に大いに預かったという話であるが、この清業と栄西を結んでいるのが頼盛であった。『元亨釈書』によれば、頼盛は栄西の檀那、つまり外護者であったと

いう。これは頼盛が大宰府の長官であったときに栄西の渡宋を援助したことを指すのであろう。清業と栄西の結びつきも実にこのときに始まったと考えられる。史大夫が諸国の目代になって地方に赴いていたことを思いだしたい。清業は頼盛が大宰府の長官になったときに大宰府の目代として活動したものと見られる(2)。

頼盛が大宰大弐になったのは備後国大田庄が平家の荘園として生まれた頃であり、大宰府の長官が久しく赴任しなくなっていた慣例を破り現地に赴いている。そのために赴任賞として位が上がったほどである。宋に渡るためには大宰府の長官の助けが必要であったから、栄西が頼盛・清業らの援助を求め、それに応じたことがその後の関係を生じさせたのであろう。

この頼盛の赴任により、九州の各地には平家の所領が生まれている。筑前国の香椎社は「香椎社に至りては、故大納言頼盛卿、都督の時、猥りに蓮華王院に寄進す」と指摘されており(『石清水文書』)、頼盛によって蓮華王院に寄進されたものという。

かくしてこのときに人吉庄の原型となる球磨臼間野庄が頼盛・清業の手によって生まれたといえるであろう。従ってその時点では既に蓮華王院に寄進されていたと考えられる。おそらくは建久の大田文に見える荘官たちの所領が基礎になって、球磨郡域に散在する荘園としてひとまず成立したのであろう。

人吉庄の成立

球磨臼間野庄が頼朝に安堵されたとはいえ、決して安泰であったわけではない。平家没官領であり、その注文に載せられていた事実は動かせないことであって、それが安泰になるために考えられた方策が八条院への寄進であったろう。後白河院・幕府などの諸勢力から独立した地歩を築いていた八条院に寄進することで、諸勢力から守られることを考えたのではないか。内乱期には超越的な権威を有していた八条院へ所領の寄進が続いている(3)。

京都に戻った頼盛は備前国を知行国として与えられたが、清業はその目代となっている。文治元年（一一八五）、備前国の金山寺からの訴えについて出された留守所下文に目代として署判を加えているのが清業である（『鎌倉遺文』）。またその年に史の巡が適用されて対馬守に任じられている（『玉葉』）。

頼盛が亡くなってからはその姿は播磨国で見出され、文治四年に院の御所である六条殿が再建されたとき、御所のなかに設けられた長講堂を造営したのが播磨目代の清業であった（『山丞記』）。播磨は文治二年以来、院の分国であったから、ここにいつしか清業は院との関係を持ち、播磨の目代となったのであろう。

こうして国衙の経営に優れた能力を示した清業は、さらに東寺の修理にも力を発揮した。東寺の記録である『東宝記』に次のように見える。

文治五年十二月廿四日、当寺修理院の御沙汰御使播磨の目代対馬前司清業装束、指貫、勅使河内守清長定長の子、装束束帯、文覚上人、

文覚上人を勧進上人として東寺の修理が行われたときに、清業が播磨の目代として大きくかかわっていたのである。建久二年（一一九一）になると、清業は再び対馬守になったが、同時に大宰少弐を兼ねて、大宰府に再度、関与することになった。ただ播磨の目代は、建久四年に播磨国が文覚上人に付けられたために交替している（『玉葉』）。

さてこのような清業の活動のかたわらで人吉庄は成立することになった。その画期としては八条院領になった時期がまず考えられる。八条院領に寄進されたことから、検注が行われたのを契機にして、散在していた荘園の所領が人吉盆地周辺に集められたという推定である。しかし乱後の八条院にそれほどの力があったとも考えられない。

とすればもう一つの考えとして、肥後国の国衙領の整理が行われた段階があげられよう。建久五年に阿蘇・健軍・甲佐三神社の免田が「片寄《かたよせ》」と称して八代北郷に集められているので、この前後に肥後国一帯で「片寄」が行われたのではないか。片寄とは散在の所領を交換して集める方法であり、大田文によると球磨郡に「鎌倉殿御領」として五

百町が見え、預所として「因幡大夫判官」大江広元の名が見えているので、関東御領の存在を媒介にして片寄が行われ、人吉庄が成立したものと見るのが妥当であろう。(4)

人吉庄の預所となった清業のその後の動きは定かでないが、鎌倉幕府の援助で栄西が京都六波羅に建てた建仁寺は、清業が惣奉行となって造営されているので(『百練抄』)、清業は相変わらず栄西を援助していたことがわかる。遡っては、栄西が文治三年に二度目の渡宋を果たしたのも、清業が援助した可能性が高い。このときに既に檀那の頼盛は死去していたのである。

こうして見てくると、清業の活動からは鎌倉初期の朝廷の文士の際立った活動が浮かんでこよう。諸国の目代を歴任して、幕府とも関係を保ちつつ、再度渡宋した栄西を援助し、また院の御所の造営をも行い、さらに人吉庄を成立させるといったものである。

地頭の補任

人吉庄では、肥後国大田文が作成されたその翌年の建久九年に検注が行われており、そのときに定められた田は「起請田」と呼ばれ、後々まで年貢・公事が賦課される基本的な田として認定された。検注は荘園領主の交替などにともなって行われることが多いが、後に預所が頼盛の子の光盛からその娘冷泉局に譲られているので、おそらくこのときに預所が清業から光盛に譲られたことにともなって光盛によりなされた検注だったのであろう。

検注によって以後の人吉庄の体制は整えられたが、次いで元久二年(一二〇五)七月二十五日になると、突然に遠江国の武士相良永頼が地頭に補任された。

下す　肥後国球麻郡内人吉庄

補任す　地頭職の事

藤原永頼

右の庄、平家没官領たるの間、地頭に補任せらるべきの由申すに依りて、殊に軍功を施すの故、永頼を以て、彼の職たらしむべし、但し有限の御年貢以下の雑事に至りては、地頭全く違乱を致さず公平を存ずべきの状、鎌倉殿の仰によりて御下知件の如し、

元久二年七月廿五日

これによれば、平家没官領であることから地頭職補任の申請があって、永頼の軍功を認めて補任したという（『相良家文書』）。この日の八日前に畠山重忠が謀反を理由にして追討されており、それに基づいて勲功賞が与えられている（『吾妻鏡』）。これは北条政子の計いで行われたものであったが、おそらくそれに洩れた永頼が地頭職の補任を要求して認められたのであろう。

しかし東国の武士がどのようにして肥後国の人吉庄に地頭職が置かれていないことを知ることができたのか、まことに不思議である。そこで相良氏の出身地を調べてみると、蓮華王院領の相良牧であった。牛の名物を描いた似絵『国牛十図』には「相良牧、白羽立の牛、相良牛と称す、件庄は蓮華王院領」と見えている。人吉庄と同じく蓮華王院領であったことから、その情報を得たのであろう。

こうして人吉庄の地頭となった相良永頼であったが、後に人吉庄が南北に中分されたときの注文によると、地頭の得分は起請田について反別三升とされている。地頭の得分は前の下司の得分を継承するということであるから、下司の人吉次郎友永が謀反を理由に所領を没収されて、その跡に入ったのであろう。

地頭が設置されたことで大田庄と同様な体制が整えられたが、やがて建暦元年（一二一一）に領家の八条院が亡くなったことから、新領家の下で検注が行われた(5)。これは領家がその代一度だけ大掛りに土地の調査を行うもので、国

司の初任検注と同じ性格のものであった。このときには「起請田」のほかに新たに「出田」という田が設定され、そこから地頭は反別四斗という高い年貢を収取する権利を獲得している(6)。

荘園領主が起請田から反別で同じ四斗を得ていたことを考えると、この出田とは新田その他の荘園領主による支配を受けない土地であって、そこに地頭が強力な支配を展開していったものと考えられる。地頭はさらにその後に生まれた「新田」をも支配下に入れて、勢力を大きく伸していった。

ところが不運は突然に襲ってきた。相良氏の一族の所領相論が起こり、その争いの結果、相良永頼は所領の押領とその他の狼藉を理由にして人吉庄の半分を没収されてしまったのである。寛元元年(一二四三)のことであった。荘園は南北に中分され、没収された北方分は北条氏の家督の所領である得宗領に組み入れられたため、相良氏の支配は極めて窮屈を強いられることになった。しかも狭い所領は分割相続によりさらに細分化されていったので、そのなかで一族の結びつきを強め、歩むことになった。

次に正元元年(一二五九)と徳治二年(一三〇七)の二度、検注が行われているので、それを見ると、荘園領主の年貢を出す起請田に大きな変化はないものの、起請田の内から実際に年貢を徴収する得田が著しく低下しているのがわかる。起請田から河成田や荒地が除かれた上に、さらに様々な名目をつけて引かれた田が得田である。

寛元二年の中分帳によると、人吉庄南方の起請田数は百二十二町三反で、得田数は七十六町六反となっており、得田数の起請田数に対する比率は六二・六%であった。その後の検注は名別に行われており、追えるのも南方の内の松延名だけであるが、これで比較してみると、起請田数は寛元・正元・徳治の三回の検注ではそれぞれ二十町五反/十七町五反/十七町四反と次第に低下はしているものの大した変化はうかがえないのに、得田数は正元・徳治の場合、五町九反/四町となって比率にして三三・八%/二三・八%と急速に落ちこんでいるのがわかる(『相良家文書』)。

荘園領主が年貢を徴収できる田はめっきり減少してしまったのである。地頭はこうして荘園領主の支配地域を侵犯していって、現地で大きな支配権を打ち立てたわけである。

沼田庄と小早川氏

広島県の三原市を流れる沼田川の流域に成立したのが、次に見る沼田庄である。ここもまた人吉庄と同じく蓮華王院を本家としており、源平の合戦では沼田五郎と称する武士が平家方として活躍しており、やはり平家領としてあったものと見られる。

内乱後のこの地には、備後国の総追捕使として大田庄にも勢力を伸ばしていた関東の武士・土肥実平が地頭職を与えられている。その実平の後は子の遠平、遠平の養子景平と続いて、土肥から名字も小早川に改められ、建永元年(一二〇六)には沼田庄は景平から茂平に譲られ、その内の一部の新庄が弟の季平に譲られている。ただ残念ながら、この間の事情を示す史料は極めて少く、後の相論からうかがい知るのみである(7)。

基本史料は『小早川文書』として今に残されているものの、その最初の史料は承久の乱後の貞応二年(一二二三)に書かれた、隣接する都宇・竹原庄、生口島の荘官の罪科の注進状である。北条泰時に仕え後に御内人の筆頭となった平盛綱が、承久の乱において院方に参加した武士たちの取り調べに当たるべく安芸の国府に使者として派遣された。その際作成されたのがこの注進状であり、小早川氏は荘官たちの動静を伝えたことから勲功賞として都宇・竹原庄を得たのであった。

次いで六月には、新たに補任された地頭のために得分の注進状が作成されているが、それによると田畠の加徴米は反別五升とある。ここで調査された地頭の得分が新補率法と同じであることは、盛綱によって調査された地頭の得分が新補地頭の率法に大きな影響を与えたものと考えられる。こうして沼田庄のほかに都宇・竹原庄をも獲得した小早川茂平であったが、沼田庄の関係文書については次にあげるのが初見である。

一条入道太政大臣家政所下す　安芸国沼田庄官百姓等

早く当庄内塩入の荒野を以て開発を遂げ、不断念仏堂仏聖灯油并びに修理料田たらしむべき事

右、件堂は代々の将軍御菩提に資けたてまつらんがため、念仏堂を建立し、塩入の荒野を以て、仏聖灯油料たるべきの由、地頭美作守茂平朝臣申請する所也、(中略)故さらに下す、

嘉禎四年十一月十一日　　大従左衛門丞惟宗

令前大和守大江朝臣

別当主税頭算博士三善朝臣

嘉禎四年（一二三八）に地頭の美作守茂平が、将軍の菩提を弔うための念仏堂の灯油や修理に当てることを条件に荘内の塩入の荒野の開発を領家に申請して認められたものである。塩入の荒野とは、沼田川が瀬戸内海に注ぐ河口部の低湿地帯にあって海水が逆流してくるために荒野となっている部分のことである。地頭の小早川氏はここに目をつけ開発を申請したのであり、地頭が荘園領主の支配の及ばない部分に力を伸ばしていった動きがよくわかる。

次に「一条入道太政大臣家」とあるのは西園寺公経であり、将軍頼経の外祖父にあたる。公経は朝廷と幕府の間の交渉役である関東申次の地位にあって強大な権威をほしいままにしていた。この西園寺家と小早川茂平との関係は深くて、茂平が美作守になっているのも、美作が西園寺家の知行国であったことによる。『古今著聞集』の著者である橘成季は西園寺家に仕えていたが、小早川茂平とも親しかったらしく、都鳥を茂平に預けて飼っていたという話が見える。(8)

茂平は単に西園寺家の荘園の地頭だったのではなく、西園寺家に早くから仕えていたのであろう。承久の乱の際に

都宇・竹原庄の下司・公文の動静をすぐに知らせることができたのも、西国に根を下ろしていたからであった。

もともと東国の御家人は西国に地頭職を得たとしても容易に移住しなかった。大田庄の三善氏や人吉庄の相良氏も移住の時期は遅いが、小早川氏は違っていた。それは小早川氏の嫡流が建暦三年（一二一三）の和田合戦により所領を没収されたことと関係しており、新天地を西国に求めて移ってきたのである。承久の乱後には六波羅探題に仕える在京人となり、京都の警護を行う篝屋の守護人にもなっていた。幕府の内紛で西国に所領を得た相良氏と、西国に移り住んだ小早川氏とでは、同じ東国の武士といっても明暗を分けていたのである。

三善氏と西園寺家

先にあげた政所下文を見ると、政所の別当に「主税頭算博士三善朝臣」の名が見えるが、算道で三善氏といえば、既に第5章で見た『朝野群載』の著者三善為康の流れがこれである。為康の跡は行康に継承され、さらに行衡に続き長衡となるが、その長衡が西園寺家の家司となってから三善氏は西園寺家の執事として活躍することになった。

寛喜二年（一二三〇）九月の公経家の政所の下文が豊後国の「柞原宮文書」に残されているが、それに署判を加えている別当の筆頭にある「主税頭兼陸奥守三善朝臣」が長衡である。だが長衡は寛喜二年十月に主税頭を辞しており、先の嘉禎四年（一二三八）の政所別当は長衡ではなく、長衡の子で寛喜三年三月二十六日に主税頭となった三善雅衡であろう（『明月記』）。雅衡は西園寺家の乳父となっており、その発展に尽くしたのである。

このように三善氏と西園寺家との関係を最初に築いた長衡の動きを探ってゆくと、[9] 承久の乱において公経は親幕府方として院に押しこめられたが、そうした京都の情勢を逸早く鎌倉に伝えたのが「右大将家司主税頭長衡」の飛脚であったし、また、上洛した北条泰時の軍を迎えたのも「右幕下使長衡」である。時に公経は右大将（右幕下）であった（『吾妻鏡』）。

さらに嘉禎二年に公経は伊予国の宇和郡の知行を幕府に要求しており、これに幕府が関東の御家人小鹿島公業の所領であることを理由に渋ると、「もしこれがうまくゆかないならば、老後の眉目を失うのと同じであり、自ら関東に下って思うところを述べたい」と脅したのであった。ついに幕府は折れてこの地を公経に渡したが、その際の交渉を行ったのも長衡であって、幕府から公経への書状は「陸奥入道理繆」（長衡）宛てになっている（『吾妻鏡』）。

こうして承久の乱後に公経は将軍の外祖父として、また関東申次として絶大なる力を振るったが、寛喜二年の政所下文の内容もまたそのことをよく示していて、豊後国の阿南郷という国衙領を国司が公経に寄進したことが述べられている。国司が公経に追従したものであろう。そこで思い浮かぶのは、備後国の大田庄が国司の協力で平家領として成立した事情である。まさに承久の乱後の西園寺家は平家に劣らぬ勢いを示していたのであったが、事実、藤原定家は「大相一人の任意、福原平禅門に超過せん歟」と、公経の意のままなることが平清盛をも超えるものであったと述べている（『明月記』）。

そうした公経の力を文士として支えていたのが長衡であったが、長衡が亡くなった寛元二年（一二四四）三月に「長衡法師昨日入滅と云々、算道の長也、相国禅門専一無双の者也、陶朱の類也、無常の理、誠に何ぞ遁るる事歟」とその死が記されている（『平戸記』）。長衡は「相国禅門」（公経）に仕え、中国の富豪「陶朱」の類と称されるほどに巨富を築きあげたのである。算道の長として経営の才を働かせたのであろう。ここに文士の一つの生き方がよく示されている。

ところで先に『古今著聞集』は西園寺家周辺の話を多く載せていると指摘したが、長衡の父行衡の話も六百九十一段に見えている。時は承安二年（一一七二）六月、祇園御霊会を算博士の行衡が三条堀河で見物していたところ、牛が暴れだしたというもので、どうという話ではないが、これを載せた橘成季はおそらく長衡からこの話を聞いたのであろうし、またこの話から思いだされるのは後白河の命により描かれた『年中行事絵巻』であろう。そこには人々が稲荷祭の見物をしているところで牛が暴れている場面が描かれている。絵に多大な関心を寄せていた成季が収録するに相応しい話なのである。

なお、嘉禎の下文に政所の令として署判を加えている「前大和守大江朝臣」であるが、『古今著聞集』には「前大和守時賢が墓所」の長谷での話として、墓守の男が罠を仕掛けて捕らえた鹿を、射て獲った如く見せようとして弓を射たところが、鹿には当たらず罠のかづらに当たって獲物を逃がしてしまった、という笑話を載せている。おそらくこの前大和守時賢とは政所の令の大和守のことであって、成季は時賢から聞いたのであろう。

沼田庄の検注

地頭の小早川氏による沼田庄の開発が進んだ仁治四年（一二四三）には新庄で、また建長四年（一二五二）には本庄で検注が実施された。公経は寛元二年（一二四四）に亡くなっているので、仁治四年の検注は公経が所領を処分して新しい領家の下で行われたのであろうか。また本庄の検注が遅れたのは、塩入荒野の開発の問題があったのであろう。

検注の結果、田数は新庄が二百十町、本庄が二百五十町ほど計上され、現作田から除田が差し引かれた定田に対して、領家方の得分や地頭方の得分がきめ細かく算出されている。領家は地頭の約二・四倍ほどの得分となっていた。検注帳にはそれぞれ公文に惣地頭の小早川茂平、正検注使などが署判を加えており、ここに荘園の体制は整った。

さてそこで注目したいのが、正検注使として名を連ねている新庄の「刑部大輔橘朝臣」と本庄の「前若狭守橘朝臣」の二人である。ともに橘を名乗り、『古今著聞集』の作者の橘成季との関係も考えられる。

しかるにこの二人の花押については『花押かがみ』が橘知宣に人名比定をしている。だが二つの花押（図の(1)(2)

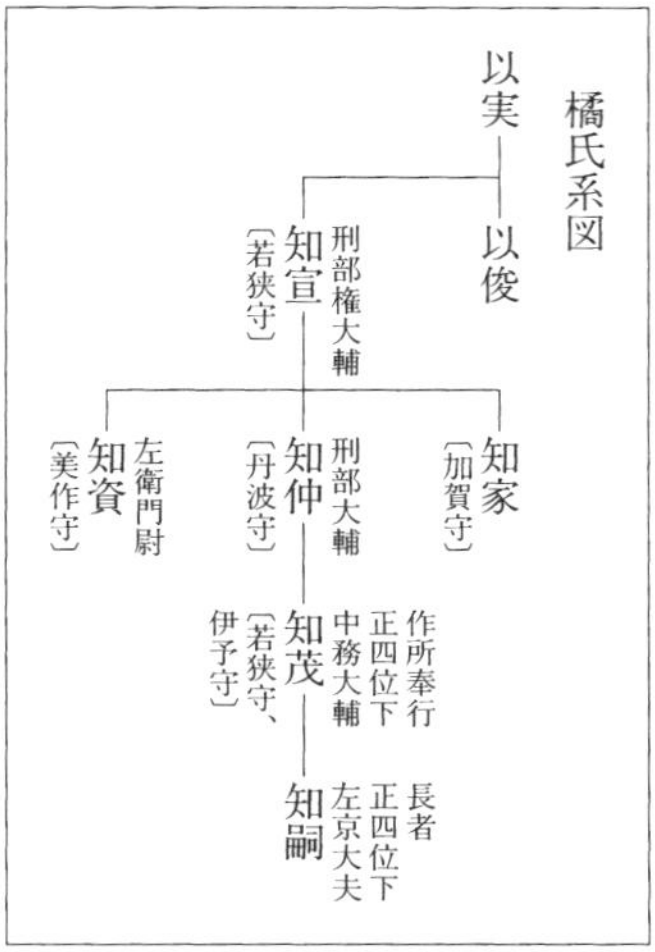

(1)　仁治４年沼田新庄正検注目録写
(2)　建長４年沼田本庄検注目録写
(3)　寛元元年若狭国司下文（東寺文書）
(4)　正嘉元年宗像社和与状（宗像文書）

は明らかに異なっており、また新庄の刑部大輔橘朝臣が知宣といえるかは疑問である。というのも『明月記』安貞元年（一二二七）正月二十七日条によると、橘知宣は刑部権大輔とあって、これと「刑部大輔橘朝臣」とを同じ人物とはいえないからである。むしろその子知仲が刑部大輔になっているので（『葉黄記』宝治元年条）、知仲と見るべきであろう。[10]

　では本庄の検注に当たった前若狭守橘朝臣は誰であろうか。知仲は宝治元年（一二四七）に亡くなっており、本庄を検注したのは知仲の跡を継承した知茂であろう。知茂が若狭守になったことは『経俊卿記』宝治元年十月十三日条からわかっており、これは後嵯峨院と公経の孫で実氏の娘大宮院との間に生まれた月華門院の湯殿始に鳴弦の役人として名を連ねたものである。この日の行事は実氏が沙汰したものであったという。

　従って沼田本庄の検注目録に正検使として署名を加えているのは知茂である。さらに知茂が沼田庄の預所となっていたことは、文永二年（一二六五）の文書に見えており、その花押は正嘉元年（一二五七）六月の筑前宗像社の預所として和与状に署判を加えている橘朝臣と同一である（図の(4)）。

この橘一族の系譜を探ると、橘系図によれば、知宣は以実の子と見える。だが、以実は治承・寿永の内乱期の史料に見えるものの、特別な活動の跡はうかがえない。知宣の名も橘氏の通字である以の字ではないことから明らかなように、もともとは伯家の兼康王の子であり、以実の養子だった。従ってこの橘氏の家は知宣に始まったのであろう。『明月記』の元久二年（一二〇五）十二月九日条によると、公経の父実宗の前駆として「若狭守知信」の名が見え、その知信は寛喜三年（一二三一）正月十四日に「丹波五ケ庄、知信検注す」と見えている。知信と知宣は訓を共通しており、同じ人物と考えてよかろう。早くから知宣は西園寺家に仕えていたのである。

その関係で九条道家にも仕えていたらしく、寛喜二年六月二十五日に「法成寺事、知宣朝臣忽ち奉行し、不日材木を寄せ、且つ修理せらると云々、忽ち殿中の徳政也」と『明月記』に記されており、その後の六月二十九日には子の知仲を丹波守に申し任じて五箇庄を知行し、無量寿院を造営することになったという。法成寺や無量寿院などの作所の造営にかかわっていた人物とわかる。寛喜二年九月の公経の政所下文に別当として名を連ねている橘姓の人物のうち、筆頭の三善長衡に次ぐ位置に「前若狭守橘朝臣」として見えているのが知宣であり、同じく「丹波守橘朝臣」とあるのが知仲である。父子ともに西園寺家に仕えていたのであった。

橘氏の隆盛

知仲は、父が丹波国五箇庄で検注したように、仁治四年（一二四三）の安芸国沼田新庄の検注を実施し、寛元元年（一二四三）五月七日には若狭国の国司下文に署判を加え、同年九月三日の若狭国宣に袖判を加えている。それは当時、若狭が公経の子西園寺実氏の知行国であったことによる。知仲は若狭のみならず、実氏の知行する備前の目代となっていたし、さらに興味深いことには後嵯峨院の院の作所奉行にも任じられた（『葉黄記』）。知宣が寺院の造営を行っていた技能がここでも継承されていたことがわかるであろう。

こうして知宣からの橘氏は西園寺家の荘園の検注に名を残しているが、知宣の子で前美作守橘知資もまた暦仁元年（一二三八）四月に伊予国の検注に当たっている（「大山積神社文書」）。伊予国も久しく西園寺公経の知行国であった。

知茂の後はどうであろうか。文永元年（一二六四）に造営された禅林寺殿は知茂が造進したものだが、事終わらぬうちに死去し、その子知嗣が造営したと見える（『師弘記』）。事実、知嗣は文永六年正月に日吉社の神輿が入洛して神輿が造替されたとき、加賀国の知行国主としてこれを造進しており（『八坂神社記録』）、さらに父の跡を継承して文永六年二月に筑前宗像社の預所として署判を加えており、弘安四年（一二八一）には沼田庄の預所として見えている。

やがて弘安八年七月には左京大夫として山城国拝師庄について契約状を認めているが（東寺文書）、このように左京大夫にまで出世したことは、『尊卑分脈』で知嗣が橘一門の嫡流の以降に替わって橘氏の長者になったとしていることと関係していよう。事実、弘安八年四月の除目には、氏の神社梅宮社に関する申沙汰を望んでおり、これは橘氏の長者として行ったものである（『鎌倉遺文』）。

こうして出世を遂げた知嗣の子の知任になると、弘安七年に丹波守、永仁二年（一二九四）に刑部権大輔、正安三年（一三〇一）に大膳大夫で伯耆守、嘉元元年（一三〇三）に左京大夫、徳治元年（一三〇六）に刑部卿、と順調に出世しついに応長元年（一三一一）には公卿の座に列している（『公卿補任』）。興味深いことに、その母が「鎮西住人宗像六郎入道浄恵女」とあって、知嗣が預所となっていた宗像社の大宮司の娘であった。

宗像社といえば、日元貿易の根拠地であるから、公卿に至るのにはその富が物をいったのかもしれない。西園寺家は早くから中国との貿易に手を染めていた。仁治三年（一二四二）には公経の貿易船が、宋の皇帝に檜材の三間四間の家を贈った礼として、十万貫の銭を受け取って戻ってきたという(『民経記』)。宗像社はそうした貿易の根拠地の一つであった。

こうして西園寺家の政所や荘園・貿易は三善・橘の二つの流れの文士たちにより整えられ、発展の基礎がつくられたのである。(11)

8　侍の家

荘園の成長を探るなかで、文士と武士の活動の様が浮かび上がってきた。そのなかで西園寺家に仕えた三善と橘の文士の家を発掘できたのは収穫であったが、このように貴族の家の経営にあたる文士・武士が鎌倉時代には固定化する傾向がうかがえる。侍と称され、あるいは院に仕えて北面に列した家である。本章はその点を探ってみたい。

北山の桜

嘉禄元年（一二二五）二月八日、藤原定家は、北山にある西園寺公経の山荘で起きた前日の様子を子の為家から聞き記している。為家は公経の養子となっていたことから、北山の山荘に出入りしていたのであったが、その頃、北山では人々に宛てて桜の木を取り寄せ、前庭に植えているとのことであった。

『五代帝王物語』は、公経について「権威おびたゞしくて、おぢなびかぬものなし、天王寺・吹田・槙の島・北山、さしも然べき勝地・名所には山荘を造り営たり」と記しているが、そこに見える北山の山荘のことである。後に足利義満はここを西園寺家から取り上げて金閣を建てたのであった。『増鏡』の内野の雪の章も見よう。

北山のほとりに世に知らずゆゆしき御堂を建てて、名をば西園寺といふめり、この所は伯三位資仲の領なりしを、尾張の国松枝といふ庄にかへてたまひてけり（中略）艶ある園につくりなし、山のたたずまひ木深く、池の心ゆたかに、わたつ海をたたへ、嶺より落つる滝のひびきも、げに涙催しぬべく、心ばせ深き所のさまなり、本堂は西園寺（中略）北の寝殿にぞ、おとど〈公経〉は住みたまふ、めぐれる山の常盤木どもいと旧りたるに、懐かしき若木の桜など植ゑわたすとて、大臣〈公経〉うそぶきたまひける、

　　山ざくら峰にも尾にも植ゑおかん見ぬ世の春を人や忍ぶと

北山の山荘の豪華美麗さがたっぷりと描写されている。特に「懐かしき若木の桜など植ゑわたすとて、大臣うそぶきたまひける」とは、桜を集めた公経の栄華と権勢をなんともよく物語っていることではないか。なおここで北山の山荘は伯三位資仲の所領だったものを尾張国松枝庄との交換で得たとあるが、伯三位資仲とあるのは実は仲資の誤りであって、このときの交換を示す文書が承久二年（一二二〇）十一月の相博状として残されており、その筆頭に三善長衡が署判を加えている（『鎌倉遺文』）。

さて、定家の家にやってきた為家は北山で聞いた話をも語っているが、そこでの物語の第一番にあげられているのが、長衡の語った「一上亭での小弓の射的」の話である。ついで親尊法眼の語った話があって、最後に橘知宣の語る話が載っている。北山の山荘は物語の場でもあって、長衡・知宣はその中心にいたことがわかる。おそらく北山の山荘自体もかれらの努力で造営されたのであろう。

そこで注目したいのが『五代帝王物語』である。この歴史物語は天王寺・槙の島・北山の山荘などの西園寺公経の建物を始めとして、御所や寺院の造営について多く触れている点に特徴がある。なかでも閑院の内裏については、

　閑院は宝治三年〈建長元〉二月一日炎上ありしかば、富小路殿〈冷泉富小路〉内裏になる、この御所は小川の右衛門督入道親兼が家にてありしを、北山大相国の殿に成て今、皇居とはなれり、さて閑院をば関東の沙汰にてほどなく造て、同三年六月廿七日に遷幸ありて、将軍并に相模守時頼賞を蒙る、

と記している。ここには宝治三年（一二四九）に焼失した閑院の内裏に代わって富小路殿が内裏とされ、ついで閑院

が幕府によって造営されたことが述べられている。この記事で注目したいのは、富小路殿が北山大相国公経により造営されたことであり、さらに記事には閑院が幕府の手により成ったと見えるが、その経費こそは幕府が出したものの、造営の実際は公経の子実氏の手になるものであった。つまり殿舎の造営といっても、西園寺家が関係しているものが特に取り上げられているのである。そのことをさらによく示しているのが五条殿の造営の記事である。

御所の造営

西園寺実氏の娘で後嵯峨院の皇后であった大宮院の御所五条殿をめぐるエピソードが次のように記されている。

五条殿は大宮院の御所なるべしとて、常盤井の大相国の造られしかば、橘知茂が沙汰にて造りしに、閑院の外、京中になきほどの御所に造りたて丶、御移徙に両院御幸ありて、目出かりしに、程なくやけたりしを、なじかは又つくり侍らざらんと橘知茂申けるによりて、又同き程につくりて、常に内裏にもなりし（中略）障子には年中行事を絵にかゝれて、経朝の御言葉がきなどしてゆゝしき御所にてありしに、文永七年八月に折ふし主上も此御所にわたらせ給しに又焼ぬ、大かた此御所には変化どもの事ども常にありと聞えしかば、つゐに久からず、二度ながらおびたゞしき焼亡にて、たゞごとならぬ儀にてありしは、天魔の所為にや侍らん、

橘知茂が常盤井の大相国（西園寺実氏）の下で造営したことが興味深く書かれており、二度にわたって造営したものの、再度焼失してしまったことを「天魔の所為」と述べている。この知茂は既に見た知宣の孫であって、これを見ても西園寺家の関係する殿舎の造営はすべて橘氏が行っていたことがわかるであろう。

さらに興味深いのは、この記事で「橘知茂が沙汰にて造りし」と知茂について何の説明もなく登場していることで、しかも四位にもかかわらず、「朝臣」を欠いて記されている。ここに『五代帝王物語』の作者は知茂の近くにいた可能性が高いであろう。

そこで再度、知茂を探ってみよう。知茂が初めて史料に登場するのは『明月記』嘉禎元年（一二三五）四月二十九日条で、それに蔵人として見えるが、やがて十一月二十日に五位に叙されて蔵人大夫となっている。四条天皇に蔵人として仕えていたのであった。その後は既に見たように、若狭守となり、安芸国沼田庄の検注目録に正検使として署名を加え、筑前国宗像社の預所としても和与状に署判を加え、正元元年（一二五九）に弾正大弼となり、弘長元年（一二六一）には備中守として後嵯峨院の冷泉万里小路御所を造進しており、知茂はそのときの賞によって内の殿上人となっている（『仙洞御移徙部類記』）。こう見てくると「なじかは又つくり侍らざらん」という知茂の言葉を引用した『五代帝王物語』の作者が知茂とも懇意の間柄であったことは間違いあるまい。

『五代帝王物語』は承久の乱後の後堀河・四条・後嵯峨・後深草・亀山の五代の天皇の歴史を描いた歴史書であるが、五代とはいいながら後嵯峨の亡くなった文永九年（一二七二）までが描かれており、承久二年（一二二〇）に生まれた後嵯峨の生涯がテーマとなっている。つまりこれは後嵯峨院の物語であった。従って作者は、後嵯峨院の生涯を回顧する意図から本書をつくったものと考えられ、後嵯峨院の近くに仕えていたらしい。

知茂も後嵯峨院の側近くに仕えており、永仁六年（一二九八）八月の目安状には山城梅津庄の相論において「源氏女、正元年中彼の盗犯文書を帯び、知茂時に弾正大弼に属して奏聞を経る」と見えており（「長福寺文書」）、後嵯峨院への奏聞が知茂を通じて行われている。このように作者の近くにいた知茂であるが、どうも知茂は後嵯峨院よりも早く亡くなっていたらしい。文永元年（一二六四）に造営された禅林寺殿は、知茂が事終わらぬ内に死去したため知嗣が造営している（『仙洞御移徙部類記』）。

知茂が物語の作者とは考えがたいが、まことに興味深い存在である。そこでこうした知茂の存在を手掛りにして知茂のような院北面の存在形態を次に探ってみよう。

院北面の活動

知茂の子知嗣を見ると、禅林寺殿を父の跡を継いで造営した後、文永七年（一二七〇）に讃岐守として押小路御所を造進しており（『仙洞御移徙部類記』）、さらに弘安六年（一二八三）には二条殿の造営に関与していた。この二条殿は、西園寺実氏の室で大宮院の母であった北山准后貞子の御所とされたもので、『勘仲記』弘安六年十月十日条には御所の造営を誰が負担したのかが次のように記されている。

人々所課

寝殿、透渡殿、東中門、同公卿座、御念誦堂、御車宿、御随身所、
已上、四条前中納言 修理職、右馬寮、豊原庄等所課
西中門、同公卿座、
已上、新三位永康卿
殿上
高倉前宰相
二棟御所、常御所、黒戸、二対、釜殿、
已上、朝昌 興昌法師孫
一対
藤原基員 基兼法師子
十間対
実印法印
門々
高倉（面）南四足門　朝昌　檜皮棟門　大宮院御訪 知嗣朝臣沙汰
二条面　上土門　朝昌　小門　光家入道
東洞院面　唐門　中御門大納言御訪

押小路面　唐門　雅藤　小土門　内々御沙汰

四面築垣

高倉面、押小路面　已上朝昌

二条面　宗氏朝臣　東洞院面　内々御沙汰

裏築地　高倉面　朝昌　二条面　修理職

東洞院・押小路面　已上伝領輩築之、

これによれば、最初の寝殿以下の主要部分を負担した四条前中納言隆行は、修理職・右馬寮・豊原庄等を知行してこれらを造営したという。隆行は貞子の甥である上に、建長五年（一二五三）に修理大夫となってから、文永三年（一二六六）には子の隆康を修理大夫となすなど、自身が亡くなるまで修理職を知行していたことから、主として造営を担当したのであろう。

隆行以外についてはどこを知行して造営したのかが記されていないが、これは「御作事、四条黄門の外、皆本所の准后の御沙汰也」とあって、「四条黄門」隆行の担当のほかは、准后貞子の経営であったためであろう。また檜皮棟門の担当について「大宮院御訪知嗣朝臣沙汰」とあるのは、大宮院から寄せられた資金で橘知嗣が実際に造営を担当したという意味であろう。知嗣は大宮院の所領筑前宗像社領を知行していたから、このように大宮院関係の造営には橘知嗣が当たったのであった。

さらに西中門と同公卿座を担当した新三位永康卿は、文永五年に細工所別当として見える人物であって（『亀山殿御幸記』）、後嵯峨院・亀山院の二代にわたって院に仕えたことから三位になり、異例の昇進をしたのであった。この御所がなる直前に三位になったときには「非重代の諸大夫」にもかかわらず三位に昇ったと非難されている（『勘仲記』）。

上北面からの成り上がり物と見られていたのである。

最も多くの部所を担当している「朝昌興昌法師孫」は、三日後に亀山が二条殿に御幸したとき、下北面として伴人に名を連ねている藤原朝昌である。その出自は明らかでないが、このように院北面が造営を担当することは当時盛んに行われていたらしい。

こうして名目上の造営の負担者の背後には院北面という実質的な沙汰人がいて造営を請け負っていたことがわかるが、さらにこの点は、東洞院面の唐門の資金を負担した中御門大納言経任の場合にもあてはまる。

経任は後嵯峨の側近く仕えた近習で、後嵯峨が亡くなったときには出家するかと思われていたが、案に相違して出家せずに葬儀では院の骨を首に掛けて浄金剛院に入れた人物として『五代帝王物語』にも登場している。実はその関連文書が最近、発見されたので、これを詳しく見ることにしよう。それは福井県名田庄村の熊野神社に伝えられてきた大般若経の紙背文書である。

大般若経の紙背文書

大般若経の転読は今でも各地で年中行事として行われていることが多いが、熊野神社の場合はつい最近まで古くからの大般若経が使用されてきたものという。これはその紙背文書であって、調査・翻刻に当たった網野善彦氏は「この文書群は中御門経任・為方父子の手中に伝わったものとみて、まず間違いないと思われる」とその性格を指摘されている。事実、内容は鎌倉時代の諸国の国衙領に関する文書がたくさんあってまことに貴重な文書群である。

ただこれを中御門経任・為方父子の手中に伝わったものと見るのにはやや躊躇を覚えるもので、そうした文書にしては荘園・国衙領関係の文書が圧倒的に多く、内容も実務的であり、むしろその父子に仕えた人物のもとに残された文書と考えるべきであろう。その人物とは院北面の近藤氏である。『勘仲記』弘安二年（一二七九）八月一日条によ

	年　月　日	文　書　名	充　所
30		某書状	
31	嘉元元. 11.	備前国三野新庄雑掌重申状	
32		某書状	
33		某書状	
34	弘安 7. 10. 19	筑前国在庁官人連署請文	
35	2. 8	某書状	
36		播磨国小宅庄寺方供米坪付注文	
37	永仁 4. 7	池尻郷名主領実陳状	
38	9. 2	公法印某書状	中御門大納言殿
39	文永 5. 12. 25	美濃国在庁官人連署状	
40	7. 9	近藤光広請文并大宰権帥外題	頭左大弁殿
41		重光陳状	
42	嘉元元. 10	某下文	
43		某書状	
44	永仁 2. 7	大宰大監惟宗為満解	
45		某注進状	
46		池尻郷収納使右兵衛尉宗定重申状	
47	3. 1	某御教書	近藤四郎左衛門尉殿
48	6. 7	重□書状	
49	2. 19	寂悟書状	
50	10. 19	覚念書状	□藤左衛門入道殿
51	11. 8	法眼宣□請文	
52		某所斗代目録	
53	1. 30	沙汰人等書状	
54	2. 19	心覚書状	多配郷預所殿
55	1. 15	左衛門尉某等連署書状	
56	12. 26	某書状	
57		某書状	
58	5. 1	某書状	

ると、経任が勧修寺の八講に入寺したときにその伴の侍として近藤光広の名が見えている。網野氏も近藤一族がこの文書群に頻出することについては「近藤一族は中御門家と深い関係を持っていたと考えられる」と述べられている。

さて文書を見渡すと、総数は五十八点、まさに一括して調べるには手頃な量である。一覧表を掲げておいたが、そのうちで年付けのある文書は十通あって、文永五年（一二六八）から嘉元元年（一三〇三）に及んでおり、鎌倉時代後期に分布している。さらに地域別にまとまりが見えるの

名田庄熊野神社文書一覧

	年　月　日	文　書　名	充　所
1	弘安 8.　8. 16	友安注進状	
2	6. 20	重賢書状	府御目代殿
3		造営用途算用注文	
4		某書状	
5		親□書状	万里小路殿
6		某書状	
7	7. 17	沙弥性□書状	悲田院方丈
8	6.　9	成□書状	
9		某書状	
10	正応 5.　1.	百姓依近等連署状	
11		某書状	万里小路殿
12		某書状	東洞院殿
13	正応元.　6. 13	源祐茂請文	
14	10. 11	亀山院院宣	讃岐守殿
15	11. 19	善禅書状	安房前司殿
16		讃岐国多配郷公文源兼尚重申状	
17		大宰少監惟宗為有等解	
18		某書状	
19		□原東保地頭代道禅重陳状	
20	弘安 4. 10. 11	美濃国在庁官人等重申状	
21		某書状	
22	5. 25	法印某書状	
23		讃岐国多配郷打出王子院主善蓮申状	
24	8. 28	某書状	□□大弼殿
25	11. 23	某奉書	
26	11. 10	某書状	中御門殿
27	5. 24	備前国国宣	備前□□
28	10. 12	某書状	
29	12. 29	成□書状	

でその分布を調べてみた。

まず目をひくのは美濃国の在庁官人の訴えが文永・弘安の二度にわたって見える点であろう。美濃は院の経済を補助するために設定された院分国として知行されてきており、文永九年（一二七二）正月の後嵯峨院の所領処分状によれば、美濃・讃岐両国は亀山院に、播磨国は後深草院に譲られている（『鎌倉遺文』）。またその後の建治二年（一二七六）から弘安二年（一二七九）にかけては経任の子の為俊が美濃守となっているが、院分国の経営の実際は院の近臣が行う例が多いので、この

名田庄熊野神社文書地域別分布

	年　月　日	文　書　名	充　所
美濃国			
13	正応元. 6. 13	源祐茂請文	
20	弘安 4. 10. 11	美濃国在庁官人等重申状	
22	5. 25	法印某書状	
37	永仁 4. 7	池尻郷名主領実陳状	
38	9. 2	公法印某書状	中御門大納言
39	文永 5. 12. 25	美濃国在庁官人連署状	
46		池尻郷収納使右兵衛尉宗定重申状	
50	10. 19	覚念書状	□藤左衛門入道
備前国			
15	11. 19	善禅書状	安房前司
27	5. 24	備前国国宣	備前（御目代）
30		某書状	
31	嘉元元. 11	備前国三野新庄雑掌重申状（目代近藤判官光仏）	
51	11. 8	法眼宣□請文	
筑前国			
2	6. 20	重賢書状	府御目代
17		大宰少監惟宗為有等解	
34	弘安 7. 10. 19	筑前国在庁官人連署請文	
44	永仁 2. 7	大宰大監惟宗為満解	
讃岐国			
14	10. 11	亀山院院宣	讃岐守
16		讃岐国多配郷公文源兼尚重申状	
23		讃岐国多配郷打出王子院主善蓮申状	
41		重光陳状	
42	嘉元元. 10	某下文	讃岐国多配郷
53	1. 30	沙汰人等書状	
54	2. 19	心覚書状	多配郷預所
55	1. 15	左衛門尉某等連署書状	
春日・大和国			
24	8. 28	某書状	（弾正）大弼
25	11. 23	某奉書	

時期には中御門経任が美濃国を経営していたと見てよかろう。38九月二日の公法印某書状が中御門大納言（経任）に宛てられているのはそのことを示している。

そしてその目代が近藤光広であったと考えられる。50十月十九日の覚念書状の充所の「□藤左衛門入道」がその光広と見られるが、このことを裏づけているのは、嘉元四年（一三〇六）の昭慶門院領目録であろう。それには「美濃国　広重　課役十五万疋」とあって、国衙領の郷々が列挙されている（『鎌倉遺文』）。ここに見える「広重」は光広の子であって、亀山院の北面として亀山院の葬送の際に記録にその名が見えている（『公衡公記』）。その頃、広重は美濃国の目代だったものと見られ、広重は父光広と二代にわたり、美濃の目代になったものと指摘できよう。

近藤一族の系図を『尊卑分脈』で見ると図の如くであって、後嵯峨院北面・後深草院北面・亀山院北面と代々北面となっており、そこからも近藤氏が院の北面として活動した様子がうかがえる。

この北面の制度は、白河院のときに定められたが、北面が政治的に活躍しはじめたのは、『平家物語』が述べているように後白河院の時代からであって、院北面がさらに充実を見たのは後嵯峨院の時代であった。近藤氏も後嵯峨院の時代から院北面となって後に継承されていったのである。

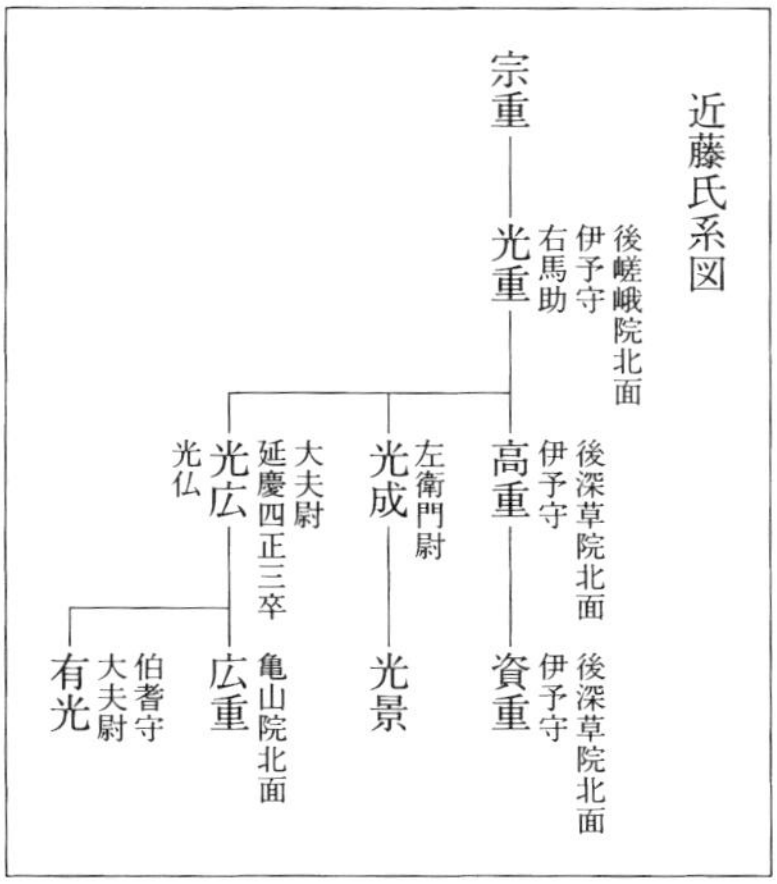

院近臣と北面

光広は美濃のみならず、備前の目代でもあったことは31嘉元元年（一三〇三）十一月の備前国三野新庄雑掌重申状に「当国目代金藤判官入道光仏」と見えることから知りうる。光広の法名は光仏であった。

この年の十月に備前の国司は三条公躬から他に変わっており、また申状が目代のことを「金藤」と誤った字を使っていることなどから見て、光広はその新しい国司の下で目代になったばかりだったのであろう。そこで注目したいのが27五月二十四日付けの備前国国宣である。

（花押）

□法阿申す自名田畠□□□全名田等の事、重書此の如し、若し事実たらば、太だ狼藉也、（中略）国宣候ふ所也、

仍て執達件の如し、

五月廿四日　前安房守（花押）

（謹上）　備前（御目代殿）

名田についての訴えに関して出された国宣である。袖に知行国主の花押が据えられており、文書が欠けているために「備前」としか充所はみえないが、備前御目代宛てと見てよいだろう。その袖判を網野氏は経任に比定されているが、経任の確実な花押と比較するとやや複雑であり、その形状からすれば子の為方の花押に相応しい。そうするとこの文書は嘉元元年の翌年のものと考えるべきであろう。なおその二年後に為方は死去している。

さらに筑前国・大宰府関係の文書も見えるが、光広が大宰府の目代であったことは次の箱崎宮造営事に関する文書からうかがえる（『宮寺縁事抄』）。

○箱崎宮放生会、式日を以て必ず遂行せらるべきの由の事、綸旨此の如し、早く仰せ下さるるの旨に任せ、下知せしむべきの旨、大府宣旨候ふ所也、仍て執達件の如し、

（正応五）六月廿四日　左衛門尉守広奉

謹上　府御目代殿

○箱崎宮放生会、式日を以て必ず遂行せらるべきの由の事、大府宣并びに綸旨此の如し、早く仰せ下さるるの旨に任せ、大会煩無く、執行せらるべき也、仍て執達件の如し、

（正応五）六月廿四日　　　　　　　　　　　　左衛門少尉奉光広

これらは箱崎宮の放生会を式日に行うべきことの綸旨が出された件について、その実行を命じた大府宣案と大宰府目代施行状である。正応五年（一二九二）の「大府」は大宰権帥中御門経任であり、その大宰府の長官から目代宛ての文書（大府宣）を施行しているのが光広である。そこで紙背文書群を見ると2六月二十日付けの重賢書状が「府御目代」に宛てて書状を出している。この府目代が光広その人であることは疑いなかろう。重賢は弘安二年（一二七九）に経任の侍と見える藤原重幸の父であり、大府宣の奉者の守広も同じときに侍として見える源守広である。なお弘安九年七月には重賢も下北面として見える（『勘仲記』）。

ほかにも文書群には、17年未詳の大宰少監惟宗為有等解、34弘安七年十月十九日の筑前国在庁官人連署請文、44永仁二年（一二九四）七月の大宰大監惟宗為満解などが見えるが、これらはいずれも光広が府目代としてかかわった文書であろう。経任は文永八年（一二七一）二月に大宰権帥に任じられてから長い間その任にあったが、この人事について『吉続記』は次のように記している。

都督寵愛抜群、官禄只思ふが如し、天下の権只此の人に在り、昇進ごとに超越せざるは無し、摂州・泉州日来知行し、今又宰府相加はり、富有陶朱に均しく有らん歟、是れ只先人の余慶也、

経任が後嵯峨の寵愛により抜群の出世をして「天下の権、ただこの人にあり」といわれたことがわかる。ただ、この文書群にはこの記事に書かれている摂津・和泉の関係文書は見出されないが、それは文書群が光広に関係するものだったからであろう。

家の経営

さらに文書群を見てゆくと、春日社・大和国関係として見える24八月二十八日の某書状や25十一月二十三日の某奉

書があるが、これはどのような性格を有するのであろうか。八月二十八日の某書状は宿院領について触れており、南曹弁に子細を訴えることが記されている。また十一月二十三日の某奉書とは次のような内容である。

春日社御神楽細美□六丈布三段、来る廿五日以前に沙汰致さるべきの由候也、恐々謹言、

十一月廿三日　　　　　　　　　　　　　　　　　　重□

春日神社の神楽の際の布の沙汰を命じた奉書であるが、奉者の「重□」は経任に仕えていた重賢か、その一族と考えられる。このような文書が見えるのは為方が南曹弁、つまり藤原氏の氏院別当であったためであろう。光広が氏院別当の為方の仰を奉じた文書が春日若宮の神主の日記『中臣祐春記』に見えるのであげておく。

浜崎神人并びに大番舎人、主殿所并びに鴨社供祭人相論生魚交易の事、

両方訴陳状并びに問注記、御覧を経られ了ぬ、浜崎荘は興福寺領として、住民は若宮神人、供祭を備進の状、理に背かず、日来の沙汰を遂げらる、相違有るべからざるの由、別当左中弁殿の御奉行候也、仍て執達件の如し、

弘安八年九月廿六日　　　　　　　　　　　　　左衛門尉光広

謹上　　春日若宮神主殿

弘安八年（一二八五）九月二十七日条に見える藤氏長者宣案であるが、別当左中弁の中御門為方の奉者として光広が署判を加えているのがわかる。兄高重もまた同じく経任に仕えており、同様な藤氏長者宣の奉者となっている。

こうして近藤氏一族は、中御門家が院近臣として、また摂関家の家司として活動していたのに応じてその経営を支えていたのである。

紙背文書群がこのように近藤光広のもとにあった文書とわかったところで、その内容を見ると、3は、ある邸宅の造営のための用途を書き上げたもので、上棟や檜皮の用途などが見えている。残念ながら前後が欠けているので全貌

は明らかでないが、残されている部分からだけでもその費用が三百貫文にも上っており、ある邸宅の造営が光広の才覚によりなされていたことをよく物語っている。先に中御門経任が二条殿造営において東洞院面の唐門を担当したと見たが、おそらくそこでも光広らが資金面を担当していたのであろう。

文書群全体はそうした資金面を担当した近藤氏が国衙や荘園をいかに経営していたかを示していよう。またこれまで触れてこなかった讃岐国関係の文書は為方の所領である讃岐国多配郷の文書であって、42の下文はその所領での土居の年貢免除を指示したもの。14の院宣は讃岐国の検注に関する方針を示したものであり、これにそって多配郷の検注も行われたのであろう。36には播磨国の小宅荘の百姓名の斗代の増加分が記されており、52は、ある所領の斗代の目録であって、35には、ある郷の年貢公事の用途が記されている。

こうした経営のうえで近藤氏は各所において訴えられており、31では備前国の三野新庄の雑掌から寺用物を路次で点定したとして訴えられ、40では近江国の住人から六万貫の銭を奪い取ったとして非難されている。そんな非難をかいくぐりながら富を築いたのであろう。

侍の基盤

鎌倉後期の院の北面ということで思いだされるのは『徒然草』の説話であろう。その百四十五段に北面の下野入道信願の落馬の話が見える。

御随身秦重躬、北面の下野入道信願を、落馬の相ある人なり、よくよく慎み給へと言ひけるを、いと真しからず思ひけるに、信願馬より落ちて死にけり、道に長じぬる一言、神の如しと人思へり、さて如何なる相ぞと人の問ひければ、極めて桃尻にして、沛艾の馬を好みしかばこの相を負せ侍りき、何時かは申し誤りたる、とぞ言ひける、随身の秦重躬が院北面の下野入道信願に落馬の相があるのを見て、「慎むように」といったが、信願は本気に思っていなかった。ところがその予言が当たって本当に落馬して死んでしまったという。「道に長じぬる一言、神の如し」といわれた重躬の面目ぶりが話のテーマではあるが、この随身の秦重躬は、文書群に登場していた藤原重賢らが下北面として見える『勘仲記』弘安九年七月七日条の記事に御随身の最上臈として見えている。そしてそこに北面として登場する重賢だが、実は弘安十一年四月に下野守になっているのである。

さすれば重躬の予言通りに落馬して亡くなった信願とはこの藤原重賢と見てよいのではなかろうか。北面であり、下野入道とは下野守を経て出家した人物であるから、まさに該当する。ただ北面で下野守になった人物は他にもいて、永仁五年に伏見院の北面に「前下野守康連」が見える（『公衡公記』）。この康連のこととも考えられるが、康連の法名は康円であって、秦重躬との関係からしても、亀山院の北面である藤原重賢のほうが可能性はずっと高い。

ところで随身秦重躬と北面の重賢が登場する『勘仲記』弘安九年七月七日条とは、亀山院による法勝寺の八講の御幸について記した記事で、公卿九人、殿上人二十五人、検非違使一人、下北面九人、随身六人、番長二人、そのほかに召次・牛飼などが行列を組んでいた。興味深いのは兼好が亀山院の孫である後二条天皇のときに六位の蔵人となっていることで、そうした場合の蔵人は殿上人の最末にあったから、北面のすぐ近くにいたのである。六位蔵人と北面や随身は随分と近くにいたことがわかるであろう。

兼好のような六位の蔵人は五位になると、殿上を去ってやがて摂関家を始めとする貴族に仕えるのであって、兼好も堀河家に仕えていた。『徒然草』二百三十八段には「当代いまだ坊におはしましし比、万里小路御所なりしに、堀河大納言祇候したまひし御曹司へ、用ありてまいりたりしに」と見えている堀河家の侍となっていたのである。近藤光広も中御門家の侍となっていた。つまり兼好・光広や重賢も、侍という身分では同じなのであった。

さらに注目したいのは『後嵯峨院北面歴名』と称される後嵯峨院以後の北面の名を列挙した史料である。これには光広や重賢といった亀山院の北面の名が見えないので、すべてを網羅しているわけではないが、その北面の名の下には注記として「一条殿侍」「近衛殿侍」「西園寺家侍」などとあり、どこの侍であったかが記されている。こうした歴名が作成されること自体が、後嵯峨院以後の北面の制度の整備を物語るものであり、北面が一方で有力な貴族の侍として広く貴族社会を支えていたこともわかるであろう。

そのなかで「大景親豊後守、葉室中納言侍、修理職年預、蓮華王院公文」とある大江景親の例は殊に興味深い。修理職年預とあるように、朝廷の建築関係を扱う修理職の実質的な経営に当たる年預にもなっていた。院の北面が御所の造営にかかわっていたことを先に見たが、その技能・知識はこうしたところで培われたのであろう。また蓮華王院公文とあって、蓮華王院の管理をもしている。こうした存在は『徒然草』に見る兼好の多彩な活動を彷彿とさせるものがあろう。

いささか考証に紙数を費してしまったが、鎌倉時代の後期になると、貴族の家には侍が仕え、それの多くが院北面として院にも仕えて、貴族・朝廷の経営を行うような体制が生まれたことがわかった。

第III部　王朝の秋

9　王朝の物語

武士と文士の社会環境を眺めてきたところで、ここでは文化の側面から考えてみたい。承久の乱後には様々な文芸作品が生まれているので、そのなかから『宇治拾遺物語』『古今著聞集』『五代帝王物語』『なよたけ物語』といった王朝の物語・説話を取り上げて探ってゆこう。

『宇治拾遺物語』の成立

たうとき事もあり、おかしき事もあり、おそろしき事もあり、あはれなる事もあり、きたなき事もあり、少々は空物語もあり、利口なる事もあり、さま〴〵様々なり、

これが『宇治拾遺物語』の序文である。説話集のなかでも記録・実録という観点から眺めれば、一番遠いと見られてきたのが『宇治拾遺物語』である。多くの説話集が記録や実録をそのまま載せていたり、ある程度は加工しても記録としての面影を残しているのに対して、序文にうかがえるように『宇治拾遺物語』は記録・実録とはほど遠いように感ずる。しかしこのように序文を記す説話集は、『古今著聞集』や『十訓抄』などの鎌倉時代の承久の乱後に成立したものに見えており、同じ圏内にある作品とも見られる。

さらに『宇治拾遺物語』で最も新しい話と見られるのは百五十九段の「後鳥羽院御時」と始まる「かげかた」の功名の話であるから、本書は後鳥羽院に諡号の贈られた仁治三年（一二四二）以後の成立と考えられる。『古今著聞集』

『十訓抄』とはほぼ同じ時期の作品ということになる。してみれば、『宇治拾遺物語』の成立についても考える必要があろう。

世に、宇治大納言物語といふ物あり、此大納言は、隆国といふ人なり。(中略) 世の人、これを興じ見る。十四帖なり。その正本は、伝はりて、侍従俊貞といひし人のもとにぞありける、いかになりにけるにか、後に、さかしき人々、書いれたるあひだ、物語多くなれり、

序文はこのように宇治大納言物語を継承してきたものであること、それに書き入れが行われこの本が生まれた、と述べている。こうした序文を記すということは、作者があるシグナルを送っていると見るべきであり、この点が手掛りになろう。

まず、宇治大納言物語の正本を侍従俊貞が伝えていたとあるが、ここにわざわざ特記されている侍従の俊貞は作者とかかわりのある人物であったろう。源隆国の正嫡の流れは、俊明・能俊・俊雅と続き、その子に俊定がいる。俊雅は久安五年（一一四九）に参議になったものの、すぐ死去してしまい、隆国の系統は俊定に帰していることから見て、俊貞とは俊定の誤りと考えられる。摂関家の家司平信範の日記『兵範記』にしばしば「侍従俊定」と見えるのがこの人物である。

興味深いのは九条兼実の日記『玉葉』長寛二年（一一六四）閏十月十七日条である。この日、兼実は内大臣に任じられて参内したが、そのときの扈従の殿上人の一人として「侍従俊定」の名があがっている。同じ扈従の公卿である藤原宗家・源雅頼や、殿上人の藤原定能・源顕信などが皆、兼実にとってごく親しい人物であることを考えると、俊定もまたそうであったに違いない。このときの兼実はまだ父忠通の庇護のもとにあったので、俊定は忠通・兼実の二代にわたり摂関家に仕えていたと見られる。また俊定の父俊雅も摂関家に仕えており（『中右記』）、俊雅・俊定の父子

は摂関家に仕えていたのであった。

以上から、『宇治拾遺物語』などの説話集の共通の祖本と見られてきた宇治大納言物語は、侍従源俊定に伝えられてきたこと、『宇治拾遺物語』は俊定の仕えた摂関家の周辺で生まれた可能性が高いこと、の二点が指摘できよう。

ところで摂関家と説話集の関係では、忠通の父忠実の語るところを記した『中外抄』や『富家語』との関連も想定されるが、話がそれらとはほとんど交わりのないことから考えると、より忠通に即した説話集といえそうだ。次に、摂関家のなかでも九条家に仕えていた源顕兼の『古事談』が注目されるが、それとの間には共通する説話が多数見出されており、それらを探ってゆくと、摂関家にまつわる説話が多い。ここにすべてが摂関家に集中してくるのである。

説話の世界

摂関家といっても広いのであって、作者の視点がどこに注がれていたのかを次に考えてみる必要があろう。頻出する人物では、仲胤僧都が第二話・八十話・百八十二話の三話に登場するほか、随身の下毛野武正も六十二話・百話・百八十八話の三話に、また橘以長は七十二話と九十九話に見えており、かれらがほかの説話集ではあまり登場していないだけに注目される。このうち仲胤僧都は比叡山の僧であって、摂関家に仕えていた藤原季仲の子である。また随身の下毛野武正も藤原忠通の随身であり、橘以長も忠通に仕えた家司であった。

皆、摂関家の関係者であるが、ほかの話でも摂関家に仕える随身・所司・下家司・五位などの家司の多いことに気づく。摂関家の家司周辺の実録が利用されたり、そこで語られた話がまとめられたものと考えられる。このことから『宇治拾遺物語』の作者は摂関家の周辺の人物、特に家司と見てよいだろう。

そこでさらに見てゆくと、五十七話はほかの話が「今は昔」「昔」と始まるのとは違って、「此ちかくの事なるべし」と始まり、作者が見聞したスタイルがとられている。ここに作者の周辺の世界が垣間見られよう。話は蛇がついた女に関するもので、その女は「この比は、なにとは知らず、大殿の下家司の、いみじく徳ある妻に成て、よろづ事叶てぞ有ける」とある。この大殿とは、摂関家のそれであるから、仁治三年前後について該当人物を探れば九条道家がいる。道家は兼実の孫で嘉禎三年（一二三七）に摂政を辞して、その後に大きな勢力を築いていた。

かくして作者はこの道家に仕えていた人物の可能性が高い。同じ時期には『古今著聞集』が道家と関係の深い西園寺実氏の家人橘成季によりまとめられており、二つの物語の間には共有した世界のあったことも指摘できる。事実、『古今著聞集』の世界に見られる「興言利口」の話と、「利口なる事もあり」と述べる『宇治拾遺物語』との世界は極めて近接しているのである。そこで次に『古今著聞集』について触れたい。

『古今著聞集』の話は「神祇」「釈教」「政道」「公事」以下三十の項目に部類分けされ、年代順に配列されている。序があり、この本がいかなる性格のものなのかが示され、さらに跋文には成立事情が詳しく記されている。しかも作者は書物の成立を建長六年（一二五四）十月十七日と記した上、自分の存在を隠すことなく「朝請大夫橘成季」と記している。

成季は『古今著聞集』の跋文で次のように説話採集の過程を述べている。

予、そのかみ、詩歌管弦のみち〳〵に、時にとりてすぐれたるものがたりをあつめて、絵にかきとゞめむがためにと、いそのかみのふるきむかしのあとより、あさぢがすゑの世のなさけにいたるまで、ひろく勘へあまねくしるすあまり、他のものがたりにもをよびて、かれこれきゝすてずかきあつむる、

どうも当初は詩歌管弦の話を絵巻物につくりたかったらしい。序文でも「図画は愚性の好む所也」と記しており、絵を描くのは好きだったようなので、文字通りに受け取ってよいだろう。それを反映して絵にまつわる説話もたくさん収録している。実はこの点こそ『古今著聞集』の性格を規定しているように思える。

『古今著聞集』は全体に『宇治拾遺物語』とは異なってそれまでの説話集には載っていない話が多い。「或は家々の記録をうかゞい、或は處々の勝絶をたづね」と、苦労して説話を採録している。その動機が絵巻をつくるためであったとすれば、まことによく理解できる。絵に描くためには隅々まで観察する必要があった。その観察眼から説話を集めようとしたところから、次第に説話収集の範囲が拡大してゆき、絵巻には収まりきらずに説話集を生んだ、ということなのであろう。

説話を探す

『古今著聞集』の内容を見てゆく際にまず見るべきは、成季が最初に目標とした和歌や管弦関係の説話である。特に管弦については「琵琶は賢師の伝ふる所也」と序にも記しており、二百七十六段の説話では「予、太鼓つかうまつりしにも」と自分を登場させているほどに力を入れている。

巻六の管弦歌舞の部の説話は総数が五十四で、和歌の部、興言利口の部に次ぐ多さなのも、やはりこれが『古今著聞集』において重要な位置を占めていたことを物語っている。しかも特徴的なのは、話の年代の分布が久安六年（一一五〇）で終わっていて、成季と同時代の話がない点である。もちろん二百七十六段のように多少とも触れている話はあるが、最初から同時代の話をテーマとしたものが一つも見えないのはどうしてだろうか。そこには管弦の世界の全盛期は保元の乱までであったという、成季の意識がうかがえてならない。では成季はこうした説話をどのように探したのであろうか。管弦歌舞の部の最終の二百八十四段の説話を見てみよう。

同六年十二月、大宮大納言隆季卿殿上人の時、左近府の抜頭の面形を借請てをかれたりけるに、八日の夜の夢に、かちかぶりしたる物きたりて、彼面形はやく府に返すべし、久しくわたくしにをく事なかれ、といふと見て、さめにけり、おどろきて、その面形を見ければ、裏の銘に、右相撲司延暦廿一年七月一日造、と書たり、恐をの、

きて、やがて府に返されにけり、

これに関連する記事が藤原頼長の日記『台記』久安六年十二月九日条に次のように見える。

隆季朝臣語曰、近日借請左近府抜頭面形、置私宅、去夜夢着褐冠者曰、彼面形早還府、莫久置私矣、覚見其面形、裏銘云、右相撲司延暦廿一年七月一日造、於是怖畏還府、

『古今著聞集』の説話は『台記』の記事とよく似ており、それを出典としていたと見られるが、記事そのままではなく、多少の人物紹介をしていることに注意したい。同様な例では、この前の二百八十二、二百八十三段がそれぞれ『台記』の久安三年九月十二・十三日条、久安三年十一月三十日条に対応しており、成季が何らかの形で『台記』を参照したことは疑いない。その『台記』の参照の仕方をよく物語るのが二百八十段である。

『古今著聞集』管弦歌舞の部

段	年	主人公
269		多忠方・近方
270	保安 5	多近方
271		大神元政・多近方
272	保延元	多忠方
273	保延 3	豊原時秋
274	保延 3	孝博・元正
275	保延 5	戸部清延
276		豊原時元
277		
278		
279		多近方
280	康治元	狛光時
281	康治 2	狛光時
282	久安 3	
283	久安 3	
284	久安 6	多近方

話は康治元年（一一四二）三月四日の仁和寺の一切経会での春鶯囀の舞いに関するもので、その最後のところに「宇治左府御記には、件卿、もとより光時をにくみて、いはれけるにや、とぞかき給て侍なる」という記事が付け加えられている。明らかに成季は『台記』を見ていた。しかしそれは中心となる記録・伝承があったうえで、それを補う形で参照したものであろう。同じように『台記』を参照した、と話のなかで触れている説話に巻一の神祇の部の十八段があるが、ここでも「藤入道殿とは誰の御事にか、宇治左府御記には御堂の御事にやとぞ侍なる」と、話の最後にそのことが示されている。

では管弦歌舞の部において、成季が中心に置いた記録・伝承は何であったろうか。その点を考えるために『台記』

を参照していた説話の前後の話の主人公を拾いあげて表にしてみた。

これを見ると、多・大神・豊原・狛・戸部などの、いずれも地下の楽人が主人公となっている。成季は地下の楽人の話を探るなかで『台記』をも参照するに至ったのであろう。『台記』は殿上人の活動に詳しいが、地下の活動には詳しくないので、そのことが参照にとどまったものと考えられる。

ところで地下の楽人の記録といえば、思いだされるのは狛近真の著書『教訓抄』であろう。この書は成季と同時代の天福元年（一二三三）に成っており、二百八十・二百八十一段に見える狛光時は、著者の近真の三代前の人であった。このことから、成季は近真の『教訓抄』を読むうちに地下の楽人の家の記録を探ったものと考えられる。『教訓抄』には「古記」「口伝」「日記」などの形で様々な記録・伝承が引用されており、そうした原典に当たってゆくなかで説話を収集したのであろう。『台記』や大江匡房の日記『江記』、藤原宗忠の日記『中右記』などの貴族の日記も、その過程で部分的に参照されたものと見られる。

成季の周辺の世界

成季の説話の探り方や整理の仕方は、中心となる記録・伝記にそって年代順に整理・配列しながら、それを補う形で貴族の日記を探るといったものである。しかしそうした管弦歌舞の部とは全く違った傾向を示しているのが興言利口の部である。

総数六十六話は、和歌の部に続く話の多さであるが、管弦歌舞の部とは対照的に保元の乱以前の話はわずかに六話を数えるにすぎない。そのなかで『台記』によるものは、二話（五百十・五百十一）見えているが、これは管弦歌舞の部などで探るうちに『台記』の記事で気づいた興味ある話をここに載せたのであろう。しかしそれら以外はすべて成季と同時代の話である。

『古今著聞集』興言利口の部

段	年	主人公
554		周防国曽禰領主
555	近頃	無沙汰の智了房
556		坊城三位雅隆
557	元仁	大夫阿闍梨順聖
558		藤原孝道朝臣
559		孝道入道隣家の越前房
560		大和守時賢の墓守
561		縫殿頭信安
562		藤原家隆の田舎侍
563		藤原家隆のもとの円慶
564		尾張内侍
565	寛喜	橘蔵人大夫有季の青侍
566	天福	或上達部
567		隠岐守永親の親しい左衛門尉某
568	暦仁元	将軍頼経の武者
569	寛元	醍醐大僧正の弟子某
570	寛元	馬允某
571	宝治	或上達部の侍
572	建長元	宮左衛門尉某
573	建長4	春日神人季綱

ここに並ぶのは、『古今著聞集』の序文にいう「街談巷説の諺」であって、跋文にいう「他のものがたりにおよび」「たゞにきき、つてにきく事」であった。それらは和歌管弦の話を探るうちに、興味の赴くままに説話の収集の範囲を広げていった結果に基づく話であろうし、成季からついに絵巻に描くことを断ち切らせた話の数々ともいえる。掲げた表は、興言利口の部の終りの二十話について、その年代と主人公を示したものである。

極めて雑多な主人公たちであるが、まさにこれらは成季自身が実際に見聞した話であって、特に天福以後の七段の主人公についてはつい最近のこととて、外聞を憚ってか実名を隠している。そこでこれらの話の出所を探ってゆくと、藤原家隆周辺の話が五百五十六・五百五十七・五百六十二・五百六十三段の四話もある。前の二話は坊城三位雅隆に関連するもので、雅隆は家隆の兄であった。次に藤原孝道周辺の話が五百五十八・五百五十九・五百六十四段の三話見える。五百六十四段の尾張内侍は孝道の娘である。これらは成季が和歌を家隆に習い、琵琶を孝道の子の孝時に習ったことによるのであろう。

ほかに成季が仕えた西園寺家に関連するのが五百五十四・五百六十五・五百七十二段である。最初の周防国曽禰の領主とは西園寺家の知行国周防に関するもの、次の橘蔵人大夫有季は西園寺家の荘園である摂津国吹田庄を知行しており、成季の父と見られる。最後の話は後嵯峨院が西園寺の邸宅に行幸したときのものである。これらから成季が広く話を収集していった様がよくうかがえるであろう。

成季はそれらを興言利口の部に年代順に配列したのであったが、そのことにより『古今著聞集』には成季の周辺の世界がよく浮かびあがってくるのである。そこからはまた成季のような文士が自己の周辺の世界を作品として打ちだす自己主張といったものをも読み取ることができよう。

こうした『古今著聞集』と同じような世界を描いているものにもう一つ既に触れた『五代帝王物語』がある。これは説話集とは違って歴史物語であるが、次にこの『五代帝王物語』を再度見ることにしよう。

『五代帝王物語』の構想

『五代帝王物語』は鎌倉時代の後期の成立と見られる歴史物語であり、その最初には、

> 神代より代々の君の目出き御事どもは、国史世継家々の記に委く見えて、後鳥羽院の御代まではかくれなくみえ侍めり、

とあって、「国史世継家々の記」を継承することが述べられている。「承久兵乱の後、世も漸謐りて、後堀河院御母北白河院位に即せ給」と、承久の乱後の後堀河院のときから起筆されており、国史の継承が謳われ、後堀河以後の歴史が叙述の対象となっている。

これに先立つ歴史書には貞応二年（一二二三）になった『六代勝事記』があり、遡っては『大鏡』『今鏡』などの鏡ものといわれる歴史物語があり、さらにそれ以前には正史としての六国史がある。ではこうした歴史物語の展開のなかで『五代帝王物語』はどのような位置を占めていたのであろうか。

五代の帝王とは、後堀河・四条・後嵯峨・後深草・亀山の天皇のことで、その世の歴史が語られているのであるが、既に述べた如く、記述は後嵯峨に最も厚く、文永九年（一二七二）のその死をもって終えている。『五代帝王物語』

といいながらも、実は後嵯峨の物語とみなしてもよいのである。後嵯峨の生まれたのが承久二年（一二二〇）であり、承久の乱の直前のことであったから、物語はその後嵯峨の一生を見事にカバーしている。

次にこの物語の特徴を考えてみると、『六代勝事記』との比較から、漢詩文への関心がほとんどうかがえない点が第一点としてあげられる。『六代勝事記』は和歌を引用し、漢詩をちりばめた流麗な文章であるが、『五代帝王物語』にはそうした側面は薄い。後嵯峨・亀山は中国の学問に熱心であったにもかかわらず、そのことには一言も触れていないばかりか、中国の故事からの引用もない。その代わりに仏教については極めて関心が高く、後嵯峨についても漢詩など文学の談義には触れない代わりに、止観の談義、如法写経などの仏教行事については詳しく述べている。なかでも興味深いのは、本書の著作の目的について、

　是を御覧ぜん人々は、必先念仏十返を申て、六道に回向せられれば、万方皆六字の名号に治るなれば、妄想顚倒の余執、併往生極楽の因となり侍べし、

と述べ、浄土信仰や御霊信仰がうかがえる点であろう。こうした表現は、南北朝時代に成立の『保暦間記』に次のように見出される。

　願クハ是ヲ見ル人、先此記ノ内ノ亡霊并法界衆生ノ為ニ光明真言阿弥陀ノ名号ヲ唱テ回向セシメ給フベシト云々、

このような鎮魂を目的とした歴史物語の新傾向が打ちだされているのである。さらにまた、物語のなかに『古今著聞集』がいう「興言利口」の話が多く見える点も興味深い。例えば、三条公房が「おそろしからぬ太政入道」と呼ばれた話がある。これは西園寺公経が「権威おびただしく」繁栄した話の次に語られている。

　同時に三条太政入道公房公のありしを、世の人おそろしからぬ太政入道と名づけたりし、おかしくぞ有ける、此三条の相国禅門は極てしれたる人にて、申べき事ありて今出川の第へわたりたりけるには、乗ながらやり入させ

て、中門の廊に車よせて、手づから裏無を取いでて堂上にはきて、公卿座に居て対面して帰にけり、傍若無人の
振舞おかしかりけり、

牛車に乗りながら西園寺公経の「今出川の第」の中門廊に車を寄せ、自分から裏無を取出だし堂上に履いて上り、公卿座で対面して帰ったという。裏無とは普通は二枚重ねてつくられている草履を一枚でこしらえたもので、僧侶や女性の履物であった。権勢を誇る公経にも遠慮せぬ「傍若無人の振舞」が興味をひいたのであろう。

作者の周辺

こうした説話的なエピソードがすこぶる多いのがこの本の大きな特徴であって、幼い四条天皇が近習の女房を倒して笑わせようと、弘御所に滑石の粉を塗っておいたところ、自分が転倒してそれが原因で遂に死に至ったという話も、「さて是も利口にてや侍らめども、まさしく有しことなりとて語侍りし」と述べて紹介している。ここには『古今著聞集』と共有の世界がうかがえるであろう。

ではいかなる場でこの歴史物語はつくられたのであろうか。作者像を考えてゆくと、後嵯峨院に仕えた人物がまず浮かんでくる。その点で物語のなかに登場する人物のうちで注目されるのが源仲朝である。正嘉元年（一二五七）の後嵯峨の高野御幸の記事の後に「対馬守仲朝入道がかたり侍りしは」とあって、作者は対馬守仲朝入道が語るのを実際に聞いて記していたらしい。その語った内容は「後鳥羽院の御幸によろづ事の外に超過して侍るよし申き」と後鳥羽の時代とを比較したものであって、作者が仲朝と親しい関係にあったことは疑いない。

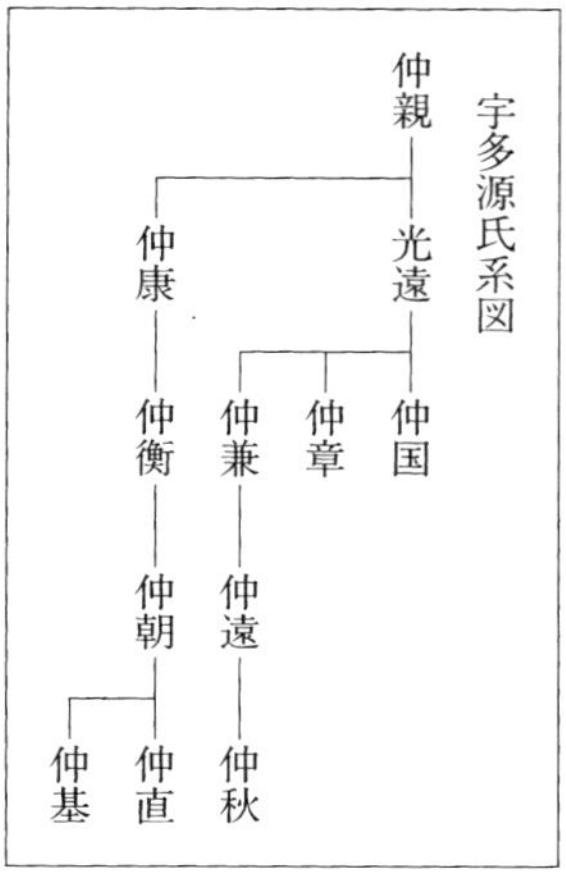

仲朝は承久二年（一二二〇）に対馬守となっているので（『雑例部類抄』）、後鳥羽院のことを昔語りするのに相応しいばかりか、『尊卑分脈』の宇多源氏の系図によると、仲朝は後嵯峨院の上北面とあり、細工所の別当、対馬守となって、出家してからは道朝と称したという。子の仲基も後嵯峨院の判官代から北面となっている。

細工所の別当といえば、同じ一門の光遠・仲国の流れが後鳥羽院の時期からこれを継承していたことが知られているが、仲朝の流れもそれと並んで別当を継承していた。こうした点からも、作者が後嵯峨院に近いことがわかるが、さらに仲朝の語る故事を直接に聞いていることから考えて、仲朝と身分が同等かそれよりやや高く、しかも年は若いのであろう。

仲朝とともに注目されるのは中御門経任である。経任は後嵯峨院の死去関連の記事に頻出している。文永九年（一二七二）正月、京の御所から嵯峨殿に後嵯峨が御幸したとき、「別勅にて帥中納言経任卿、後騎につかうまつりて」供奉しており、そこでの挿話が記されているばかりか、やがて後嵯峨が死去すると、葬儀の奉行を前左府山階実雄・左中弁親朝とともに行っている。その際、院の骨を首に掛けて浄金剛院に入れており、「中にも経任卿の悲嘆はことはりにも過てみえ侍き」と特別な感慨をも載せている。ほかにも二ケ所で登場しているが、一つは宗尊将軍が廃されて、院の使者として関東に下った記事である。

此事によりて左小弁経任（中御門大納言）御使にて関東へ下向、別事あるまじきとて、武家も物沙汰はじまり、京に八月十六日より院の評定始らる、

ここで注目されるのは、経任に対して中御門大納言と割注を付している点である。こうした割注は、関白・大臣とその子息などにつけてはいても、大納言・中納言以下の貴族にはほとんどなく、わずかに後嵯峨の元服の記事に「頭左中弁（定嗣朝臣）理髪」と見えるのが例外であるが、これは後の通称を示したものではないから、比較にはなるまい。経

任のもう一つの記事は、御所を造営したものである。

後鳥羽院御所嘉陽院殿跡中御門西洞院を、経任卿給て花亭を造りたりしかば、常に御幸ありしに、

と見える。後嵯峨院の院司のなかで、このように経任のみが特筆されていることは、作者が経任に近い人物であることを示している。なお経任が御所の造営に当たったことから、既に五条殿の造営の記事に見えた橘知茂も注目されよう。「なじかは又つくり侍らざらん」という知茂の言葉を引用した『五代帝王物語』の作者は知茂とも懇意の間柄であったことは間違いあるまい。

以上を総合すると、作者は後嵯峨院の北面の可能性が高い。しかも細工奉行や作所奉行について触れていることからすると、建物の造営に関与していたのかもしれない。さらに後嵯峨院の死去とともに出家した人物が想定される。

文士の世界

作者像の一番手には先に述べたように橘知茂の名があがってくるが、知茂は後嵯峨院よりも早く亡くなっていた。そこで知茂の作を継承して知嗣が完成した可能性について考えてみたらどうであろうか。そのためには『五代帝王物語』がいつ成立したものかを考察しておく必要がある。これまで本書の成立の上限とされているのは、記事のなかに「徳大寺大相国公孝」とあることから公孝が太政大臣となった乾元元年（一三〇二）であり、下限は奥書きに「嘉暦二年八月廿一日、生源寺の西窓に於いて、書写し了ぬ、即ち校合す、近来流布して世に五代記と号すと云々」とあることから、嘉暦二年（一三二七）とされている。

しかるに知嗣はこれ以前の正応五年（一二九二）六月に亡くなっているので、知茂・知嗣のラインで考えるのは難しそうだ。では作者は誰であろうか。そこでこうした橘氏の近くにあって、「知茂」と表現できる人物を後嵯峨院の周辺に探ってゆくと、文永七年（一二七〇）十月に行われた後嵯峨院の宸筆八講の行事に「殿上人」として見える

「前対馬守仲朝男」の治部大輔仲直が有力候補にあげられよう。「対馬守仲朝入道がかたり侍りしは」とあった仲朝の子である。

もし作者が仲直ならば、それは父から聞いたことと考えられる。『尊卑分脈』は「文殿寄人・上北面・細工所別当・従四位・治部大輔・弾正大弼」と記しており、文殿寄人とあるのは文筆に秀でていたことを物語っており、作者には相応しそうだ。

このときの殿上人七十一人のなかに経任の子為方がいることは、経任の記事との関係も考えられ、さらにほかの殿上人が皆四位以上の貴族の子息であったのに対して、仲直と播磨守藤原永康のみが五位の子息であったことは、かれらへの後嵯峨院の恩寵の深さが感じられる。しかるに永康は後嵯峨死後には亀山院の寵を得て公卿にまで昇進しているのに対し、仲直の動きは定かでなく、あるいは後嵯峨の死後に出家したものとも考えられる。後嵯峨の物語を書くのにまことに相応しい境遇であった。

また父の源仲朝であるが、『古今著聞集』には仲朝が蔵人だった頃の話が六百六十二段に見える。

承元四年正月の比、内裏大炊殿にて日給はてゝ、源仲朝已下、蔵人町へまかりけるに、大炊御門おもての唐門より、なへ〱とある衣冠の人まいりけり、

仲朝らが蔵人町に帰る途中で、ある人物が八重桜を侍に折らせているのを目撃したところが、それが歌人の藤原定家であったということからこの話は始まる。仲朝が成季に語ったものであろうか。ここに『古今著聞集』の世界と『五代帝王物語』の世界の近接が思いだされよう。

ただ残念ながら、仲直を作者と断定できる材料に不足している。今後の研究を待つこととしたいが、『五代帝王物語』の成立の場として院北面を中心とした世界を考えることは許されるであろう。また『古今著聞集』の世界との近

接も認められた。そうであればこの『古今著聞集』と『五代帝王物語』を取り巻く世界の延長上に『徒然草』を見出すことも可能である。

『徒然草』の二百三十段は、知茂が建てた五条の内裏の話である。

五条内裏には妖物ありけり、藤大納言殿語られ侍りしは、殿上人ども黒戸に碁を打ちけるに、御簾を掲げて見るものあり、誰そ、と見向きたれば、狐、人のやうについゐてさし覗きたるを、あれ狐よ、とどよまれて惑ひ逃げにけり、未練の狐、化け損じけるにこそ、

兼好が、和歌の師匠である「藤大納言」二条為世から聞いた五条の内裏に化け損じた狐の話であった。為世は為家の孫であって、文永七年の後嵯峨院の宸筆八講では「右兵衛督為世朝臣」として殿上人に名を連ねている。五条内裏の妖物はその殿上人の見た話であった。この話は『五代帝王物語』にも見えて前章でも引用しているが、もう一度記しておこう。

大かた此御所には変化どもの事ども常にありと聞えしかば、つゐに久からず、二度ながらおびたゞしき焼亡にて、ただごとならぬ儀にてありしは、天魔の所為にや侍らん、

兼好が亀山院の孫の後二条に蔵人として仕え、その後、文筆をもって所々に仕えた文士であったことを考えると、『古今著聞集』・『五代帝王物語』・『徒然草』といずれも文士の手になるものであり、その世界を描いた作品であったといえるであろう。

ありたき事は、まことしき文の道、作文、和歌・管弦の道、また、有職に公事の方、人の鏡ならんこそいみじかるべけれ、

と、『徒然草』一段は述べている。そこには文士の「ありたき事」の数々が記されているのであった。

『なよたけ物語』

『五代帝王物語』との関連で最後に触れるのは、『なよたけ物語』あるいは『鳴門中将物語』と称される物語である。これは『古今著聞集』にも見えて、後嵯峨院が即位して栄華を謳歌するまでの話に続いて採られているもので、後嵯峨院がある少将の妻に恋心を抱き、ついに獲得するに至った話であって、夫の少将も中将に出世して「鳴門の中将」と呼ばれたことから『鳴門中将物語』という別名がついている。「なよたけ」とは少将の妻が院の送ってきた和歌に答えた言葉である。

どうも『古今著聞集』の成立後に書かれて後に挿入されたもののようであるが、後嵯峨の物語という点で、『五代帝王物語』と同じ世界を描いており、しかもその絵巻である『奈与竹物語絵巻』が作成されている点で注目される。話は、内裏の和徳門院の壺で蹴鞠があったときに、それを見物していたある女房を院が見初めて、六位の蔵人に女の帰りをつけさせたところから始まる。蔵人から院の心を伝えられた女は「なよ竹の」と返事するばかり、その意味を解しかねた帝は歌人の藤原為家に尋ねたところ、「たかしとてなににかはせんなよ竹の一夜二夜のあだのふしをば」という古歌によるものとの解答がもどってきた。いよいよ好もしく思った帝は女の居所を蔵人に調べさせたが、一向に見つからない。

困った蔵人は陰陽師文平に占ってもらい、その占いを信じて女を待っていたところ、最勝講の初日に女が現われた。喜んだ蔵人は女の帰りのあとをつけて家を捜し当て、白河の少将の妻であったことを帝に報告し、さらに帝からの文を持参してことの次第を少将に伝えた。少将はやむなく妻を参内させることに納得し、いやがっていた女も諦めて「を」の一字を返事によこした。帝がその意味を歌人家隆の娘承明門院の小宰相局に問うと、男は「よ」、女は「を」で諾の返事をするものであることを小式部内侍の例を引いて答えてきたのであった。

こうして女は帝の寵愛を受け、夫だった少将も近習として引き立てられ中将に昇進し、「鳴門中将」の異名がついた。阿波の鳴門が「わかめ」の産地であって「よきめののぼる」ところから由来したものだという。

王朝の物語の典型的な筋ではあるが、為家や承明門院の小宰相局などの歌人を始めとして、登場する人物はいずれも実在しており、陰陽師の文平や院近習の経任なども見える。わずかに鳴門中将と蔵人の名だけが伏せられている。鳴門中将は妻を帝にとられたのであるから、名を伏せるのは当然としても、蔵人まで名を伏せる必要はなかろう。ということは、蔵人は作者か、作者に近い存在ということであって、そうであれば、この蔵人は六位の蔵人であるから、蔵人をやめると蔵人の大夫となって、院の北面に仕えることになるのであろう。つまりは『五代帝王物語』の作者と同じ身分や境遇であったことになる。

このように承久の乱後の王朝の物語は文士によって担われたのであった。また実在の天皇を主人公としたこうした物語や絵巻がこの『なよたけ物語』以後には姿を消しているだけに、後嵯峨の時代の占めた歴史的な位置がそこから浮かんでこよう。

10 歌人の群像

王朝の物語を聞いた次には、和歌の話をしよう。でも三人の話を聞くのも疲れるので、ここではC君が席をはずした機会をとらえ、藤原定家について語ったことのあるA・B両君に和歌の周辺の話から文化全般について喋ってもらうこととした。

慈円と歌人たち

A　王朝の物語に続いて文士の活動による文化の周辺を探ってみたいんだが、いい材料はないだろうか。

B　そーれ、きたな。そうくるのではないかと思って、実は興味深い文書を見つけておいた。九条兼実の弟慈円（慈鎮）の書状なんだ。

A　慈円ね。『百人一首』の九十五番だったかな。

おほけなく浮世の民におほふかなわがたつ杣にすみぞめの袖

慈円は天台の座主として仏法の再興を志した、その意気込みの伝わってくる和歌だね。

B　これは若い頃に詠んだものだが、やがて九条家が苦境を乗り切った承元年間には、京の白河に大懺法院を建立して仏法の興隆の道場とした。法然の念仏宗への弾圧があったのと同じ頃のことだ。

A　そこに扶持されたのが『平家物語』の作者「信濃前司行長」であるというのが君の主張だったね。[1]『徒然草』に見える、「慈鎮和尚、一芸ある者をば、下部まで召し置きて、不便にせさせ給ひければ、この信濃入道を扶持し給ひけり」という話。

B　そうね。慈円は大懺法院の建立に際して起請文を作成し、そのなかで保元の乱後の怨霊の滅罪を目的の一つに掲げている。道場には器量の僧を扶持すると規定していて、まさに世を遁れた藤原行長あたりが扶持されるに相応しい場だったと思う。

A　ところで行長は主人である兼実の子良輔の死を悲しんで出家したと君は推測していたが、どうかしら、本当かな。

B　定家の長男光家も良輔の死により出家しているんだ。『浄照房集』はその作品。

A　そうなのか、わかった。では慈円の文書を見よう。

B　承久の乱も終わった貞応三年（一二二四）に慈円は摂津国の四天王寺の絵堂を再興しているが、そのときの文書でね。陽明文庫所蔵のものだ。

九品の歌の事、相国禅門の返札かくの如し、勧進の本意存知の如く、領解感悦の返事なり、猶召人相残り尤も以て有情と覚へ候、如何〳〵、今においては先日議定の如くかくの如き者なり、

相国禅門 上品上生　前相国 上品中

新大納言 上品下　右大将 中品上

御分 中品中　家隆卿 中品下

保季入道 下品上　高倉殿 下品中　故禅門女 下品下

そうそう、これに関係するのが『法然上人絵伝』巻十五であって、それによると慈円は大僧正行慶のときに顚倒した絵堂の新造を企画して、往生伝のなかから選んだ九人の往生人を尊智法眼に描かせ、入道相国以下の秀才に勧進

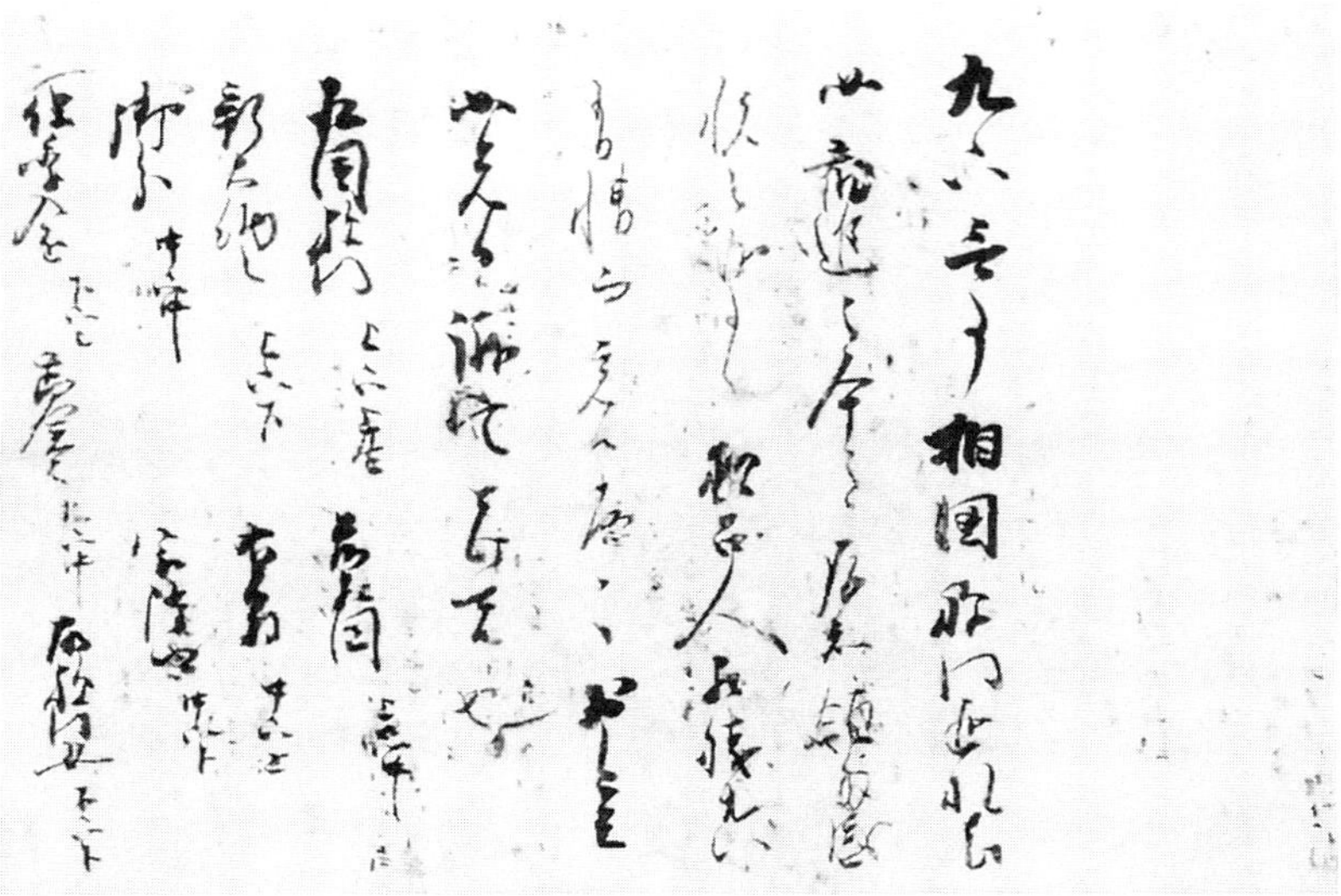

図1　慈円僧正消息（陽明文庫所蔵）

して和歌を詠んでもらった、とある。この点は多賀宗隼氏の研究[2]に詳しい。

A　ああ、あの絵巻の関係文書なの。最初に九品の歌とあるのが、九人の往生人に寄せる歌というわけだ。ではその次の「相国禅門」と見えるのは誰なの。

B　絵巻には入道大相国頼実公とある。藤原（大炊御門）頼実だ。

A　承久の乱前に権勢を誇った卿二位の後夫だったね。

B　そこからの返事があり、勧進のことが了承されたので、先日の議定の通りに以下の人々に歌をお願いすることにした、というのが書状の内容だ。

A　位階の順序に従って上品から下品へと歌を詠む形式がとられているようだが、それぞれどういう歌人なの。

B　前相国は西園寺公経、新大納言は九条基家、そう良経の子だね。次の右大将は西園寺実氏、錚々たる人物が名を連ねているのがわかる。

A　次の「御分」と見えるのが、書状の宛先の人物だろう。

B　そういうこと。「従二位民部卿定家」と絵巻に見えているので、これは藤原定家なんだ。
A　定家宛ての書状なのか。その次には家隆の名があって、さらに「保季入道」とあるのは誰。
B　御子左家のライバルだった六条家の歌人の藤原保季。
A　なるほど、慈円がどういった歌人を重視していたのかがわかる興味深い書状だね。

定家の人選

B　実は、興味深いのはそのこともあるが、さらに『法然上人絵伝』が実際に詠んだとしてあげている人物は、上の人選とはやや異なっていることなんだ。書状に合わせて記すと、次の通りになる。

入道大相国 頼実公　　前摂政殿下 道家公
権大納言基家　　前太政大臣 公経公
右大将実氏　　正三位家隆
従二位民部卿定家　　入道従三位保季　　正四位下範宗朝臣

書状の段階にはあった高倉殿と故禅門女の二人が落ちて、代わりに前摂政殿下道家公と正四位下範宗朝臣が歌を進めている。道家はいうまでもなく良経の子で定家が仕えていた九条家の当主。範宗朝臣は藤原基明の子で、『郁芳三品集』という歌集もある歌人だ。その歌集にはこのときの歌がこう載せられている。

貞応三年四月　天王寺絵堂九品歌
下品下生
ここのしなねがふはちすのすゑのいとをみたさてかへるよるのしらなみ

A　ほう。どうして人選に変更があったんだろうか。おや、定家は最初は「中品中生」を詠むはずだったのが、下品上生を詠んでいるぞ。家隆の次に詠んでるんだね。

B　そこなんだ。プライドの高い定家がそのことを認めたのは、人選の変更には定家の意向が強く働いていたものと見るべきだろう。定家の仕えていた九条家の道家が入っているのもそのことを物語っていそうだ。

A　そうか、権大納言基家と正三位家隆の詠む歌に変更がないのは、既に依頼して了承されていたからだ。じゃあ、高倉殿と故禅門女の二人はどうして落とされたんだろうか。それに一体、この人たちはどんな歌人なの。

B　高倉殿は八条院高倉だと思う。『明月記』嘉禄元年（一二二五）三月十八日条などに見える女性でね、佐藤美知子氏の研究(3)に詳しく指摘されているが、定家の『新勅撰集』に十三首も採られている女房歌人だ。

A　おや、それは藤原信西の子澄憲が高松女院との間に儲けた不倫の子だろう。

B　そう、高松院の姉八条院に引き取られて成長したんだ。代わって入った範宗は信西の曽孫だったから、高倉に代えて範宗が選ばれたんだろう。

A　なるほどね。では道家の代わりに落とされた故禅門女は誰なの。

B　書状が定家宛てであることが探るポイントだろうね、定家に向けて「故禅門女」と称してわかるとすれば、「故禅門」が定家の父俊成であることはまず間違いなかろう。そしてその女というのであるから、世に「俊成卿女」と称された人物をおいてほかにいない。彼女は『新古今集』で二十九首、『新勅撰集』には八首採られている。

A　そう考えると、道家は定家が仕えた九条家の主だったから、俊成卿女に代えて道家を選んだわけだ。納得したね。

B　二つの人選は、慈円と定家が当時の歌人をどう考えていたのかをうかがわせてくれるもので、まことに興味深い。定家があまり女流の歌人を評価していなかったことをうかがわせてくれる。

A　そうかな。政治的な配慮が働いたのかもしれないよ。『新勅撰集』を選ぶにあたっても政治的な配慮から後鳥羽以下の多くの歌人を落としただろう。

B　それは定家の仕えた九条家や西園寺家の意向に沿ったものだが。

A　だから、ここにもそういう意向が働いたと思うんだ。

父は誰か

A　こう見てくると、歌の世界ではまだ貴族性が強かったんだね。定家が選んだ歌人は皆、三位以上の貴族だものね。

B　そうなんだが、次第に変化も現われてきている。例えば、『十六夜日記』で有名な阿仏尼のような歌人が登場してくる。

A　「昔、壁の中より求め出でたりけん書の名をば、今の世の人の子は、夢ばかりも身の上のことは知らざりけりな」と始まる有名な日記の作者か。阿仏尼は定家の子為家の後妻となり、その間に儲けた子の為相の所領問題で鎌倉に下るなど、積極的な生き方をした女性として知られている。それだけに後世の評価も分かれるんだが。

B　その結果、生まれたのが初恋のことを記した『うたたね』であり、紀行文の『十六夜日記』だ。しかしこの阿仏尼については出身がよくわかっていない。どうして阿仏尼のような女性が出現したのか、考えてみる必要がありそうだ。

A　面白そうだね。誰の子なの。

B　平度繁の娘と諸種の史料には見えている。例えば『続古今集』の阿仏尼の歌に次のような詞書が見えるんだ。

思ふ事侍りける頃、父の平度繁朝臣遠江の国にまかれりけるに、心ならずともなひて、鳴海の浦を過ぐとて詠み侍りける

これについては、『十六夜日記』でも「むかし父の朝臣にさそはれて（中略）とほつあふみの国まではみしかば」

と述べており、父の平度繁に連れられて遠江の国に行ったことがあると記している。また『尊卑分脈』の平氏系図では度繁の女子について「安嘉門院四条」として法名を阿仏としている。

A　なるほどね。それで問題はなさそうだが。

B　ところが、阿仏尼の『うたたね』は遠江に下ったことを次のように記している。

そのころのちのおやとかのたのむべき理も浅からぬひとしも、遠江とかや、聞くもはるけき道を分けて、都の物詣せんとて上り来たるに、何となく細やかなる物語などするつゐでに（中略）なをざりなく誘へど（中略）あやなく思ひ立ちぬ、

これによれば、阿仏尼は遠江から上洛した「のちのおや」（後の親）に誘われて下るのを思い立ったのだという。だから度繁は養父であって実の親ではない、とされ、これが定説となっている。[4]

A　だがそう考えると、『続古今集』の詞書の「父の平度繁朝臣遠江の国にまかれりけるに」という表現と、『うたたね』の「遠江とかや、聞くもはるけき道を分けて、都の物詣せんとて上り来たるに」という表現が齟齬を来すんじゃあないのかな。詞書では単に父は遠江に下ると述べていて、父が遠江から上洛したとは述べていないのに、『うたたね』の「のちのおや」の方は遠江から上って誘ったと、といってるよね。

B　それを無理なく理解しようとすれば、両者に見える親は別人と考えねばならないのだが。

A　平度繁はどんな人なの。

B　京都に基盤を置く下級貴族であって、遠江にいて上洛するような豪族ではないね。

A　じゃあ遠江から上洛してきた親とは何者だろうか。おやー、これは「のちのおや」と読むのではなく、「ちのおや」とは読めないのかな。「乳の親」つまり乳父と解すべきじゃあないの。「その頃の乳の親とか頼むべき理も浅か

らぬ」人と理解したら、どう。

B　そうか、それで理解できるね。乳父は遠江国浜松に住んでおり、おそらく父の度繁はそこにしばしば下っていったのであろう。

A　浜松は阿仏尼と何か関係があるはずだから、調べてみてよ。

B　どれ、調べてみよう。あった。弘安六年（一二八三）に安嘉門院が亡くなったときに、仏事の費用が女院領に充てられているが、そこに浜松庄が見える（『勘仲記』）。さらには嘉元四年（一三〇六）の院領目録には浜松庄として預所の名に「遠繁」とある。これは度繁の一族だ。

A　そうすると父度繁は当時、浜松庄の預所であって、しばしば荘園の経営のために下っており、また阿仏尼はその地の豪族を乳父として成長したんだろう。

B　阿仏尼が浜松に下ることになったのは、浜松から乳父が「都の物詣せんとて上り来たる」とあって、上洛して物詣を終え物語をするうちに、その乳父に誘われたためなんだ。詞書は父のことのみしか書かず、『うたたね』は乳父にしか触れていないので、両者が混同されてしまったに違いない。

乳父の家

A　阿仏尼が平度繁の子とすると、その周辺を探ってみる必要があるね。そのことにより阿仏尼の成長した環境もわかるし、その階層もわかってくるに違いない。

B　度繁の祖父実繁は美福門院の御給で久安三年（一一四七）に修理亮になったことからも知られるように、美福門院に仕えていた（『本朝世紀』）。だからその子繁雅は美福門院の娘八条院に仕えたものと考えられる。繁雅の河内守のときのエピソードは『古今著聞集』二十九段に見えていて、大外記中原良業の死去の夜、次の大外記には師方がなる夢を繁雅が見て、それを当人に告げたところ、先輩を抜いてその通り任じられたというものだ。

A　一寸、待って。繁雅ってどこかで聞いたことがあるぞ。そうだ、『吾妻鏡』の元暦元年（一一八四）二月三十日条に見える。

　信濃国東条庄内狩田郷領主職、式部大夫繁雅に避り賜ひ訖ぬ、この所没収せらるるの処、繁雅本領たるの由、愁ひ申すの故と云々、

式部大夫繁雅が信濃国東条庄内の狩田郷領主職を没収されたことを愁いて本領安堵された記事だ。東条庄は八条院領だから、式部大夫繁雅は平繁雅と見てよい。その頃に平頼盛は鎌倉に下っていたので、それと関係があるかもしれないな。四月に頼盛は頼朝から本領安堵されており、繁雅は頼盛とともに関東に下ってきて、同じく安堵されたのだろう。

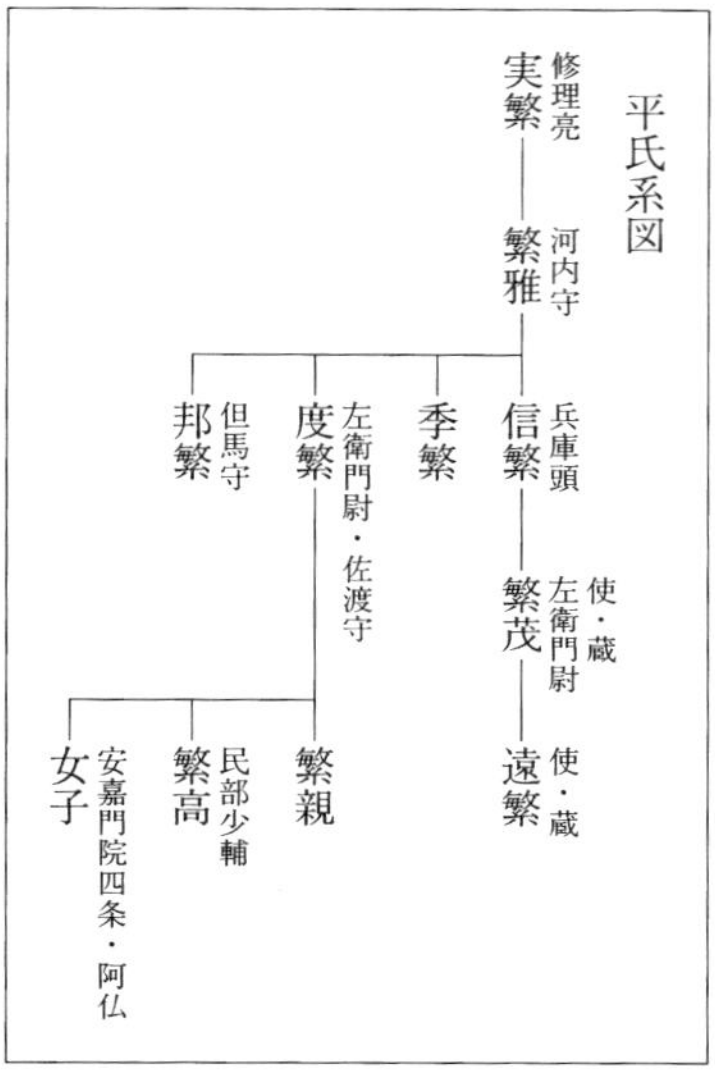

B　そうか。それで『明月記』寛喜二年（一二三〇）二月八日条の記事が理解できる。

　繁雅入道、女院御後見、この暁命を終ゆ、左兵衛佐光成、舞人、一﨟の蔵人繁茂、同じく軽服止了ぬ、

繁雅の死亡記事だが、それに女院の御後見と見えているだろう。この女院とは北白河院といって、後高倉院の后なんだが、実は頼盛の娘の子なんだ。

A　つまり繁雅は八条院・平頼盛に仕えるなかで北白河院に仕えるようになったわけか。

B　繁雅は北白河院の後見と見えていたが、さらに信繁の母は北白河院の「御乳人」と見えるので、平氏一族は北白河院の乳父の家だったということになるね。信繁や度繁兄弟は女院の乳母子だったわけだ。だから嘉禄元年（一二二五）十一月には、信繁は女院の側近として東大寺東南院が女院の子尊性法親王に付けられる一件でも動いており、定家はこの件について「女房や信繁等がごときが思慮すべき事にあらずの由を申し入」れているほどだ。また、信繁は女院の使者としてしばしば関東に下っており、後院の管轄する細工所を信繁が女院の仰により知行したという（『明月記』）。

A　乳父の家というと、後白河の乳父の藤原信西が思いだされるし、ほかに鎌倉幕府の得宗に仕えた御内人の内管領の長崎氏なんかも。

B　そうね、既に見た西園寺家では三善氏がそうだったし、さらに『問はずがたり』の作者二条が出た久我家では藤原仲綱という乳父が登場しており、二条の父が亡くなると出家している。もし父が生きていて大臣になったら、四位にまで上ったろうに、と二条は哀れんでいる。阿仏尼はそうした乳父の家の出身だったわけだ。

A　乳父の家を基盤にして、文士が出世を図ったということになるね。

波乱の生涯

A　阿仏尼の仕えた安嘉門院は、後高倉院と北白河院との間に生まれた皇女だろう。

B　後堀河の准母として皇后に立ち、承久の乱後には八条院領を伝領している。それだけに承久の乱後の朝廷においては政治的にも経済的にも大きな位置を占めていた。

A　では阿仏尼の父はどんな活動をしていたの。

B　度繁は『尊卑分脈』に「使・左衛門尉・佐渡守」として見えており、嘉禄三年（一二二七）八月には念仏者の追捕を命じた別当宣が「度繁朝臣」を始めとする検非違使に宛てられており、貞永元年（一二三二）には佐渡守に任じられている。さらに同じ年には兄弟の邦繁が但馬守に任じられているので、兄弟は諸国の受領となって裕福だったことがわかる（『民経記』）。また貞永元年二月十四日の尊性法親王の書状は越前国の敦賀津の津料を度繁に宛て行ったことを述べている（『鎌倉遺文』）。安嘉門院にも仕えていたのだろう。

A　安嘉門院四条（阿仏尼）は早い時期から安嘉門院に仕えていたことになるね。姉たちがいずれも安嘉門院に仕えているのもそのためであり、『うたたね』は安嘉門院という庇護者のもとで成長した四条の若き頃の回想録だったわけだ。

B　それによれば、阿仏尼は最初、「北山の麓」に住んでいたとあるが、ここには安嘉門院の御所とされた持明院殿の西殿があった。もともと持明院殿は母の北白河院の伝領した屋敷だったが、拡大されて持明院殿といわれる御所となったもので、その西側に設けられたのが安嘉門院の御所。寛喜三年（一二三一）には安嘉門院の御所の造営について、門や築垣が幕府の負担で行われており（『吾妻鏡』）、嘉禎三年（一二三七）十二月には新御所が造営され、翌年には御所の拡大のために屋敷地の交換が行われている（『鎌倉遺文』）。

A　そうすると付近一帯に阿仏尼を含めた平氏一族も住んでいたわけかい。

B　そう。弘安五年（一二八二）十月に持明院北大路の家に強盗が入って文書が失われたことがあって、そのため翌年八月に紛失状が作成され、近くの住人が署判を加えて証拠立てている（『鎌倉遺文』）。その住人の一人に阿仏尼の兄弟の繁高が「木工権頭平朝臣繁高」として名を連ねている。繁高はその翌年に安嘉門院が亡くなった三十五日の仏事でも、安嘉門院領から布施を調達している（『勘仲記』）。

A　さて「やがて恋の痛手から出奔した」と『うたたね』には見えるが、どこに行ったのかな。

B　源承の『和歌口伝』によると、最初、安嘉門院越前と称していたが、「身をすてて後」奈良の法華寺に住み、さらに京都の「松尾、慶政上人のほとり」に住んでいたと記している。次いで法華寺で知り合った人からの紹介で、定家の娘大納言典侍のもとにやってきて、為家との交渉が始まったんだ。

年月おくりて定覚律師をうめり、誰が子やらんにて侍りしほどにはるかにして為相をうめり、と、いささか皮肉っぽく、書き留めている。源承は定家の孫で為家の次男でね。

尼寺の文化

A　法華寺といえば、この後に『問はずがたり』の著者二条も身を寄せていたね。尼寺の新しい動きが見出されそうだ。(5) 阿仏尼も二条も、法華寺に赴いたことが、文芸にかかわる機縁になったかもしれないな。

B　奈良の法華寺は実に興味深い存在なんだ。慈円が四天王寺の絵堂の再興を考えたときに和歌の勧進を求めた女性に高倉がいたが、この高倉は法華寺で亡くなっている。律宗の叡尊の自伝『感身学生記』建長三年（一二五一）条に次のように見えている。

一人禅尼 高松女院姫宮、始め高倉殿と号し、後に、醍醐殿と号す、法華寺において卒去す 閉目の後、夢中に法華寺長老慈善比丘尼 彼の弟子 に告げて曰く、訪ねんと欲するに、人なし、十六羅漢を供養すべしと云々、

B　高倉は亡くなった後、法華寺長老の夢に出てきて十六羅漢の供養を命じたという話なんだ。

A　ちょうど阿仏尼が法華寺に出奔した頃だね。高倉の夢を見たという法華寺の長老慈善比丘尼とあるのは誰。

B　「法華寺中興第一世長老」であって、八条院の娘春華門院に仕えた女房の新右衛門督。阿仏尼が法華寺に赴いたのもそのことと関連しているかもしれないね。また高倉は醍醐殿ともいわれたというが、醍醐も出家した女性とは縁が深いところでね。この高倉が醍醐殿と呼ばれていた頃の話が『古今著聞集』に見えている。

明義門院、寛元々年三月廿九日にかくれさせ給にしを、侍従隆祐備後国にてき丶まいらせて、よみて送侍し、

袖のうへにやよひの雨の晴やらでかげとたのみし花や恋しき

此歌を、はるかに程へてもちて来れしに、その年の九月に、又陰明門院失させをはしまし丶かば、醍醐殿の御葬家にこもり侍しに、かのつかひくだるとて、返事こひ侍し、

という四百七十一段なんだ。寛元元年（一二四三）だから、少し前のことだ。

A　侍従隆祐は歌人の藤原家隆の子だろう。確か『古今著聞集』の作者橘成季の歌の師匠だったね。

B　そうなんだ。隆祐がこの話の中で哀傷の歌を読み送った人物の名はここには記されていないが、それは成季自身のことだからだと思う。明義門院は順徳の娘で、その死を悼む隆祐の和歌が送られてきたときに、陰明門院が亡くなって、成季は醍醐殿の葬家に籠っていたということだろう。陰明門院は土御門の后で、藤原頼実の娘。

A　ここからも成季の世界が浮かび上がってくるわけだ。ところで尼寺といえば、思いだすのは『平家物語』に見える女性たち。例えば祇王・祇女の話と尼寺とは関係がありそうだ。彼女たちは嵯峨野の尼寺に逃れたんだけれど、尼寺が増えたのは平家の時代ではなく、この鎌倉時代中期からだろう。

B　そうだね、祇王の話に関連して興味深いのは『吾妻鏡』の寛元二年（一二四四）五月十一日条だろう。新将軍の頼嗣の方での酒宴に「舞女」として「祇光」という白拍子が招かれているんだ。この祇光があるいは祇王・祇女のモデルなんじゃあないのかな。というのもこの女性は「今出川殿の白拍子、年廿」とあって、西園寺公経に仕えた白拍子だというんだ。公経は清盛を凌駕する権勢の主だと定家はいっていただろう。公経周辺の話が『平家』のモデルとなったと考えても不思議ではない。

A　面白い見方だけど、どうかな。

鎌倉下り

A　阿仏尼のその後は。

B　建長五年頃に為家と知り合った阿仏尼はやがて為家との間に為相・為守を生む。ところが建治元年（一二七五）に為家が亡くなったところから、その遺領をめぐる相論により弘安二年（一二七九）十月に鎌倉に下った。このときの紀行文が『十六夜日記』だ。

A　どうして鎌倉に下ったのかな。そうした所領の相続争いは朝廷が行うんじゃあなかったの。

B　そうなんだよね。ただ、藤原定家・為家は鎌倉との繫がりが大きかったから、幕府の口入を期待できたと思うんだ。それに地頭職の相論も絡んでいたから幕府に対しても地頭職の裁判は期待できたはずだ。多くの貴族や僧侶たちも鎌倉に下っていた。例えば、醍醐寺の親玄僧正は鎌倉に下って将軍や得宗の依頼で祈禱を行っていて、ついに幕府の推挙によって醍醐寺の座主になっている。

A　阿仏尼は鎌倉では極楽寺の近くの月影の谷に住んだというが、鎌倉に下って訴訟を行うのに必要な費用はどう捻出したのかな。随分かかっただろうに。

B　安嘉門院の後援が大きいだろうね。阿仏尼の鎌倉での消息は弘安六年をもって途絶えるが、この年に安嘉門院が亡くなっているのと関係がありそうだ。

A　安嘉門院領はその後、どうなるの。

B　亀山院はこれを伝領すべく近習の高倉永康を鎌倉に派遣して交渉をした結果、亀山院の沙汰とされ（『勘仲記』）、やがて大覚寺統に伝領されることになる。

A　だんだん、事情がわかってきたが、『十六夜日記』で思いだされるのは、『海道記』や『東関紀行』などの紀行文がこの時期には作成されていたこと。

B　『伊勢物語』の影響を受けて和歌と旅にともなう紀行文が流行したんだと思う。ただし『海道記』や『東関紀行』には旅のリアリティーが著しく不足しているのが問題といえば問題。

A　『海道記』は京の白河に隠遁生活をする人物の鎌倉紀行だったが、そう指摘されると漢文訓読体のような文章にはいささかゲンナリさせられるな。美文というのもどうかな。

B　しかもこれは東海道を鈴鹿越えしているが、当時はこの道をあまり通らないだけに疑問の多い紀行文だね。

A　じゃあ、後世の作文なのかい。

B　そんな気がするんだ。一種の勘なんだがね。『東関紀行』のほうも『海道記』に比べ、読みやすくて流麗な文章だが、やはり画一的・類型的な内容が気になるところ。

A　そう指摘されると、旅をしたとされる仁治三年（一二四二）は北条泰時が亡くなった年なので鎌倉は大揺れだったはずだが、そうした動きにも全く無関心なんだね。

B　いずれにしても事実との緊張感を欠如した紀行文のような気がするな。

A　でもそれらに載っている和歌は鎌倉後期にまとめられた『夫木和歌抄』にそれぞれ鴨長明・源光行の作品として収められているんだろう。

B　たとえ和歌そのものが二人の作品としても、その作品に基づいて後世に創作したと見たいね。

A　それは大胆な意見だ。確かにそういわれると、事実との緊張感に乏しいことは間違いない。問題は語法などだが、これからの検討が待たれよう。

B　話がそれてしまったが、『十六夜日記』のような紀行文がつくられたところに、鎌倉と京都の往来の盛んな様がうかがえるのであり、武士と文士の往来を通じて鎌倉文化が形成されたことを知ることもできよう。

A　『問はずがたり』の二条も鎌倉への旅を記していたしね。

B　やがて東国を中心にして早歌という宴曲が流行するんだ。これは東海道の名所を織りこんだ早い調子の歌で、新たな時代を予見するものといえるだろう。

11　京の武士たち

歌人の周辺を探ってきたところで、さらに武士が文化にどうかかわっていたのか、考えてみたい。幕府や武士の存在が王朝の文化に与えた影響や、幕府と朝廷の接触・交渉などについて、二人の対話はしばらく続く。

関東の歌人

A　次に関東の歌人を探ってみようか。定家は実朝に『万葉集』を送ったり、また歌の指導をするなど、幕府との関係は深かったはずだが。

B　定家のところには関東の歌人がいろいろ出入りしていた。例えば天福元年（一二三三）四月にやってきた三郎入道真昭は「その身は歌の骨を得たり、言談の詞甚だもって優なり」と称されているが（『明月記』）、この人物は北条泰時とともに初めて六波羅探題となった北条時房の三男の資時なんだ。

A　定家との関係では何といっても宇都宮氏が思いだされるが。

B　そう、定家に嵯峨の山荘への色紙形を依頼した宇都宮頼綱の娘は定家の子為家の最初の妻だった。頼綱のように関東の武士のなかには歌人が多く輩出している。ことに宇都宮歌壇の存在は大きい。

A　頼綱を始めとする宇都宮歌壇はどのようにして生まれたんだろうか。背景を探ってみようよ。(1)

B　そうね。それは頼綱の祖父朝綱にまで遡りそうだ。朝綱は源平の争乱に際しては大番役で京都に滞在していてなかなか帰郷できなかった。『平家物語』は次のように記している。

日来、召をかれたりつる東国者共、宇都宮左衛門尉朝綱・畠山庄司重能・小山田別当有重なむど、をりふし在京して大番勤て有ける、

畠山や小山田氏などとともに抑留されていたらしい。やっと平氏の都落ちとなって帰郷が許されることになったのだが、そこでの朝綱については「其中に宇都宮左衛門をば、貞能が預て日来も事にをきて芳心有りけるとかや、源氏の世に成て後、貞能、宇都宮をたのみて東国へ下たりければ、昔の恩をわすれず、申預て芳心したりけり」と見えていて、京都では平貞能に庇護されており、やがて平氏滅亡の後には逆に貞能を庇護したというんだ。

A　貞能というと、あの大田庄の文書で院の厩の預として登場していた平氏の家人だったね。朝綱と京都の繋がりは深かったわけだ。

B　左衛門尉という官職も、争乱の最中の治承四年（一一八〇）正月に任じられており、同じときに二階堂行政も主計允に任じられている（『玉葉』）。こうして頼綱は、祖父が庇護していた貞能を間近に見て成長したものと思われるが、やがて建久五年（一一九四）に下野の国司に公田の押領を訴えられ、祖父とともに流罪となって豊後国に流されている（『吾妻鏡』）。この流罪が宇都宮歌壇の成立に大きな影響を与えたと思うんだ。同時に周防に流された弟の朝業も歌人として成長することになった。

A　流罪は一種の文化の交流でもあった、ということになるかな。

B　もちろん大番役も大きな意味を持っていた。ここで興味深いのはそのときに宇都宮氏を訴えたのが「下野国司行房」だったこと。

A　『平家物語』の作者の行長の兄だったね。

B　当時、行長は下野守だったから、兄は知行国主だったんだろう。

A　ほう、『平家物語』との縁は深いんだね。ところで頼綱の父は出てこないが、どうなっていたの。

B　既に亡くなっていたので、頼綱への影響は祖父や母のほうが深かったと思うんだ。母は「新院蔵人長盛の女」と系図に見えているが、この新院は崇徳院のことで、平長盛は保元の乱に連座し、六波羅で清盛によって断罪されている。その娘だから、きっと崇徳院に仕えて和歌の嗜みがあったのかもしれないね。

宇都宮と京

A　さて頼綱は元久二年（一二〇五）の畠山重忠の謀反の直後に、やはり謀反を噂され出家して蓮生と称したと『吾妻鏡』に見えているんだが、その後は上洛したのかい。

B　郎従五十人とともに出家し、自分の髻を幕府に捧げて身の潔白を訴えた。やがて上洛すると在京の御家人として活動しており、建保二年（一二一四）に園城寺が焼けたときには、山王社と拝殿の造営を命じられている。だからこの時期から京都の歌人との本格的な接触が生まれたんだと思う。

A　『法然上人絵伝』によれば、承元二年（一二〇八）に大番役のために上洛したついでに、摂津国勝尾寺に法然を尋ねて一向専修を志したといわれているね。

B　法然の弟子である西山・証空上人の弟子となったことから、法然との関係が生まれたらしい。法然が流罪を解かれて、勝尾寺に住んだのが承元二年頃だった。証空は『明月記』に「善恵房宇都宮随逐の師」として紹介されており、そんな関係から頼綱は京都の嵯峨に山荘を設け、そこを中院と号するようになった。

A　頼綱の弟の朝業も『信生法師集』という歌集を編んだ歌人だったろう。

B　頼綱とともに建久五年に流されたが、その後は塩谷を号し実朝に仕えており、実朝周辺の歌人として成長したらしい。承久元年（一二一九）正月に実朝が暗殺されると、それをきっかけに出家した。出家して上洛し、歌人としての本格的な活動を開始した点は、兄と同じだね。この二人によって宇都宮歌壇の基礎は築かれたんだ。

A　宇都宮一族は京都と鎌倉・宇都宮を往復しながら、和歌の文化を東国に持ちこんだものといえるわけか。そうするとかれらの京都での拠点は西山かい。

B　それとやはり西園寺家が絡んでいると思う。頼綱の子の時綱は、西園寺家の知行国の美作守になっているんだ。小早川茂平や橘知資がなる少し前にね。さらに『古今著聞集』には時綱の弟の頼業の承久の乱での逸話が載っている。宇治川の水底で鎧を脱いだ三百四十二段だ。そうしたなかで定家との親交も生まれ、ついには頼綱の娘と定家の息子為家とが結婚することになった。

A　宇都宮頼綱といえば、確か最近、紹介された紙背文書にも見えていたね。

B　醍醐寺所蔵の『諸尊道場観集』紙背文書のことだろう。田中稔氏により紹介された大内惟義の関係文書[2]。これは醍醐寺の僧侶義海が書写する際に使った文書なんだ。それにこう見えている。

三井寺唐院造営の間の事、この旨を以て、忩いで沙汰を致さしむべく候、恐々謹言

三月十八日　　沙弥蓮生

三井寺は建保二年四月に延暦寺の僧により焼き討ちされたので、すぐに幕府は唐院の造営に関与することになった。そのときに頼綱は山王社と拝殿の造営を命じられており、その頃の文書とわかる。充所は記されていないが、紙背文書全体からして大内惟義と見てよい。この文書を書写に使った義海は惟義の子なんだ。

再び紙背文書

A　そうすると、ここに紙背文書の方法を試す機会が再び到来したわけだ。点数も七十四点とは手頃な量であるし、

大内惟義は源氏の一族で京都にあっては後鳥羽にも仕えていたから、これらを探れば承久の乱前の京都と幕府の関係もうかがえる。

B　そうだがね、まあ、やってみようか。

A　充所が惟義とわかっているんだから楽だろう。

B　まず、年月のある文書を見ると、23承元四年（一二一〇）十一月二十七日の武蔵国古尾谷庄年貢送文、53建保二年十二月二十四日の関東御教書、62建保二年四月二十五日の中原政康解となる。このうち23は惟義の所領に関する文書であって、53は伊勢神宮の禰宜が神人の殺害につき将軍に訴えた件に関して、召進を命ずる旨の関東御教書だ。殺害は大犯三箇条の一つで、守護の職権だったから、惟義は伊勢の守護として命じられたのだろう。

A　その御教書の奉者は「散位」と見えるが、当時、散位で将軍の命令を受けて御教書を発給していた奉行人は二階堂行光しかいない。行政の子で、政所の執事だった人物。

B　次の62は越前の大番役に関する文書だが、これは惟義が越前の守護だった関係で大番役を催促したことについて、催促を受けた中原政康が自分は弓矢を全く帯びず、その器量がないことを訴え、免除を要請したもの。

A　そうすると、これらは惟義が畿内近国で守護として活動していたことを具体的に示す文書ということになるね。

B　田中氏はこの紙背文書などから、惟義は伊勢・越前・美濃・丹波・摂津・伊賀の六ケ国の守護だったと指摘している んだ。

A　そんなに大きな勢力を有していたの。承久の乱では惟義の動きはどうだった。

B　どうも亡くなっていたらしい。この文書群は乱前の承久二年に書写されているんだが、惟義が亡くなったために反古とされて利用されたんだと思う。乱では子の惟信が父の跡を継承して後鳥羽方に加わり参戦している。

	年　月　日	文　書　名	備　　考
38	11. 8	某書状	加藤左衛門大夫判官・大宮大納言
39	4. 16	大江某奉書案	守護所沙汰人穴尾四郎宛て
40		某書状	鎌倉殿御教書
41		某書状礼紙	広光（元？）朝臣奉書
42	1. 18	沙弥定蓮書状	
43		某書状	
44	8. 12	権右中弁藤原家宣書状	井足・稲津庄
45		某書状礼紙	
46	7. 26	権右中弁藤原家宣書状	稲津庄・長者宣
47	4. 9	東大寺年預所衆議状	駿河前司宛て
48	7. 21	某書状	勘解由小路宛て
49		某書状	古尾谷庄
50	(建暦 2) 11. 7	斎院判官成光請文	大嘗会・大内五節
51	3. 18	沙弥蓮生書状	三井寺唐院
52		某書状礼紙	
53	建保 2. 12. 24	関東御教書（散位奉）	伊賀長田御園
54	11. 22	公文権寺主某書状	駿河前司宛て
55	5. 30	信濃守書状	園城寺唐院・豊前前司尚友・行光
56	11. 26	修理大夫書状	駿河前司宛て・押小路内裏
57	4. 22	豊前前司尚友書状	唐院・貞継
58	8. 7	聖乗書状	
59	7. 7	権寺主覚□書状	唐院
60	8. 8	尚友書状	大宮大納言
61	(建保 2) 6. 30	遠江守大江親広書状	越前御家人・内裏大番
62	建保 2. 4. 25	中原政康解	大番役
63	7. 6	尚友書状	大納言
64	7. 25	尚友書状	大工貞継
65	8. 9	按察使藤原光親書状	
66	10. 30	右衛門少尉重盛書状	園城寺唐門
67	3. 24	沙門寂法書状	
68	3. 18	左兵衛尉広綱書状	園城寺唐門
69	11. 1	式部権少輔周房書状	
70		某書状礼紙	
71	12. 13	親満書状	
72		権右中弁某書状礼紙	女院御領・東大寺・長綱
73	8. 27	権右中弁某書状	小柿・長綱
74	(建保 2) 7. 5	武者所経保書状	遠江守・守護所使

『諸尊道場観集』紙背文書一覧

	年　月　日	文　書　名	備　　考
1	6. 25	按察使光親書状	小山庄・朝資
2	8. 15	後鳥羽上皇院宣	左中弁奉書
3	4. 24	法橋経□書状	山僧定厳
4	3. 20	覚□書状	駿河前司宛て
5	7. 17	某御教書	吉富庄・別当・二位中納言
6	11. 21	散位光□書状	三井寺唐門
7		散位光□書状礼紙	豊前前司
8	8. 9	尚友書状	大学頭
9	2. 28	某御教書	小弓庄・女院
10	11. 26	修理大夫書状	駿河前司宛て
11		某書状	丹波国修理職杣大布施棚見
12	4. 28	法橋経□書状	山僧定厳
13	7. 17	左衛門少尉公義書状	
14		尚友書状	大夫属入道
15	8. 7	尚友書状	
16	(建暦 2) 11. 5	俊□書状	田口・大嘗会
17	8. 19	尚友書状	関東
18	(建暦 2)	俊□書状礼紙	田口村検注
19	8. 11	左馬権頭忠綱奉書	駿河大夫判官宛て
20	4. 9	別当阿闍梨尭快書状	駿河前司宛て・十禅師神人・越前
21	7. 10	大学頭仲章書状	駿河前司宛て・図書允
22	(建暦 2) 1. 26	近江守書状	
23	承元 4. 11. 27	武蔵国古尾谷庄年貢送文	
24	8. 19	某書状	□納言殿返事
25	(建暦 2) 2. 24	近江守仲兼書状	駿河前司宛て・大納言殿・田口郷
26	11. 15	法橋経□書状	蓮華心院・修理職領
27	11. 6	某書状	神楽
28		某仮名消息	
29	2. 25	尚友書状	
30	11. 22	尚友書状	
31		某書状	高範
32	8. 7	尚友書状	
33	11. 21	尚友書状	佐々木判官
34	3. 6	木工助宗能書状	駿河前司宛て・摂津国福島
35	11. 22	尚友書状	大工貞継
36	8. 6	尚友書状	唐院
37		某書状礼紙	

A　承久の乱では、在京の御家人の多くが後鳥羽方についたが、大内氏はその筆頭だったわけだ。

B　そうだね。惟義は院から所領を給与されていたから、院からも恩顧を受けていたことになる。惟義ばかりではない。例えば大江親広。62の越前の大番の催促については、関連して61六月三十日の遠江守大江親広書状が見え、越前御家人の内裏大番が七月一日から始まることを了承しているが、74七月五日の武者所経保書状も遠江守親広と越前の守護所の使者に触れていて、月が同じだから建保二年のものと見てよい。大江親広は広元の子で政所の別当だった人物にもかかわらず、承久元年に実朝が暗殺された後、京都守護として赴任すると、そのまま承久の乱では後鳥羽方として参戦している。

A　幕府の京都での組織がそのまま朝廷の軍事組織に転化してしまったんだね。

B　その点でさらに面白いのがこの文書群に頻出している豊前前司尚友。

幕府の京都の組織

A　三井寺唐院の造営に惟義とともに当たった総奉行だろう。

B　幕府の西国の所領の年貢の算用を扱った奉行人なんだ。西国の関東御領の多くは平家没官領だったが、その年貢は京都に運ばれて、幕府の命令で支出された。それを行っていたのが尚友（『吾妻鏡』）。

A　どんな人なの。あまり聞かない名だけど。

B　おそらく外記や史などの下級官人だったのだろう。『明月記』正治元年十二月に中原尚光という人物が皇太后権大進となっているので、これが尚友の子ならば中原姓かもしれない。その尚友の書状だけで十四通もあるんだ。表に記したのはそれらの文書と特記事項だ。

A　八月と十一月に集中しているね。

B　この書状だけでなく、全体もそうなんだ。

A　そうならば八月の文書群と十一月の文書群という風にグルーピングしてみたらどうかな。

B　なるほど。では八月の文書を見ようか。

尚友関係文書一覧

	月　日	文　書　名	備　　考
29	2. 25	尚友書状	縄
57	4. 12	豊前前司尚友書状	唐院・貞継・築垣・指図
63	7. 6	尚友書状	大納言・築地・指図
64	7. 25	尚友書状	大工貞継・善綱
36	8. 6	尚友書状	唐院・雑掌・入寺・指図
15	8. 7	尚友書状	
32	8. 7	尚友書状	築垣・指図・木工・入寺
60	8. 8	尚友書状	大宮大納言・唐院日時
8	8. 9	尚友書状	大学頭・唐院日時・入寺
17	8. 19	尚友書状	関東
33	11. 21	尚友書状	佐々木判官重□・大工装束
30	11. 22	尚友書状	伊東左衛門尉・禄物・行事所・雑掌・居礎
35	11. 22	尚友書状	大工貞継・居礎
14		尚友書状	大夫属入道

A　ざっと見たところでは八月八日と九日の書状が面白そうだね。

B　60八月八日の書状は「唐院日時の事、只今大宮大納言殿より此くの如く仰せ下され候也、(中略) 十一月延引の条、神妙也」というもの。唐院の日時が十一月に延期になったとある。あれ、そうすると、十一月の文書はそれに関係するのだろうか。えーと十一月の文書では、うん、これだ。54十一月二十二日の公文権寺主某書状には「造唐院棟上、今月廿六日」とある。66十月三十日の右衛門少尉重盛書状にも園城寺唐院の棟上が十一月二十六日と見える。

A　つまり八月と十一月の文書は同じ年のものの可能性が高いわけだ。三井寺の造営が始まったのはいつのことなの。

B　『仁和寺日次記』によると、建保三年二月十九日のこととある。とするとこれらは建保三年の文書と見ていいのかなあ。

A　八月八日の文書に見える「大宮大納言」は誰なの。

B　西園寺公経でいいだろう。関東申次として朝廷と幕府との交渉役をしていた。そうだった。宇都宮頼綱と公経との関係はこうして始まったんだ。

A　さらに8八月九日の書状に「大学頭」が見えるね。

B　そう、唐院の日時勘文を大学頭に付けるとあるが、この人物は21七月十日の大学頭仲章書状の差出人と同じで。

A　源仲章だろう。実朝の侍読となった人物。

B　そうそう。君が将軍の権力の演出者と表現した人物だ(3)。建保四年には幕府の政所別当となって、承久元年には実朝とともに殺されてしまった。

A　仲章は『五代帝王物語』に見えた源仲朝とは同族で、院の近臣だったが、関東に下って実朝の学問の師となり、このように大学頭になって、次いで文章博士にもなった文士の典型ともいえる人物。

B　仲章といえば、25二月二十四日の書状は仲章の兄弟近江守仲兼の書状で、大嘗会について述べている。仲兼も仲章と同じく鎌倉に来て実朝に仕えたことがある。また建暦二年五月になると、仲兼はその大嘗会の関係で安房守源頼茂と知行の国を交換しており、25は建暦二年の文書とわかる。

A　その新近江守の頼茂も幕府政所の別当になっており、さらに七月十日の書状に「図書允奉書一函進しめ候」と見える図書允も幕府政所の家司の中原清定。

承久の乱

B　幕府と朝廷の関係は意外に密だったことがわかるが、承久の乱での関係者が多いことも特徴としてあげられるね。例えば、1六月二十五日の按察使光親書状の藤原光親は、承久の乱の張本だったし、5七月十七日の某御教書はその花押や、文中で「静心」と名乗っていることなどから、藤原範光の書状とわかるが、範光の子範朝は同じく承久の乱の張本だった。さらに19八月十一日の左馬権頭忠綱奉書が見えるが、これは藤原忠綱という上皇の近臣が奉じた院宣であり、忠綱は上皇の使者として実朝死後の幕府との交渉にあたっている。

Ａ　そこで聞きたいんだが、承久元年に実朝が暗殺された後、後鳥羽は何を目論んでいたのだろうか。幕府の内部の混乱につけこんで倒幕に傾いたというのが通説なんだが。

Ｂ　挙兵以前には皇子を鎌倉に下し実朝を受け皿にした幕府を構想していたことは確実だったと思う。だからもともとは幕府の存在を否定する考えではなかった。

Ａ　だが、二階堂行光や北条義時が鎌倉から上京してきたときには皇子の下向をはっきり拒否しているよね。政子を後見にして皇子を将軍に迎えようという幕府の意向は否定したわけだ。新たな幕府でも構想したんだろうか。

Ｂ　難しいところだが、摂関家から頼経が鎌倉に下っていった直後に、上皇は幕府の政所別当だった源頼茂が将軍になろうとしたと称し、これを討っているのが参考になる。頼茂は後鳥羽の動きから見て自分が将軍になれると考えていたのではないだろうか。それが不可能となったので挙兵したのかもしれないね。

Ａ　将軍になるとすれば、この文書群で見る限りは大内惟義の方が相応しいけれど。

Ｂ　そうなんだが、惟義は承久二年に亡くなってしまい、結局、将軍の候補者が失われて、確かな見込みもないまま後鳥羽は挙兵したんだと思う。挙兵によって新たな方向を模索しようとしたのではないかな。承久の乱に親幕府勢力が多く参加しているのも、新たな幕府の成立に向けて、乱が位置づけられていたからだと思うね。

Ａ　しかしそれは失敗した。鎌倉の北条氏を中心とした体制は意外と堅くて、京方は敢えなく惨敗してしまい、上皇らは流され、張本も処刑されて六波羅探題が置かれた。

Ｂ　幕府の側に朝廷を潰す意思がなかったのはなぜなの。

Ａ　幕府の存立基盤そのものが王朝にあったわけだから、朝廷の改造だけでいいと判断したんだと思う。幕府にしても朝廷を潰してどんな体制をつくったらよいのか、成案はなかったはずだ。ただ幕府の勢力が朝廷の言いなりになるのだけは好ましくなかったから、六波羅探題は幕府の命令によってのみ動くこととした。こうして朝廷は乱前とは違い、自前の武力装置を失って、武力による解決は皆、幕府に頼らざるをえなくなった。

B　そうした成り行きだったから、乱後には朝廷でも後鳥羽の政治について批判が続出する。その典型が日野資実の『六代勝事記』だろう。保元の乱に遡って政治の推移を検討し、新たな政治を求めている。

『承久記』について

A　『承久記』も後鳥羽院に厳しかったね。この軍記物は承久の乱からあまり時を経ずして書かれたといわれているが、これはどんな環境で成立したのだろうか。

B　あまりこれには触れたくないんだ。

A　どうして？　承久の乱に触れて『承久記』に触れない手はないだろう。どんな作品なのか、また作者像くらいは提示してよ。

B　それまでやらねばならないのかい。少しは後の研究のために取っておきたいという考えがあって……。それにとっつきにくさもある。

A　それは甘いね。『六代勝事記』に触れたんだから、(4)これに触れないのは問題だ。見識を疑うな。

B　おいおい、それはないだろう。これまでいろいろと手を出したために「学界の仕掛け人」なんて、有り難くない渾名を頂戴してしまったんだ。

A　それは不名誉なこっちゃ（笑）。でもめげないで。僕も手伝うからやってみてよ。

B　やりきれんな。まあ、君の挑発に乗ってみるか。とはいえどこから入っていけばいいかな。『平家物語』とは違って、もとになった日記の姿は浮かんでこないし、今までに指摘されている作者像も今一つの感があるし。

A　本はまずテキストを選ぶことから始まるんじゃあなかった。

B　そうね。そこからいこうか。古態を残しているのは慈光寺本[5]といって水戸の彰考館文庫に伝わるもので、江戸時代に京都で写されたんだ。『大日本史』の編纂のために収集されたが、その伝来ははっきりしていない。表題に「承久記（慈光寺）全」とあるから、この名がついているんだが、ほかの本はこれよりは遅いようだ。

A　大体、いつ頃の成立なのかな。

B　杉山次子氏の説[6]が興味深い。乱で処刑された甲斐宰相中将範茂の子の侍従範継について「冥加マシマス侍従殿ニテ、今ニマシマストコソ承ハレ」と見えていることから、藤原範継が亡くなった仁治元年（一二四〇）までには成立しており、また乱の張本の一人である惟義の子駿河大夫判官惟信が捕まって流されたことが記されているので、その捕縛された寛喜二年（一二三〇）以後の成立である、と指摘している。

A　説得力があるね。そうすると橘成季は読んでいたんだろうね。『古今著聞集』はこの乱をどう扱っていたの。この説話集は新しい話を探ることに精力を注いでいたはずだろう。

B　ほとんど触れてなくて、『承久記』にはない、宇都宮頼業が宇治川の合戦でもって、川底で鎧を脱いで泳ぎ上がった話（三百四十二段）がある程度。ほかには中御門宗行が流される途中で処刑されることを聞き、駿河の菊川で漢詩を詠んで遊女の家に書き付けた話（四百六十七段）。

A　それは『承久記』にも載っていたんじゃあなかった。

B　そうだが、『古今著聞集』ではその後日談を載せていて、火事で焼けてしまったことを語っている。だから君の指摘通り、『古今著聞集』は『承久記』が踏まえられていた可能性が高い。

A　これでおおよその成立時期はわかったが、そのほかの本はどうなの。

B　流布本などは『六代勝事記』や『平家物語』の影響を受けていて成立も遅いから、一応は慈光寺本をテキストに選ぶのがいいだろう。

作者像の検討

A　次は構成だ。特に初めと終りが肝心。

B　初めは仏法と王法について秩序や歴史が簡略に描かれており、ついで保元の乱・源平の争乱に触れ、源氏三代と北条義時の動きが語られた後、いよいよ後鳥羽の倒幕へと入ってゆき、後鳥羽についての手厳しい叙述が続く。

A　僕が読んでいた流布本では初めから後鳥羽について語っていたが、違うんだね。

B　そう、そこが難しいところ。だからこの最初の仏法と王法の記述をどう評価すべきか、扱いが厄介だ。作者の思想が述べられているものと取りあえずは考えておきたい。

A　終りはどうなの。

B　乱で流された貴族や武士のその後を追って、最後は後高倉院の院政が始まり、大饗や五節の儀式があって、後堀河の即位と立后があったことで終えている。新体制の賛美となっている。

A　立后とは面白い終り方だね。その記事を紹介してよ。

B　十一月一日ハ御即位、アサマダキニ神祇官ニ行幸ナル、大路アケシキ太政官ノアリサマ、誠ニ世ノ始リトテ目出タシ、御母シロニ、ヤガテ御娣宮サセ給フ、今日ヨリハ皇后ノ宮トテ、目出タサモ哀サモツクル事ナキ此世ノアリサマ大概如」此、

そうだね、皇后の目出度さが痛く強調されているね。「今日ヨリハ皇后ノ宮トテ、目出タサモ哀サモツクル事ナキ

此世ノアリサマ」とは、まさに皇后の出発を祝福したものだ。

A　その皇后は誰なの。

B　えーと、後堀河の姉妹の邦子内親王、つまり安嘉門院。

A　阿仏尼が仕えた安嘉門院なんだ。その周辺が探しどころだな。『平家物語』が八条院の周辺、『承久記』が安嘉門院の周辺、どちらも女院の周辺が成立圏ということになり、よくわかる。その調子。

B　そううまくゆくのかなあ。ほかには安嘉門院は登場していないよ。

A　何か特筆されている記事はない？　ああ、そうだ、甲斐宰相中将範茂の子の侍従範継について「冥加マシマス侍従殿ニテ、今ニマシマストコソ承ハレ」と見えていたね、侍従殿なんて敬称のついた表現は頻出するの。

B　いや、殿つきの表現は大臣以上に限られている。これだけが例外だ。そうか、この人物は作者の周辺の人物と見ていい。

A　探ってみたら。

B　範継は早く亡くなったのであまり史料に出ていないが、その母は平知盛の娘であって、『明月記』によると、しきりに官位の昇進を望んでいたことが見える。知盛は後高倉の乳父だったから、その付近で安嘉門院に繋がるね。次に弟の範房は公卿になっているので、『公卿補任』を見ると、おっと、宝治二年（一二四八）・建長八年（一二五六）・正嘉二年（一二五八）と一貫して官位の上昇は安嘉門院の御給によるものだ。

A　これで安嘉門院の周辺ということは間違いなさそうだね。ほかに特筆されている記事は。

B　後鳥羽には厳しいが、流罪となった上皇のなかでは順徳に多くの紙数を割いているのが特徴かな。流された順徳から母の脩明門院や中宮の立子に使者がしばしば出されたことが記された後、中宮の父前摂政九条道家との長歌での文のやりとりを詳しく載せている。

A　順徳の母脩明門院は確か、範茂の姉妹だったね。

B　うーん。これでほぼ摑めたぞ。『承久記』は後鳥羽への批判と乱後の新体制の賛美をするなかで、どうも順徳の帰京を目論んでいた節がある。

A　流布本なんかは、土御門を大きく評価しているが、それは土御門の流れを引く後嵯峨がその後の皇統を継承したから、その影響を受けているんだろうね。よしよし、それでは作者は誰だろう。

B　もういいよ。次の研究を待とう。ここでは安嘉門院の周辺で、順徳上皇の関係者という程度に止めておきたい。それより僕は今度は幕府の文化や動きを知りたいな。これは君の得意の分野だから、ひとつ頼むよ。

A　おっと、また振られたか（笑）。

12『吾妻鏡』の誕生

王朝の文化の影響を受けて、鎌倉にも文化が生まれてきた。武士にも自信と自覚が生じてきたわけである。その最たる作品が幕府の歴史を描いた『吾妻鏡』であり、また盲目の御前により語りつがれた『曽我物語』である。その二つの成立の謎に迫ってみよう。

王殺しの構造

治承四年（一一八〇）の源頼朝の挙兵に始まって、文永三年（一二六六）に朝廷から迎えた宗尊将軍を京都に追い返したところで『吾妻鏡』は終わっている。その構造は先に「王殺し」と見たのであるが、それは源氏三代の「王」だけのことではなかった。(1)

実朝の死後は源氏が絶えたこともあって、政子が幕府を惣領して皇族将軍を要請したが、後鳥羽院に拒否されて摂関家から頼経を迎えた。再び「王」を京から迎えたのである。しかし王に実権を持たせることを恐れた幕府は、頼経の元服を遅らせた上、政子の死後には評定制度を導入して政治の実権を評定に移してしまった。ここに北条泰時が執権として評定を指導する執権政治が確立することになった。

だがその後の幕府政治は、成人した将軍と北条氏の家督に継承された執権との間の争いとして推移してゆき、そのなかで泰時の孫の時頼は北条氏一門をメンバーとする寄合という会議を軸にして政治を主導し、将軍勢力とそれに繋がる御家人や朝廷の勢力を退けると、新たに皇族将軍の実現を求めて、ついに後嵯峨院の皇子宗尊を将軍として迎えるに至る。こうして摂関家の将軍も京に追放されたのであり、まさに「王殺し」にほかならない。

宗尊将軍の誕生とあいまって、幕府の体制は整えられ、将軍を補佐する執権の家を継承する得宗家の体制も整備された。そのなかで時頼は病気を理由に若くして出家したが、それは自らの地位を子の時宗に継承させるための措置であって、時頼の代わりに執権となった長時も得宗家の家督時宗の代官にすぎなかった。

ところで将軍もただ「王殺し」にあうのに黙っていたわけではなかった。失われつつある権威を取り戻すための努力の一つが上洛である。頼朝は二度上洛して、その都度、朝廷の権威を帯びて新たな王として幕府を運営している。特に最初の上洛では鎌倉に帰ると政所を拡充して幕府のその後の体制を築いたのであった。頼経のときも上洛して戻ると、鎌倉の都市制度を整備している。その例にならって宗尊も上洛を求めたが、飢饉や台風を理由にしてならぬままに、ついに成長した時宗によって京に追放されてしまった。

得宗の時宗の力は将軍の追放劇を通じて試され、それを凌ぐことで伸びていったのである。『吾妻鏡』はここで終わっている。その後は宗尊の子の惟康王が将軍となるが、これも時宗の早死をうけた若き得宗の貞時の手によって京都に追われることになり、さらにその後の将軍も同じ運命をたどっている。

以上が『吾妻鏡』に王殺しの構造を見た由縁である。もちろん『吾妻鏡』の編纂の意図が王殺しに尽きるわけではない。幕府の輝かしい歴史を描きだそうとしたことはいうまでもなく、その編纂には多くの文士が加わっていた。ただ、王殺しの構造から考えて、『吾妻鏡』の編纂の場が北条氏及びその一門であったことは疑いなく、これまでにも金沢氏が想定されてきた。その論拠は、つとに指摘されているように、金沢氏が北条氏一門のなかでは最も文化的な素養があり、多くの書籍を集めていたからである。それらが金沢文庫として結実したもので、そこに所蔵されている『建治三年記』などの幕府の奉行人の日記と同類の日記が原史料として『吾妻鏡』に役立てられたのであろう。また、歴史を編纂する材料を得る便宜も多かった。さらに『吾妻鏡』の原題と思われる書名を記している書状が金沢文庫文書に見えている。

申請候ふ御書籍の内、高名禄返進せしめ候、今一巻忩で返し献ずべく候也、又鎌倉治記・六代勝事記、此ら申すべく候、抑先度申し候ふ家務簡要抄・世間雑事抄、未だ撰び出さず候哉、京都において已に御免候ひ了ぬ、

大江広元の子孫である長井貞秀が文庫の書籍の貸借に関して出した書状と推定されているもので、『高名禄』『鎌倉治記』『六代勝事記』『家務簡要抄』『世間雑事抄』などの書籍の名があがっているが、この内で内容が不明の『鎌倉治記』と見えるのが『吾妻鏡』の本来の書名であった考えられる。『六代勝事記』と並ぶにふさわしく、「鎌倉」と呼称されるとなれば、『吾妻鏡』が最もそれに該当するであろう。

そこで次に『吾妻鏡』に見られる金沢氏の位置づけを見ておこう。

義時の子どもたち

注目されるのは金沢氏の周辺の人物が『吾妻鏡』に特異な現われ方をしていることである。例えば、北条政村の元久二年（一二〇五）六月二十二日の誕生記事は、

今日、未尅、相州の室伊賀守朝光の女、男子平産左京兆、是也

といった特別な書き方がされている。「左京兆是也」といった注記は普通にはないものであるが、政村の娘が金沢顕時の母であったことと関係があろう。さらにはここにはあげないが、金沢氏に近い長井氏や金沢氏の家人となった下河辺氏についても特別な記事が多く見られる。

このように金沢氏と『吾妻鏡』との関係は深く、さらにそこから『吾妻鏡』を金沢氏の側から解剖してみる必要が

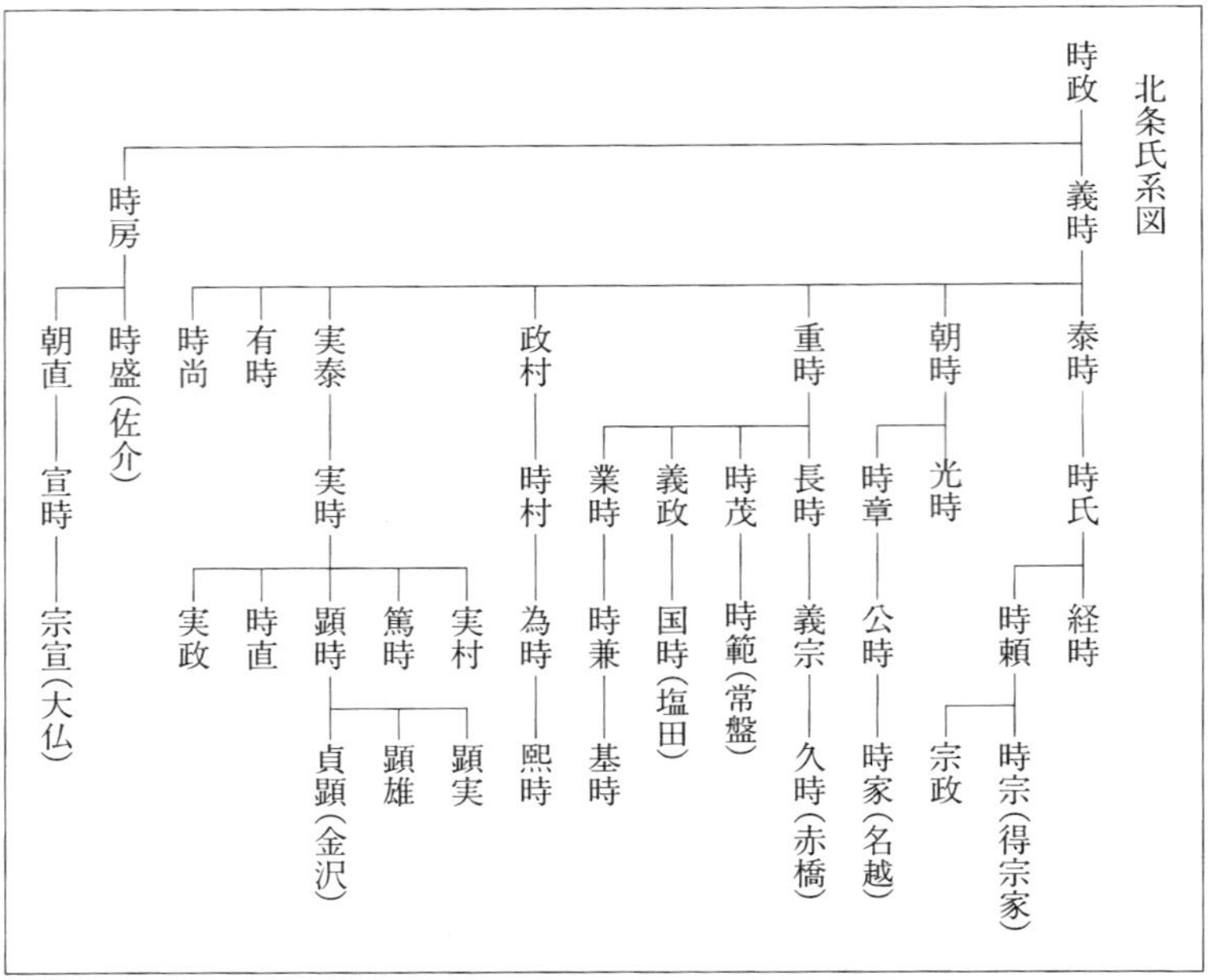

あろう[2]。

北条氏の系図を見ると、北条氏の各家の多くは義時の子から分立していることがわかる。金沢氏も義時の子実泰から始まっており、『吾妻鏡』建保二年（一二一四）十月三日条が実泰の初見記事である。それには、

相州子息御前において元服し給ふ、理髪前駿河守惟義朝臣也、相模五郎実義と号す、

と見えて、最初は父の相州義時に因んで「相模五郎実義」と名乗っていた。理髪は前駿河守惟義朝臣とあって、源氏の一門が勤めていて極めて重視されていたことがわかる。その後、嘉禄元年（一二二五）に陸奥五郎実義と見えるので、父の任じられた相模・陸奥守の受領にあわせて五郎と称されていたのである。生年は、弘長三年（一二六三）に五十六で亡くなったとあるので、承元二年（一二〇八）ということになる。

そこで兄弟の元服記事を比較してみると、まず建久五年（一一九四）二月二日の兄泰時の元服記事は極めて詳細であって、幕府の西の侍において御家人が六十

一人も着座して行われており、幕府での公式行事としてなされたことがわかる。北条氏の家督としての地位が広く認められての儀式であった。

次男の朝時は名越氏の祖であり、幕府での地位は高かったが、その元服の建永元年（一二〇六）十月二十四日の記事は「相州二男年十三、御所において元服、次郎朝時と号す」と見えるのみで、実泰と比較するとやや簡略である。次の重時には元服の記事がなく、その次ぎの政村は既に見たような誕生の記事があり、さらに建保元年（一二一三）十二月二十八日に元服の記事も見えている。

相州鍾愛の若公九才、当腹、御所において元服の儀、三浦左衛門尉義村加冠をなす也、四郎政村と号す、

実泰とほぼ同じような記事である。なお弟の有時・時尚については元服の記事は見えない。

こうしてみると、義時の子の元服記事を見る限り、泰時は別格として政村・実泰を重視した記事となっていることがわかる。しかも兄弟の内では実泰ばかりが官途につかず、若く出家しただけに興味深い。ただし官途につくことはなかったものの、実泰が幕府の重職に任ぜられなかったわけではなく、寛喜二年（一二三〇）三月二日条に、

駿河守、六波羅に候ずべきに依りて、小侍別当を辞するの間、今日陸奥五郎実泰を以て其の替となす、

とあるように、実泰は兄の駿河守重時が六波羅探題となって上洛したのにともない、替わりに小侍所の別当になっている。小侍所の別当は藤原頼経が鎌倉に迎えられたときに設けられた役職であり、御所に宿侍して守護する御家人を統括するものである。初代の重時に次いで実泰が二代目となったのであるが、もう一人の重時には元服記事が見えないことからも、金沢氏への関心の高さがうかがえよう。

金沢氏の政治的地位

文暦元年（一二三四）六月、実泰は病気を理由に突然に別当を辞して、その職を子の実時に譲ることを申し出ると、

これ以後、政界から退いてしまった。六月三十日条に、

陸奥五郎、病痾に依りて、小侍所別当を辞す、而るに此の事重職たり、子息太郎実時年少の間、譲り補しがたきの由、其の沙汰有りと雖も、武州、重役たりと雖も、年少たりと雖も、扶持を加ふべきの由、申し請はしめ給ふに依りて、仰せ付けらるるの所也、

とあるのがそれで、泰時が実泰からの譲りについて実時が年少であるにもかかわらず認めたという。これ以後『吾妻鏡』に実泰の記事は弘長三年（一二六三）の死亡記事までなく、実泰の行動は謎に包まれている。そこに何らかの事情が存在したことは疑いなかろう。

こうして実泰がしかるべき官途にもつかず若くして出家する事態のなかで、実時はいかなる歩みをたどったのであろうか。実時は貞応三年（一二二四）に生まれているが、その記載は『吾妻鏡』にはない。この付近は現存する『吾妻鏡』の記事が著しく少ないので、かなり省略があると考えられ、実時の出生記事がもともとなかったとはいえない。やがて実泰の小侍所の別当辞退があったその前年の天福元年（一二三三）十二月二十九日に十歳で泰時亭で元服しており、そのときの記事は豊富である。

陸奥五郎の子息十歳、武州の御亭において元服す、陸奥太郎実時と号す、駿河前司が如き、座に在り、一事以上、亭主の御経営也、即ち又加冠をなす、是れ兼日の構へに非ず、所存有りて俄に此の儀に及ぶの由、仰せらる、

「一事以上、亭主の御経営」とあるように、すべてを「武州」泰時が取りしきって実時の元服が行われたという。この泰時の積極的な姿勢は実時に与えられた陸奥太郎という名乗りにも現われている。泰時の生まれがもう少し遅かったならば、本来は泰時自身が名乗るべきものだったのである。当時、泰時の子時氏は早世しており、孫たちもまだ元服していなかったことを考えるならば、陸奥太郎と名乗る実時の元服の持つ意味は大きかったはずである。

ここでさらに注意したいのは、安貞二年（一二二八）の正月までに実時の父が実義から実泰に名を変えていた点である。この泰の一字こそ泰時の一字を与えられたものであって、あるいは実泰は泰時の猶子のような関係にあったのかもしれない。

さて実時の元服の翌年に時氏の子の経時が元服し北条弥四郎と名乗ると、実泰は小侍所の別当を辞退して実時がこれを継承している。だがしかしその直後、将軍頼経の室であった竹御所のお産の穢にかかわって、経時に替わっている。これらの動きのなかに相当な葛藤があったことを見るのはたやすい。

おそらく泰時は得宗家に何か事が起きたときのために、実時を第二の後継者と考えていたのであろう。しかしそれは当然に大きな反発が予想されることであり、実泰はその反発から身を躱すために政界から退いたものと考えられる。

泰時の実時への期待をよく物語っているのは、次の仁治二年（一二四一）十一月二十五日の記事である。

前武州の御亭御酒宴有り、北条親衛、陸奥掃部助、若狭前司、佐渡前司等着座す、信濃民部大夫入道、大田民部大夫等の文士数輩同じく参候す、此の間、御雑談に及ぶ、多く是れ理世の事也、亭主親衛を諌められて曰く、好文事となし、武家の政道を扶くべし、且つがつ陸奥掃部助に相談ぜらるべし、凡そ両人相互に水魚の思をならるべきの由と云々、

泰時は評定衆や文士を集めての会合の席上で、武家の政道について「陸奥掃部助」実時と「北条親衛」経時の二人の協力を求めたのであった。実時は暦仁元年（一二三八）に父がつきえなかった掃部助の官職に任じられており、こうして金沢氏は北条氏の一門のなかでも、特に嫡流の得宗家を支える家として位置づけられたのである。

泰時は評定制度を導入して将軍から幕府の実権を奪い、御家人中心の合議政治を推進したが、同時に得宗の下に北条氏の一門を統合する体制を目指しており、金沢氏はその補佐役として期待されたのであろう。金沢氏もそのことを

よく弁えており、得宗家にとって最もよきパートナーとなったのである。

経時の元服の後に時頼が元服すると、得宗家の家督をめぐる争いが経時・時頼の間に生まれ、さらに朝時の名越流との間の争いが深刻になったことで、もはや金沢氏の存在は疑われることなく、その地位を確立させることになった。

寄合と評定と

泰時の死後に幕府は将軍の勢力と北条一門の動向をめぐって大きく揺れ動いた。経時の後に執権の地位を得た時頼が将軍の父頼経を京都に追う宮騒動が起きるが、このときの実時の立場を示しているのが、頼経の近臣である名越光時と藤原定員が退けられた寛元四年(一二四六)五月二十五日の事件の翌日の記事である。

左親衛の御方において、内々に御沙汰の事有り、右馬権頭・陸奥掃部助・秋田城介等其の衆たり、

左親衛時頼邸で内々の沙汰があり、右馬権頭の政村、秋田城介の安達義景らとともに実時が加わっている。かれらは政村の娘婿が実時、義景の娘婿が時頼という関係にあった。さらに、将軍方の有力な評定衆が除かれた六月七日の事件の三日後にもこう見えている。

左親衛の御亭において、又深秘の沙汰有り、亭主・右馬権頭・陸奥掃部助・秋田城介等寄合ふ、今度若狭前司を加へらる(中略)此の外、諏訪入道・尾藤太・平三郎左衛門尉参候す、

時頼邸で開かれた秘密の会議である寄合が開かれ、先と同じメンバーのほかに諏訪入道、尾藤太、平三郎左衛門尉らの御内人といわれる北条氏の家人が出席しているのであった。明らかに実時は北条氏の一門として得宗家を支える立場にあった。この寄合を経て三日後に名越光時は配流となり、続いて前将軍頼経は上京させられており、幕府を事実上、動かしていたのはこれら寄合のメンバーであった。

その翌宝治元年(一二四七)には相模の豪族の三浦氏が安達氏の挑発に乗って蜂起したが、このときに実時は幕府

御所の守護に当たり、また実時の所領六浦庄での三浦の余党の追捕に当たっている。そして合戦後の初めての評定が行われた六月二十七日の前日にも寄合が開かれている。

内々に御寄合の事有り、公家の御事、殊に尊敬し奉らるべきの由、其の沙汰有りと云々、左親衛・前右馬権頭・陸奥掃部助・秋田城介等参候す、諏訪兵衛入道奉行たり、

ここでも同じメンバーによる「御寄合」が開かれており、「公家の御事、殊に尊敬し奉らるべき」などの沙汰を行っている。具体的なことは記されていないが、これは以後の幕府の方針と朝廷の体制を定めたものであろう。やがて幕府が引付衆を置いて裁判制度を強化するなど、新たな体制づくりに進んでゆく出発点に位置する会議と見られる。こうして実時の幕府における地位は押しも押されぬものとなった。

宮内少輔泰氏、自由出家の過、之に依りて所領下総国埴生庄之を召し離たる、陸奥掃部助実時之を賜はる、是諧ざるの上、小侍別当の労、危ふきに依りて也、

これは建長三年（一二五一）十二月七日条であるが、幕府きっての豪族足利氏の泰氏が下総国埴生庄で出家して自由出家の過に問われたとき、その所領が小侍所の別当の功労として実時に与えられたというものである。

実時の幕府での正式の地位は、当初はこの小侍所の別当を出ることはなかったが、宗尊将軍を迎えた建長四年（一二五二）の四月三十日に初めて引付衆に任じられ三番に加えられている。

その後は順調に出世して翌五年には評定衆となり、六年には評定衆のなかでも席次が四番目となり、七年十二月には越後守に任じられ、翌康元元年（一二五六）四月には三番の引付頭人となっている。この年には北条重時が出家して、代わりの連署には政村が任じられ、続いて十一月には時頼が出家して長時が代官として執権となっており、実時の幕府内における重みはいよいよ増していった。ことに興味深いのは実時が時頼の嫡子時宗とともに小侍所の別当と

して、時宗を補佐したことである。『吾妻鏡』には時宗・実時がかかわった小侍所の関係記事が極めて多い。

金沢氏の周辺

文永元年(一二六四)に執権の長時が亡くなると、時宗は連署となって政村が執権となった。ここで実時は二番の引付頭人となり、時宗を補佐することになったが、さらにその年の十月二十五日には実時は秋田城介泰盛とともに越訴奉行となっている。安達泰盛は時宗の外戚であるから、これは時宗を支えるための措置だったのであろう。その二年後に越訴奉行が停止され引付も停止されて、時宗による聴断の体制がしかれたのも、この体制の延長上に位置している。

かくて宗尊将軍が京に追われたのはその年の七月四日であったが、前月の二十日に寄合の記事が見える。

相州御亭において、深秘の御沙汰有り、相州・左京兆・越後守実時・秋田城介泰盛会合す、此の外の人々参加に及ばず、

時宗のほかには左京兆政村と実時・泰盛だけが参加して寄合が開かれた。宗尊将軍の上洛の件が審議されたのであろう。こうして見てくると、『吾妻鏡』のなかで金沢氏の立場は極めて強調されていることがわかるに違いない。しかもこの時期は、実時のみならず、実時の周辺の人物が『吾妻鏡』によく書きこまれている。

実時の父実泰については、弘長三年(一二六三)九月二十六日に「入道陸奥五郎平実泰法名浄仙卒す、年五十六」と見えており、母は建長六年三月十六日に「掃部助実時の母儀卒去す」と見える。これらは実時が小侍所の職掌にあった関係のため、特筆されたとも考えられるが、そうした理由ならば独立して記述する必要もなかったであろう。なお実時の母は天野政景の女であった。

次に実時の妻については、康元元年(一二五六)九月二十八日に「越後守の室赤斑瘡所労」とあり、文応元年(一

二六〇）三月二十一日にも「妻室病悩」とある。二つの記事もやはり小侍所の職掌との関係も指摘できようが、仮にそうであっても実時の動向を探ろうとする『吾妻鏡』の意図は明らかである。

実時の子顕時は最初、時方を実名として正嘉元年（一二五七）十一月二十三日に元服している。

越後守実時朝臣の息男十歳、相州禅室の御亭において元服す、越後四郎時方と号す、理髪丹後守頼景、加冠相模太郎七歳、

と見えるのがそれである。相州禅室時頼の亭で元服し、加冠は七歳の相模太郎時宗が行っており、得宗との緊密な関係がうかがえよう。注目されるのはこのように元服の記事が一貫して見えるのが、将軍家と得宗家のほかには金沢氏のみである点である。ここにも『吾妻鏡』が金沢氏の立場からつくられた可能性が高いことを示している。この後、弘長元年（一二六一）正月九日には「越後守実時故障、子息四郎主、平岡左衛門尉実俊を相具して行向ふ」と見える。当時、「主」という表現が金沢氏に限って使われていることも見逃せない。

実時は学問を京下りの文士清原教隆に師事したが、その死亡記事は文永二年（一二六五）七月十八日条に「前三川守正五位下清原真人教隆卒す、年六十七、時に在京」と見える。また金沢氏の所領である武蔵国六浦庄や下総国埴生庄・下河辺庄などの記事もしばしば見えている。

下総国下河辺庄の堤築き固むべきの由、沙汰有り、奉行人を定めらる、所謂清久弥次郎保行・鎌田三郎入道西仏・対馬左衛門尉仲康・宗兵衛尉為泰ら也、

こうして『吾妻鏡』は金沢氏の手により編纂されたのであろうという根拠を幾つか探ってきたが、そのすべての記事が金沢氏に集中していることがわかるであろう。金沢氏の置かれた地位は将軍家と得宗家の二つながらを補佐するものであって、そのことは『吾妻鏡』の性格ともよく合致している。

ところで『吾妻鏡』が生まれたのは、幕府が「公方」としてその存在を主張しはじめた時期であった。それまで「公」は朝廷の独占していた領域であり、幕府はその「公」の一部分を朝廷との関係で主張することはできても、広く公を正面から主張することはできないでいた。しかし蒙古襲来を始めとする外からの価値の侵入に対抗するなかで、正面から公を主張しはじめたのである。(3)『吾妻鏡』の編纂は、そうした幕府の歴史的な自覚、自己主張にともなうものであったろう。

『曽我物語』と北条氏

だが『吾妻鏡』だけでは幕府の歴史は不十分であった。歴史とは単に過去の事実を振り返り、おのれの存在を自覚するだけのものではない。人々が歴史のなかに踏み入って感動を同じくする要素、いわば物語性が必要とされるのである。『吾妻鏡』にもそうした側面も多少はあるものの、漢文体のその文章と日次記の形式では十分とはいえない。

しかるにそうした機能をになったのが『曽我物語』である。幕府成立の輝かしい時代、いわば創世紀の武士の英雄時代を描いた作品がこれである。『吾妻鏡』とペアの作品として『曽我物語』は機能していたようにも思われる。それらがともに将軍と北条氏を軸にして幕府の発展を描いているのも興味深く、幕府の歴史と神話とを分担して描いた一体の作品とも考えられるのである。

そこで次に『曽我物語』がどんな場でつくられたものか考えてみたい。両作品の共通点からすれば、『曽我物語』も北条氏の手に成るものという見方が考えられるのであるが、もしそうならば『吾妻鏡』と同様に金沢氏の手に成るのであろうか。

しかし話の主な舞台は伊豆・駿河・相模の諸国の交わる箱根周辺の地域であって、金沢氏とはあまり関係なく、また金沢氏の学問との関係も小さいようである。それに幕府の正史たらんと始まったと思しき『吾妻鏡』の編纂から、すぐに『曽我物語』が構想されたとも考えがたい。よく知られているように『曽我物語』は御霊信仰からなっている作品であり、幕府を正統的になってきた得宗家やそれを支えてきた金沢氏から生まれるとも思えないのである。

その点からして注目されるのは得宗家と並び立つ存在としての名越家である。泰時の弟朝時に始まる名越氏は常に得宗家の標的にされ、政争があるごとに一族が殺害されてきた。寛元四年（一二四六）の宮騒動では名越氏が標的にされて失脚したばかりか、その後もことあるごとに陰謀を疑われ、一族は殺害されたのであった。

だが、得宗家に次ぐ家格は重視され、諸国の守護を数ケ国も兼ねていた。執権や連署となることこそ一度もなかったが、それは得宗家が執権・連署になっていないときには一門が執権・連署となる性格のもので、得宗の補佐、あるいは代官としてのものであったから、誇り高い名越氏はそういうものにはなろうとしなかったのであろう。名越氏の名越が北条時政の鎌倉の別邸であり、それを継承した由緒ある家であることも注目される。この名越氏に『曽我物語』はとても相応しい作品のように思える。

『曽我物語』の場

名越氏の祖の朝時は承久の乱で北陸道の大将軍として北陸を経て上洛したのであったが、朝時はこれ以前から北陸道諸国の守護となっており、乱後も北陸道に勢力を広げている。これは幕府初期から北陸道に勢力を築いていた比企朝宗の女を母としたことから、朝宗の跡を継承したからであろう。朝時の朝の一字は朝宗からのものと見られる。幕府及び北条氏一門にとっての北陸道の要が名越氏であった。その朝時のエピソードを伝えるのは『吾妻鏡』の建暦二年（一二一二）五月七日の次の記事である。

相模次郎朝時主、女の事に依りて御気色を蒙る、厳閤又義絶の間、駿河国富士郡に下向す、彼の傾公、去年京都より下向す、佐渡守親康の女也、御台所の官女となす、而るに朝時好色に耽りて、艶書を通はすと雖も、許容せ

ざるに依りて、去夜深更に及びて、潜かに彼の局に到り誘ひ出すの故也、

実朝の御台所の官女に艶書を通わし誘いだそうとして実朝の勘気に触れ、さらに「厳閣」義時の義絶にもあって駿河国富士郡に退いたという記事である。この富士郡こそは時政の所領であり、また曽我兄弟の仇討ちが起きた場であった。次の『曽我物語』の記事を見よう(4)。

藤原時宗、生年廿歳にて建久四年癸丑五月廿八日には、駿河の国富士の山の麓、伊出の屋形において、慈父報恩のため命を失ひ畢んなり、(中略)その後、虎は今一度伊出の屋形の跡を見むとて、駿河の国の小林の郷に入りにけり、ある森の中に社あり、前に鳥居を立てたり、里の者に合て、この社をば何の社とか申す、またいかなる神をか祝ひ奉る、と問ひければ、これは曽我十郎殿と五郎殿と富士の郡六十六郷の内の御霊神とならせ給ひて候ふ間、富士浅間の大菩薩の客人の宮と崇め奉る御神、と申しければ、虎はこれを聞て、昔の面影に合ふ心地して、七日七夜は社の内にて不断念仏し、(中略)二人の聖霊成仏得道と祈り、八日と申せしには社の内をば出でにけり、

曽我の十郎時宗の死後、その愛人の虎御前が十郎の討たれた伊出の屋形を訪れたとき、兄弟の御霊が富士郡の守護神として祭られており、そこで虎は七日七夜の不断念仏を行ったという。その富士郡を時政から継承したのが名越朝時であった。朝時は時政の所領の駿河・伊豆の地の重要部分を継承したものらしく、その子の光時も所領を没収されたときには伊豆国江間に引退している。こうして名越氏の本拠が伊豆・駿河の地域にあったことは疑いない。しかも『曽我物語』はこの地において成長していたのである。

朝時は数年間、富士郡に籠居していたが、和田合戦が起きる直前に召しだされ、合戦では敵の勇将朝比奈義秀と戦い、奮戦して重傷を負い賞賛されている。そのとき、怪我をした兵に富士四郎がいるが、これは朝時の家人であった

ろう（『吾妻鏡』）。

最近の『曽我物語』の本文の研究が、『曽我物語』が浄土宗鎮西流名越派の思想をバックにしていることをつきとめていることも忘れてはなるまい。真名本の『曽我物語』と同文の詞章が『神道集』の諏訪縁起や『為盛発心因縁』、あるいは永観の『往生講式』に見えると指摘されており、これらの思想が一致していて、さらにこれらを書写していたのが名越流の浄土宗であるとのことである[5]。浄土宗の名越流の祖は鎌倉名越に善導寺を開いた尊観であるが、尊観と名越氏との関係も注目されよう。

このように見てくると、幕府に尽くしながら政争があるたびに行動を疑われ犠牲者を出してきた名門の名越氏にとって、『曽我物語』は鎮魂の詩であったのではなかったか、という思いを禁じえない。もちろん『曽我物語』を名越氏との関係だけで理解するのは誤りであろう。東国に生まれた物語が東海道を中心にして広く語られていったことはより重要な点である。『吾妻鏡』が広く流布することのなかっただけに、『曽我物語』の世界が盲目の御前により幕府の存在を全国に示したのであった。

第Ⅳ部　文士の冬

13　絵巻は訴える

王朝と幕府の文化を見てきたので、いよいよ最終の第四部に入る。ここでは新たな社会の転換を問題にしたいが、それを絵巻から探りたい。再び二人に絵巻について語ってもらい、そこから社会の変動を見て取ろう。

『古今著聞集』の説話

B　絵師や絵巻の話があまり出てこなかったが、これは君の領分だったね。

A　えー、矢張りしないといけないのかい。困ったね。あまりいい材料はないんだな。

B　勉強不足なんていわせないよ。

A　やむをえまい。ここでもまず『古今著聞集』の説話から出発しようか。何といっても橘成季は絵巻にするために説話をたくさん集めたわけだから、これから出発するのが一番だ。その画図の巻に、絵師賢慶の弟子が師の後家と争った末、後家が間男して会合している絵を描き、ついに勝訴した話があったのは覚えているかなあ。六波羅の法廷に絵巻で訴えたところ、探題の目に留まってついに勝った話だが。

B　覚えているとも。確か「僧は摂津国の宇出庄にいまだあり」と終わっていた。おそらく六波羅の奉行人あたりに聞いた話だろう、ということだったが（『中世のことばと絵』）。

A　そう、その賢慶の弟子は実在したはずだと見て手掛りを少し探してみたんだ。確実とはいいがたいが、それに該当しそうな絵師を一人見つけてね。『絵因果経』という絵巻があるだろう。釈迦の伝記を描いた『過去現在因果経』を絵巻にしたもので、奈良時代に作成されたものなんだが、建長六年（一二五四）に補作された巻二と三の部分の奥書に絵師の名として「画師住吉住人介法橋慶忍并びに子息聖衆丸」が見えている。

B　うーん。住吉は摂津国にあって、師である賢慶の一字の慶を名乗り、しかも成季と同じ時代の建長年間に生きていた、というわけか。なるほど、相当に要件は満たしているね。その奥書によれば子供の聖衆丸も絵を描くみたいで、なにやら『絵師草紙』の世界が垣間見えてくるようだ。

A　さらにそこから探るに足る材料があればわかることも多いだろうが、なにせ断片的な史料なものだからね。そこで次に見たいのは、『古今著聞集』の先の話の二つ前の四百三段だ。これは天福元年（一二三三）に後堀河院と藻壁門院との間で行われた貝合せの結果、絵巻が多数作成されたという話。

B　それは藤原隆信の娘の右京大夫が『更級日記』の墨絵を描き、殷富門院の姫宮が詞を書いたときのものじゃあなかった（『藤原定家の時代』）。

A　覚えていたね。このときはそれだけでなく沢山つくられたんだ。最初、貝合せに負けた藻壁門院が『源氏物語絵巻』を作成し、次に後堀河院の側が『狭衣物語絵巻』をつくった。それからは次々に絵巻がつくられてゆき、月毎に一巻の絵巻であわせて十二巻からなる「月次絵」が作成されたばかりか、「雑絵廿巻」も作成されたという（『明月記』）。

B　それは大規模だなあ。その絵を描いた絵師が誰かわかるといいんだが。

A　詞書を書いている人については、定家や為家らも動員されていたからわかっている。でも絵師についてははっきりしない。絵師の身分が低かったせいで、記されていないのがとても残念。ただね、後高倉院の子である尊性法親王の書状がたまたま紙背文書として残されていて、それに関連文書が見えている。これがそれだよ（『鎌倉遺文』）。

御絵書の外題進上候、合戦の所、以外の大様に候、長賀筆の様二合分ち預り候了ぬ、心閑かに眼を養ひ、返し進せ入るべきの由、然るべきの様、洩し奏聞せしめ給ふべし、尊性敬ひ言上す、

六月十八日　　　　　　　　　尊性上

この時には「長賀筆」の絵も描かれていたらしい。

B　長賀というと、そうだ、法勝寺阿弥陀堂の造営に関与した絵師だろう。『経俊卿記』建長五年（一二五三）十二月二十二日条には造営に尽くした絵師の賞の対象として、加賀権守藤原在房、法眼長賀・源尊・快智らの名があがっている。これらの絵師を手がかりにして、絵師の存在形態を探って欲しいね。多くの場合、この頃から諸道の家がはっきりした形をなしてくるんだろうから。

絵師の系譜を追う

A　長賀だが、寛喜元年（一二二九）六月六日に京都の七条にある一戸主の屋地を売った時の売券に「法橋上人」として署判を加えており、一緒に妻の「平氏」も署判を加えている（『鎌倉遺文』）。絵師の家と経済の様子が浮かんでくる文書だ。

B　建保元年（一二一三）四月の法勝寺の九重塔の造営には、絵師として「有家・兼康」や「良賀・尊智」の名が見えていたけれど（『明月記』）、長賀はここに見える良賀の系譜を引くんだろうか。

A　そうね。同じ法勝寺の造営だから先例を踏まえて選ばれているはずで、そう見ていいだろう。例えば良賀と一緒に見える尊智は慈円の依頼を受けて四天王寺の絵堂の往生人の絵を描いた絵師だが、南都に下って松南院座の祖となったといわれており、尊智から建長の絵師快智へと続く系譜があったらしい(1)。

B　では法勝寺造営の絵師在房はどうだろう。

A　『古今著聞集』に「建長造内裏のとき、絵所の預前加賀権守有房、絵本をもたざりければ、取り出してかかせられけり」とあって内裏造営の際の絵所預だった。だから建保の有家の系譜を引くと見たい。さらに『巨勢氏系図』に「民部大夫・長者・後白河院上北面」と見える有宗との関連もうかがえそうだ。

B　有宗は『山槐記』元暦元年（一一八四）八月の大嘗会において「絵所」として墨画を担当している絵師「修理少進藤原有宗」のことだろう。大嘗会において絵所として見えるんだから、その頃の絵所預は有宗だったと考えるべきだ。

A　そうすると元暦・建保と建長の絵師の間には系譜が繋がっているようだ。有宗・有家から有房へ、良賀から長賀へ、尊智から快智へと。

B　いろいろと絵師が活躍しはじめたんだな。かれらの身分はどうなってるの。

A　絵仏師の場合はほぼ法眼が行き止まり、俗人の場合は五位止まり。大体、大工と同じ待遇だね。建長の法勝寺の造営の際には大工では藤原宗員が従五位下に叙されている。こうした絵師たちも鎌倉時代の後期になると、東大寺、東寺、祇園社、興福寺などにそれぞれ専属的に仕えるようになる。大工と全く同じことだと思うんだ。

B　そうだった。君が『絵師草紙』の作者と考えた祇園社の大絵師職は藤原隆章・隆昌父子が相伝していた。そのライバルと見ていた東寺の大絵師職を鎌倉末期から南北朝時代にかけて相伝していたのが藤原有久・行忠父子(2)。

A　やあ、覚えていてくれたね。その東寺の大絵師職を遡って見てゆくと、先に建長の法勝寺の造営の絵師として見えていた快智が弘安五年（一二八二）に任じられている。さらにその快智は永仁三年（一二九五）十二月の東大寺の仏師の訴えのなかにも見える絵師だ（『東大寺文書』）。興福寺金堂の絵を依頼されたんだが、善真らの訴えにあって駄目になったという。このときの訴状は大仏師良有と法橋専恵の二人が東大寺の大仏師職を重命法橋に与えられたことを訴えたもので、そこに先例として引かれているもの。だが面白いのはその翌々年の訴え。紹介しよう。

B　紙背文書なんだね。読んでみようか。

東南院家の絵師法橋専恵謹しんで言上す

早く御寺家に御披露御免有りて元の如く一方大仏師職に還補せられんと欲するの間の事、

右、専恵御寺一方の大仏師職として、既に三十年に及ぶ者歟、院家の奉公又以て同前、而るに去年不慮にも大仏師職を改易せらるるの間、仰天の外他事無し（中略）所詮、院家の御沙汰として、早く満寺に御披露有りて元の如く大仏師職に還補せられんが為、恐々言上件の如し、

永仁五年二月　　日

A　これは東大寺の聖忠が書写した成賢撰『薄草子』の注釈書『薄草子口決』の紙背文書で、田中稔氏によって紹介されたものなんだ(3)。法橋専恵は東大寺東南院の絵師であって、東大寺の大仏師職を三十年もの長きにわたって知行してきたという。やはり東大寺などの有力な寺社権門に抱えられていた絵師は多かった。

B　その法橋専恵に代わって東大寺の大仏師に任じられたという重命だが、内山永久寺の観音堂にあった不動明王の造仏を担当している「絵仏師法橋上人位重命」だろう。文永五年（一二六八）三月につくられた奈良の元興寺の木造聖徳太子像の胎内に入っている仏師・絵師の交名のなかにも見えているよ（『日本絵画史年紀資料集成』）。

A　仏像に詳しい君ならではだね。

B　そうした権門に所属する絵師といえば、武家と関係のある絵師はどうなの。

A　頼朝の招きで京都から下ってきた下総権守藤原為久の系統が鎌倉幕府とのかかわりを持ったらしく、寛喜三年

（一二三一）に鎌倉で絵を描いている「宅磨左近将監為行」はその系譜を引くのだろう（『吾妻鏡』）。鎌倉の宅間谷に住み着いたといわれる一族だ。

絵所預・高階隆兼

B　絵師も大工と同じように預によって統轄されていたのだろうか。修理職や木工寮の預は内裏造営や法勝寺造営などの禁裏の重要な工事を中心になって行っていたろう。そうすると、絵所の預も京都の絵師を動員して絵を描かせるようなことは可能だったのかい。

A　君の言わんとするところは、京都の大工が修理職預に動員されたときに大工たちが権門の権威を頼ってそれから逃れようとした事件を念頭に置いて、そうした関係を絵師にも適用しようということなんだろう。そう、京都にあった絵師は絵所預に統轄されていたと思う。

B　そうした絵師を統轄していた絵所預についての情報が欲しいね。

A　有名な『春日権現験記絵』の絵師高階隆兼だったら多少はあるよ。その絵巻の奥書に「絵師右近大夫将監高階隆兼絵所預」としっかり記されている。西園寺公衡の日記『公衡公記』によると、正和四年（一三一五）に日吉神社の神輿を造り替えることになったとき、七つの神輿の内の大宮・二宮・聖真子の社の神輿の絵を隆兼が担当している。そ

図1　『春日権現験記絵』巻1-6紙，竹林殿造営（模本・東京国立博物館所蔵）

れぞれの神輿をつくる「道々の輩」の交名が記されており、「番匠国弘　漆工清光　蒔絵師仏成」以下ずらっと並んで最後のほうに「木仏師三条法印朝円 法眼性慶」に続いて「絵師隆兼」と見える。

B　「道々の輩」として把握されていたんだ。

A　花園天皇の日記にもしばしば登場していて、天皇の命で絵を描いている。それだけに隆兼の作と称される作品例は多く見える。

B　『春日権現験記絵』は大部の作品だろう。それを隆兼一人で描いたとは考えられない。そうすると隆兼の指揮下で絵師が相当数動員されたとは考えられないかしら。

A　そう見るべきだろうね。『石山寺縁起』にしても、『慕帰絵』にしても、そう考えた方がわかりやすい。

B　思いだした。『石山寺縁起』の初めの三巻ほどについてはこれまでに高階隆兼に近い作だと指摘されてきただろう。そして第五巻は君が藤原隆章と推定したんだよね。

A　そうなんだ。初めの三巻は図柄や構成が『春日権現験記絵』とよく似ているからね。例えば、『春日』の最初に見える竹林殿の造営の場面と『石山』の石山寺建立の場面を比較すると、ともに大工が忙しく立ち働いている場面が生き生きと描かれている。

B　なるほど、よく似てるなあ。でも君の著書が批判されたように、(4) 構図やアイデア・年代の一致だけでは、作者が同じかどうかの決め手にはならないだろう。

A　まあそうだが、色々な知見を積み重ねていって、次第に推定を確かなものにしてゆけばいいのであって、手をこまねいているだけでは先に進めない。僕流にやれば、『春日』と『石山』の図柄の一致からは、高階隆兼という絵師の存在が浮かび上がってくるので、そこからさらに隆兼を通じて問題を広げてゆくことになる。

B　それは面白い。僕もその大工の姿をきめ細かく描いているのに関心を抱いた。大工と絵師は身分的にも組織的にもよく似ているからね。大工への共感といったものを感じる。じゃあ高階隆兼についてさらに見ていってよ。

A　隆という字がついていることから、『古今著聞集』の説話に見える絵の名手「伊予入道」藤原隆能には隆親と行智の二人の子がいたので、この内の隆親からの系譜を隆兼が継承したと考えたい。

B　でも疑問なのは隆親は藤原姓で、隆兼は高階姓と違っていること。

A　それは藤原氏から高階氏に養子になったためと考えればいいと思う。珍しくはない。

B　そうか、そうか。藤原信西が高階経敏の養子となったり、大江広元が中原姓となったり、いろいろあったね。隆兼の生涯にはそうした屈折した部分があったんだろうね。

A　ここに今まで注目されなかった史料が一つある。嘉元三年（一三〇五）頃のものと推測されている「摂籙渡庄目録」、つまり摂関家の氏の長者に代々継承されていった荘園の目録なんだが、そのなかの河内国の天野杣について「絵所隆兼相伝」と記されている（『鎌倉遺文』）。どうも相伝の所領として天野杣を知行していたらしい。ここがどのように伝領されてきたのかわかると面白いが、残念ながらわからない。ただ摂関家に仕えていたらしい。

B　それだけでは何ともいえないが、そうだ、隆兼の描いた『春日権現験記絵』は、摂関家が氏の長者となって祀る春日社の繁栄を願ったものだろう。

A　延慶二年（一三〇九）に西園寺実氏の曽孫公衡が願主となり、詞書は公衡の兄弟の覚円が草案をつくって摂関家の鷹司基忠とその子息、摂政冬平・冬基・良信らが筆を執っている。それに「春日明神影向図」という唐車の描いた絵があるんだが、これは正和元年（一三一二）九月に関白の鷹司冬平が絵所の隆兼に描かせたというんだね。そうすると鷹司家に仕えた高階姓の人物あたりが隆兼の養父の可能性が高いことになる。

B　西園寺家の高階姓の人物も考えたほうがいいな。先に寛喜二年（一二三〇）の公経の政所下文に署判を加えている別当について見たが、三善長衡や橘知宣らと並んで「前上野介高階朝臣」がいた。この人物は高階忠広といって右近将監を経て上野介になっている。

A　それは面白そうだ。その後継者はどうなったの。

B　残念ながら『尊卑分脈』の系図には記されていない。

A　鷹司にせよ、西園寺にせよ、今後の課題だね。ともかく隆兼は西園寺家あたりをバックにしながら長年にわたって絵所預となっていたんだ。

『春日権現験記絵』を読む

B　絵師の話はこの程度にして、次に『春日権現験記絵』を読むことにしようか。

A　読むといっても大部の作品だからね。

B　絵師はどこにいちばん力を注いだのか、この付近から接近していくんだろう。

A　やはり春日明神が様々な姿を通じて示現して人々の望みをかなえてくれる、その姿をどのように描いているのか、どのような構図をとって演出効果をあげようとしたのか、そんなところかな。

B　では少しその点を探ってみてよ。

A　そうね。じゃあ、絵巻の結びの部分で「明恵上人の、霊山と拝み、俊盛に菩提の道と示し給ひし」と特筆されているので、この部分に力を込めて描くことが求められたはずであり、ここから探るのがいいだろう。

B　明恵上人の場面というと、貴女が鴨居や天井に昇って験を示している図がよく知られている。春日明神が貴女を通して明恵に託宣を述べている場面だ。

A　明恵上人が中国に渡ろうとした計画を大明神がとどめようと示現したものだが、橘氏女の家で明恵の目の前において験を示している場面が三つ描かれている。最初は鴨居に乗って渡航を断念させる場面、二つ目は天井に昇って明恵を守護することを述べる場面、三つ目は奇跡によって病人が橘氏女の足をねぶると病気が治ったという場面で、それぞれに興味深い。

B　どれどれ、三つを比較すると、最初が昼頃、次がその日の夕方ということで、集まっている人々の数が増えているばかりか、女たちだけの集まりから男も多くなっている。さらに三つ目の場面では噂を聞いた人々がたくさん集まっている。その付近の描き分けが興味をひくね。

A　そのために家の広がりを角度を変えて描いたり、貴女の衣装や表現も変化させている。最初は小袿を着た姿、次は宿直物（衾）を脱いだ白小袖姿、そして衾を被った姿と、違った衣装で描かれている。その付近の描き分けが巧妙だ。日常の女から神になってゆく変化をはっきり示そうとしたものだ。

B　詞書を読むと、貴女が天井に昇った二つ目の場面では異香が漂っていたと記されているが、その付近は描かれていないように思うけれど。

A　異香は神の領域を示すものなんだが、香りは目に見えないだけに描くのには苦労したんじゃあないかな。天井に

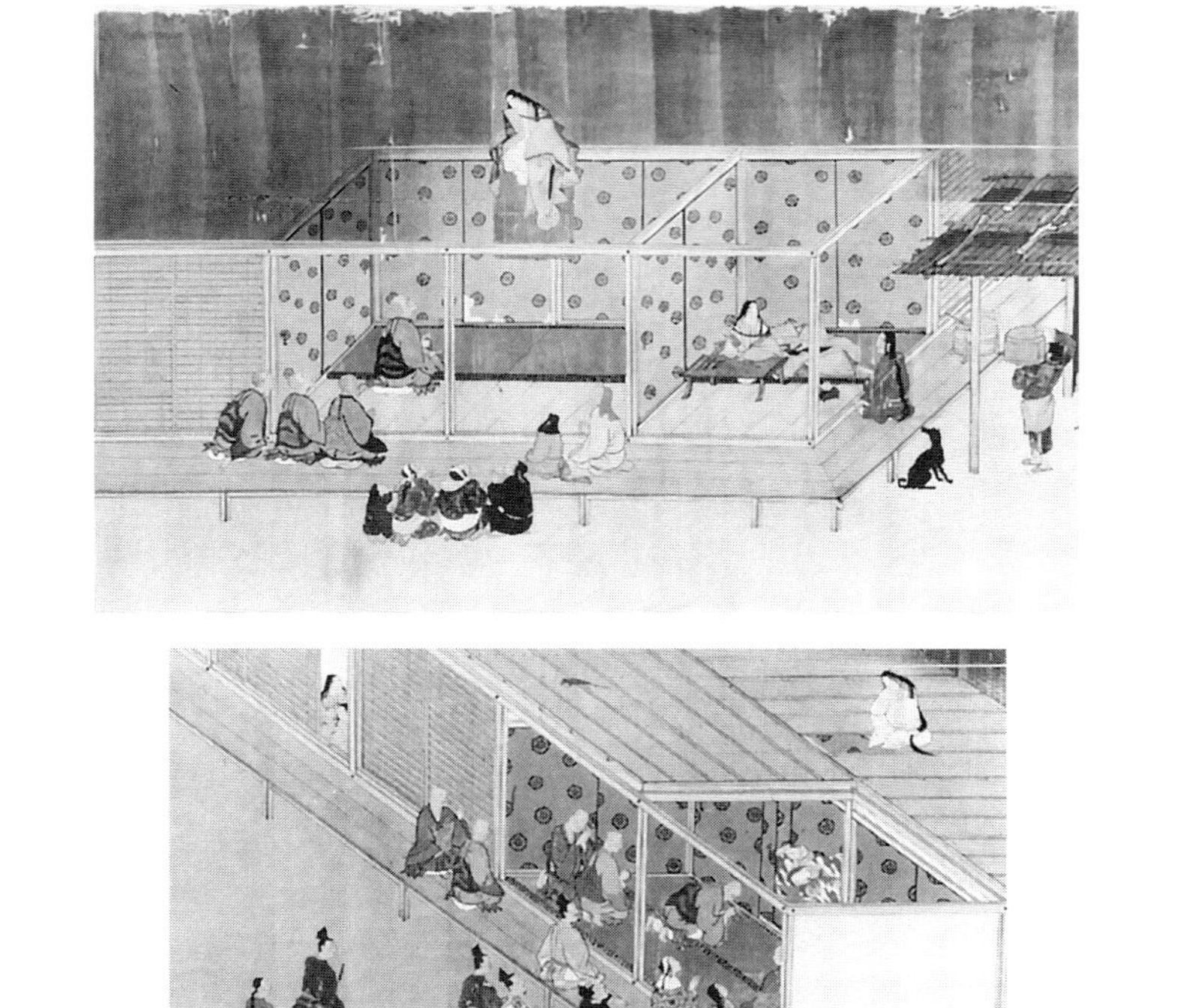

図2 『春日権現験記絵』巻17-2・4・8紙，橘氏女（模本・東京国立博物館所蔵）

昇った女から板一枚を通じて香りがしてくる二つ目の場面を見たまえ。脱ぎ捨てられた衾が描かれているだろう。明恵にはそれだけが見え、香りが板一枚を通して天井から漂ってくるという趣向だと思う。見えるものと見えないものの対照性で香りを表現しているんだ。それに隣の部屋が少し開いて女・子供が外をうかがっているのも香りとの関係を示しているんじゃあないかな。君は本願寺三世の覚如の伝記を描いた絵巻を知ってるかい。

B 『慕帰絵』だろう。それが何か。

A 実はもう一つ『最須敬重絵詞』というのがある。といっても絵は実在してなくて、絵をどのように描きなさい、と指示した指図書が残っているだけだが、そのなかで覚恵上人の往生の図のところで、こんな指示がなされているんだ。「その辺に尼・法師・女房ものをかぐ景気にて、異香からと思たる体なるべし」とね。

B そうなのか、面白いね。ところでこれらの場面は大明神が女性を通して語ったものらしいが、どうして女性なんだろうか。

A この点については黒田日出男氏の研究があり、春日大明神は老貴人・貴女・童のいずれかの姿をとって出現すること、それはこれらが神に近い存在であったからだ、と指摘している。(5)

図3 『春日権現験記絵』巻4-7紙，春日神人（模本・東京国立博物館所蔵）

B　なるほどね、神に近い存在という指摘はよくわかるが、でも一つではなくて様々な姿をとることの意味を考えねばならないんじゃあないのかな。

絵巻の見所

A　一般に女性は神からの託宣を伝えるものとして意識されていたからだが、さらに明恵が上人であったことが大いに関係している。遁世した上人に託宣を伝えるには女性が相応しかったんだ。南都の教懐上人の場合にも貴女が登場しているよ。秩序とは無縁なためだろう。

B　では翁が登場する場合はどうなの。

A　見ていくと、興福寺の舞人狛行光の地獄巡りや斎宮の夢のなかに登場する外は、範顕寺主、興福寺の寺僧、林懐僧都、永超僧都、天台座主教円、恵暁法印、蔵俊贈僧正などと皆、僧綱に列する僧侶たちのところに現われている。

B　そうか。僧官や僧位を得ている僧侶には翁が相応しいわけだ。

A　ところで大明神の示現は翁・女・童だけではなかった。春日社の神人もそれと考えるべきだろう。ほら、これは平氏の都落ちの場面だが、摂関家の近衛基通が一緒に落ちてゆこうとしているところに、春日の黄衣の神人が現われて戻るように手招きしている（図の矢印の人物）。

B　そうだね。おや、こちらは藤原定家の最初の妻の父藤原季能の屋敷だが、そこにも黄衣の神人がいて天狗から加護している。けれど神人は神の使者であって神の示現とはいえないんじゃあないの。

A　神の使者ではあるが、ここではいずれも神の代わりとして現われているんだ。どうも俗人といっても藤原氏の氏人には神人が神の示現として登場するらしい。それと同じ役割をになっているのが鹿だ。神の使者がそのまま神の代わりとなる。

B　大体わかってきたが、こんな風に神の示現という視点からのみ描いていけば、どうしてもワンパターンな表現になってしまって、面白みに欠けることになるが。

A　それはいささかやむをえないところだ。でもそのなかでも絵師は工夫する。詞書からはみだして、絵師は自分の得意な分野に筆を振るおうとする。例えば、大工の場面などはそうしたもので、竹林殿の造営の場面を見ると、詞書では「やがて、社を建て神を崇め奉りて」とあるだけの部分が克明に描かれている。また白河上皇の春日社参の場面なんかも興福寺の大衆や貴族の群衆が見事に描かれている。

B　そうした点では有名な地獄の場面がなかなかのものだね。地獄の閻魔の庁の場面に続いて、地獄の凄まじい様相が描かれている。地獄に堕ちた男女が皆素っ裸で鬼に責められている。この火焔は印象的だなあ。それに比べて京都に大火があって家が焼けた場面があるが、これはやや寂しいね。

A　それは既に消えてしまったところだから、寂しいのは当然だよ。地獄で火焔を描いたので、ここでは消火後の場面を構想したのだろう。『唯識論』一巻が家にあったためにそれに守られて焼け残ったという話。

B　『唯識論』の講演は興福寺で春日神社の神威の増大をはかって行われたものといわれているけれど。

A　絵巻の詞書を書いた当時の興福寺別当の覚円が特にこの『唯識論』の普及に熱心で（『花園天皇日記』）、そのため

図4 『春日権現験記絵』巻14-12紙，焼け残った土倉（模本・東京国立博物館所蔵）

にこうした話を載せたんだろう。ところでここでは京都の土倉が描かれている点に注目したいね。『唯識論』一巻に守られて焼け残った家とは関係のない土倉も耐火性があったために焼け残った、その付近が描かれているのが面白い。

B　そうか。土倉に目を向けているところはいかにも京都の絵師らしい感覚だ。土倉の富を象徴するかのように焼け跡では米俵がまだ燻って燃えていて消火作業が続いている。『明月記』には京都の大火で焼け出された土倉がすぐに復興されたことの驚きが記されているが、この場面を見ても、やはりもう再建が始まっているし、倉の前には幕が引かれていて、土倉の経営者夫婦と子供と思しき人物が描かれているのも興味深い。

A　土倉の多くは比叡山の支配下にあって僧体であったというが、それも裏づけている。絵師の目は確かだね。

B　もう一つ、作品を見ようよ。一つだけでは位置がはっきりしない。

『天狗草紙』を読む

A　『天狗草紙』という絵巻がある。成立は『春日権現』とほぼ同じ頃の永仁四年（一二九六）だが、興味深いことには二つは対照的な作品なんだ。『春日』が春日権現の威光を称えたものなのに対して、

これは興福寺を始めとする仏教寺院のかつての栄光は示しつつも、その現実を天狗を通じて揶揄したものとなっている。

B　それは面白い。『春日』がやや整いすぎた作品だけにこちらに魅かれるなあ。それに絵巻の各所に台詞が「吹き出し」として入っているのは、何やら劇画や漫画的な感じを受けるね。

A　そうだね、絵巻は見る要素があるのは勿論だが、聞く要素もあって、その付近がこれにはよく表現されている。

B　おや、ここにも大工の場面があるぞ。やはり大工と絵師との関係の深さがわかる。

A　ただ『春日』や『石山』の場面とは違い、柱建ての様子が描かれており、これは弘安年間にできた『松崎天神縁起』とよく似ているとされる。構図の一致がうかがえる。

B　その点でも『春日』とは違った作品ということができるわけだ。子供が喧嘩している図も『松崎天神』に共通してあるようだが、『天狗』の場面では二人が何か喋っているよ。

A　これは「われ《我》こそさき《先》におきたるぬし《主》よ」と一方がいうのに「なに《何》とて人の木をバとるぞ」と相手が応えている。木切れの取り合い。

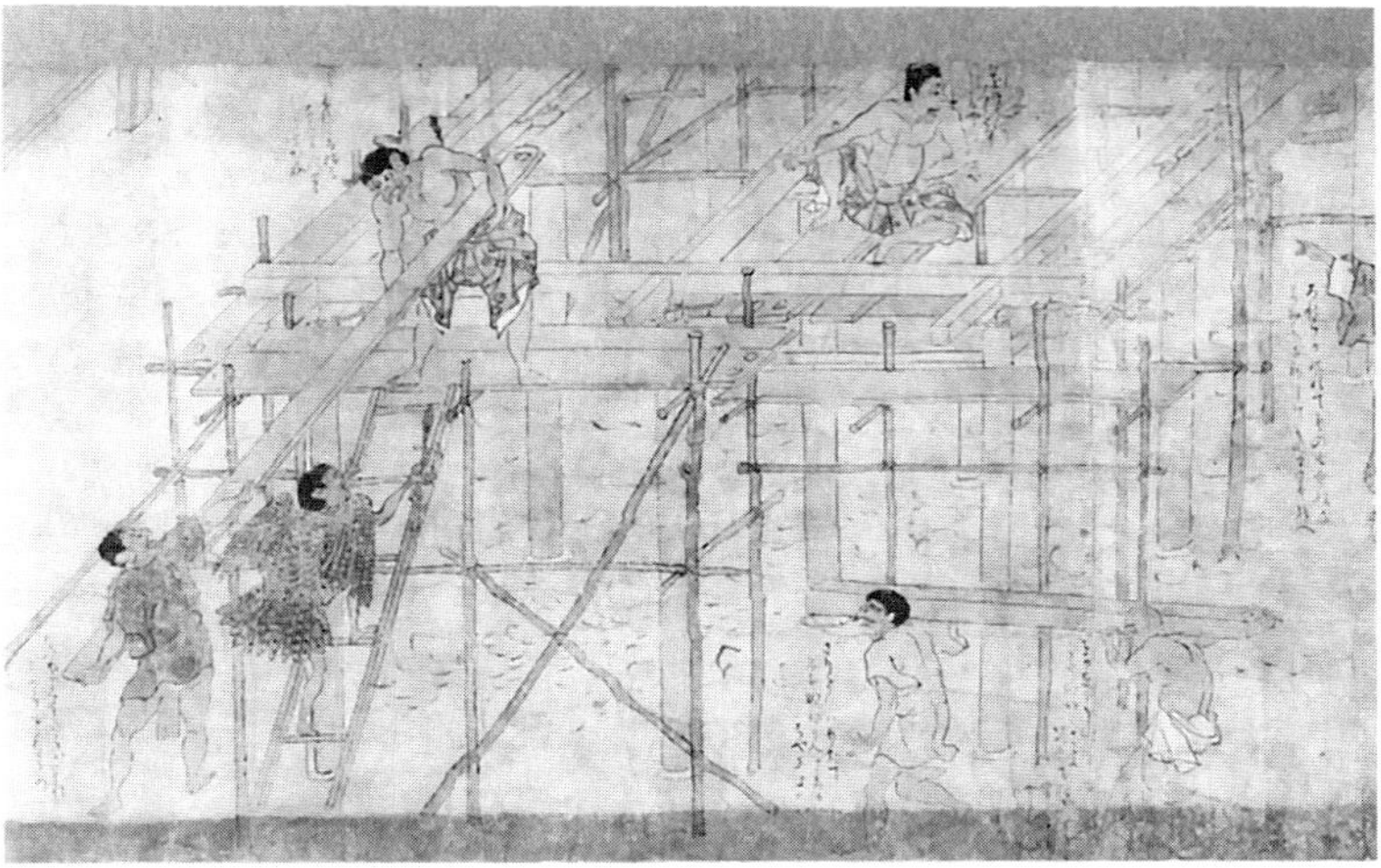

図5 『天狗草紙（三井寺巻）』10～11紙（根津美術館所蔵）

B 面白いなあ。二人で柱を運んでいるところでもやりとりがあるね。

A 後の一人が肩が痛い痛いと嘆いているのに対して、前の方は頑張って歩けといってるんだ。この付近は今でもよく見られる風景だね。

B その右手で上に向かって指さしている大工の棟梁は何か命じていそうだが。

A 向こうの連中は何もせずにサボっているから「よくよく下知してものせさせ給へ」と命令している。それに対して「ものもくうたらばこそ、ちからもあらめ」と、食う物さえあれば力が出るのにと不平不満をいってる。

B なるほど、いつに変わらぬ風景が描かれており、まるで漫画そのものだ。

A 『鳥獣戯画』の系譜を引く作品という指摘もわかるね。

B 『天狗』の作者は批判精神が旺盛のようだが、そうだ、思いだした、有名な図があったはずだ。一遍に対する批判の図。確か二人の僧が肩を組んでいる図については同性愛（レスビアン）を描いたものという黒田日出男氏の指摘があったと思うが。(6)

A　君はそういうところにしか目がゆかないのかい。まあいいがね。一遍の集団の批判の図を描くのに、食事の施行の場面での不作法、つまり手摑みで食ったり、寝転んで食べるといった図をまず最初に描いているが、そこにこの図が挿入されている。同性愛だという根拠は、肩を組むのが愛情の表現であること、二人とも頭巾をしており、これが女性を表現していること、男同士のホモ表現では批判としてのパンチが弱いこと等による。

B　面白いね。二人の顔立ちも柔和で、女性らしくは見えるが、ただ女同士の関係について中世ではタブーだったのかな。それに『一遍上人絵伝』を見ても一遍を始めとして頭巾を被ったり、脱いだりしている姿が描かれているから、女性とはすぐにはいえそうにないが。

A　君も詳しいね。問題はそこなんだ。頭巾だけでは決め手にはならない。黒田氏はこの一連の図においては男と女の僧の区別を頭巾で表現したと限定的に説いているが、ほかでは男も女も頭巾をしているのに、ここだけ女が頭巾だと決めてかかるのは問題だろう。

B　そうするとどう考えたらいいの。

A　難しいが、ここには台詞がないので、詞書と絵の流れからわかるように表現されているはずだ。この部分は「男女根をかくすことなく、食物をつかみくひ、不当をこのむさま」という詞書に対応しているもので、そうであれば男女の露骨な関係が描かれていたと見るのが妥当だろう。

B　何だ。折角面白い指摘があったのに、元に戻ってしまうのかい。そういわれてみると、右の人物が肩に手を掛けているから男なのかな。でもそれならどうして頭巾が描かれているの。

A　「食物をつかみくひ」の場面では皆、座っているから、次の場面として立ち姿を強調したかったのとは違うかな。旅姿のときは、頭巾を被ることが多い。

絵巻の流れ

B　そうか。絵の流れというのはそれなんだ。これに続く場面が踊り念仏となるが、そこでは一遍を中心に立って踊っている。

A　絵巻は画面が次々に流れるように描く必要があるから、その流れを重視しなければならない。特に二つの場面には特別の仕切りがないからね。

B　そうね。我々はどうしても冊子で見るから、冊子の画面で視野が固定されてしまうが、巻物なんだから一つの流れとして場面を見る必要があるわけだ。

A　だから僕は、絵巻はできるだけ冊子を巻き物につくり替えて見ることにしている。

B　じゃあ、次の場面を見ようか。この踊り念仏の場面は躍動感に溢れていて興味深い。鉦を叩いたり、手足を振り振りしながら踊っている。

A　「やろはいはいや」「ろはいはいや」等と、僧らが掛け声を掛け、一遍が「いまは花もふり、紫雲もたつらむぞ」というと、周囲の人々は「あわや紫雲のたちて候は、あなたうとや」「一遍房あをひで人の信ずるは、そらより花のふればなりけり」「はなのふり候、人々御らむ候へや」と感嘆しているんだ。

B　一遍の奇跡の場面だね。新興宗教としての一遍の教団の秘密を解いている場面なわけだが、おや、雲の上から花を撒いているのが天狗だろう。そして「天狗の長老、一辺房」と一遍について注記している。これは天狗が人々を騙しているという非難だろうか。

A　そうだね。この踊り念仏に続くのは一遍が念仏の札をくばって念仏勧進をする場面。そこへの繋ぎのために、踊り念仏をしている僧たちや、それを見ている観衆、紫雲と花の降るのを見ている観衆のそれぞれから一人だけを振

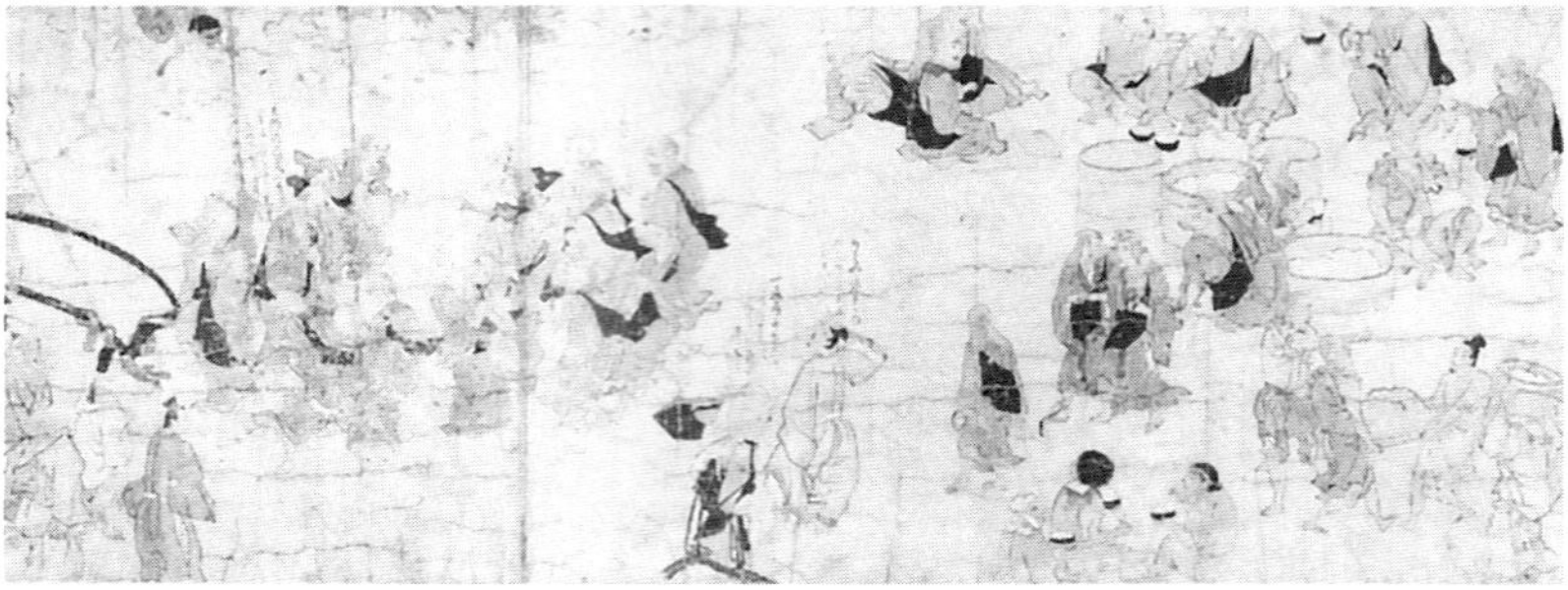

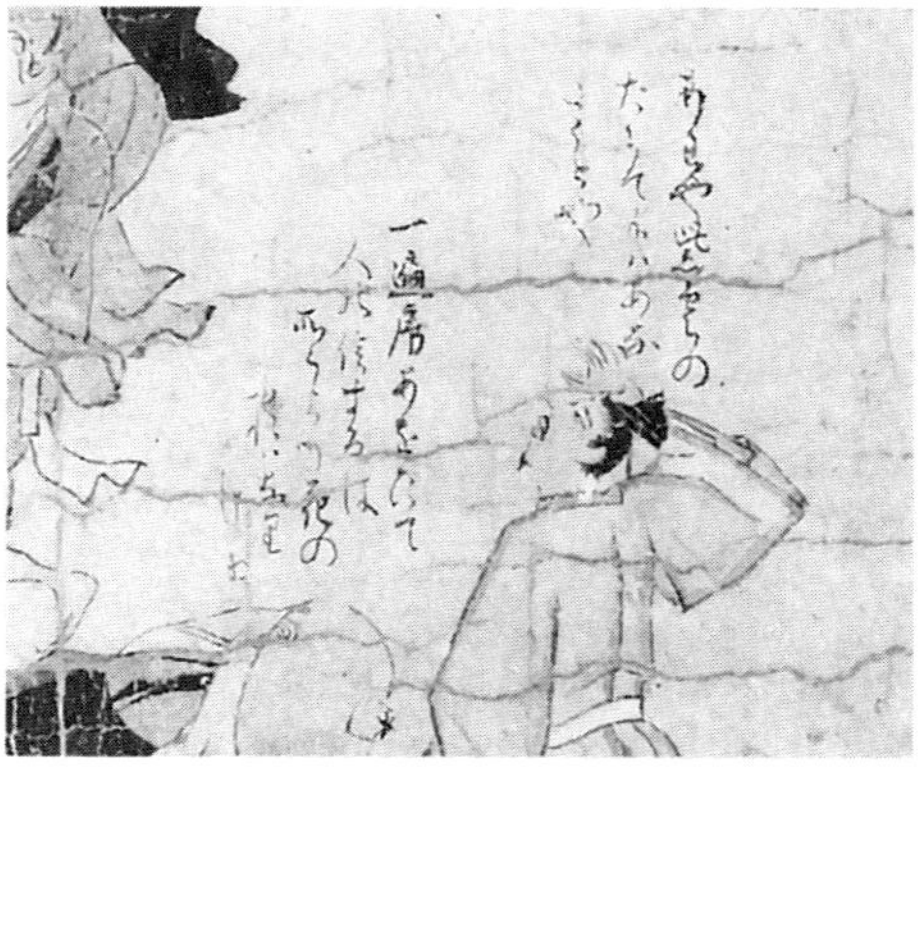

図６『天狗草紙（三井寺巻）』17～19紙（中村家旧蔵本，現蔵者不明）

り向く姿で描かれている。その視線の先は札を牛車に乗る貴人にくばる一遍に集中している。

B　貴人の信仰をも獲得している一遍の存在を示しているわけだ。

A　近くで立っている女性が「念仏のふだ、こちへもたびさぶらへ」と、こっちにも頂戴といってるのが面白いだろう。貴賤に広く札をくばって信仰を獲得した様が描かれている。それは貴族の保護も得て広まった一遍教団への恐れをも表現している。

B　次の場面への繋ぎがこれだね。男が指さしている先に一遍を取り巻く集団がある。

A　「あれみよ、しとこうもののおほさよ」と男は注意をひいているが、「しと」とは尿のことで、皆が一遍の尿を争って求めている図だ。「よろづのやまひのくすりにて候」と病気に効くとして、先を争って仕入れている場面だ。

B　いささかこれはグロだね。本当にあったことなのかい。

A　新興宗教の初期の段階にはよくあることだと思うね。もちろん批判をもって描かれていたわけだから、このままに受け取るべきではなかろうが。『春日権現』にも橘氏女の足をねぶって病気を治そうとした人々の姿が描かれていただろう。庶民信仰としてこの場面が描かれている点にも注目したい。前の場面は札をくばって貴人の信仰を獲得した、ここでは民間の習俗に入りこんで信仰を得た、というところかな。

B　これらと最後の場面との関係はどうなっているの。繋がりを示すものはなさそうだが。

A　これは一遍とは違った場面をテーマとしていて「放下の禅師」を描いたものだ。詞書によると、「また放下の禅師と号して、髪をそらずして烏帽子をき、坐禅の床を忘て南北のちまたに佐々良すり、工夫の窓をいでて東西の路に狂言す」とある場面になる。

B　絵の中に朝露・蓑虫・雷光・自然居士などと記されているね。

Ａ　芸能と信仰とが未分化な集団として、一遍と一括して描かれたのだろう。一遍にも踊り念仏があった。庶民により近づく形で宗教が広がっていったことをよく示している。

Ｂ　『徒然草』のなかでの「ぼろぼろ」が河原で決闘する話が思いだされるね。

Ａ　そう。こうした文化はもはや武士と文士の枠組みだけでは捉えられない。その点で面白いのは、この絵巻の三井寺の大衆を描いた場面において、三井寺の大衆は比叡山の大衆をさして「下剋上の至極、狼藉奇怪の所行」と非難していること。まさに秩序が転倒していった時代が到来したわけだ。

Ｂ　貴族の時代から、その下にあった武士と文士の台頭した時代があり、それを経て下剋上の時代へと移ってきたことになるんだね。

14 都市の小さな空間

絵巻のなかに新たな動きを見たのであるが、さらに絵巻から京都と鎌倉の都市の動向を考えてみよう。諸国に布教を志した時宗の祖・一遍は鎌倉入りを阻止されて片瀬で踊り念仏を行い、その後、洛中で踊り念仏を行ったが、その行跡を描いた絵巻『一遍上人絵伝』に見える京都と鎌倉の図を読み解いて中世都市の発達を探ってみたい。

釈迦堂の風景

弘安七年（一二八四）閏四月に一遍は関寺から四条京極の釈迦堂に足を伸ばした。京都の第一歩が釈迦堂だったのであるが、その図が描かれている。詞書を見よう。

　関寺より四条京極の釈迦堂にいり給、貴賤上下群をなして、人ハかへり見る事あたはず、車はめぐらすことをえざりき、

場面は祇園社に詣でる四条の橋が描かれ、続いて四条京極の篝屋があって、その次に釈迦堂が見えている。図を見ると、堂の周囲は築地塀で巡らされ、堂の前では踊り念仏の板屋が建てられ、人々で賑わっており、境内には民家が建ち並んでいる。庶民信仰にこと寄せて境内に人々が住みついたのであり、これは釈迦堂を中核とした町にほかならない。

境内の右手の家を見ると、築地の一部が出入り口になっているが、このように築地が利用されている家は絵巻に多

く見かけるもので、ほかにも築地を半分切ってその上に家を建てたり、築地に寄り添うように建てたりしている。

左手では家々が密集していて、築地塀は途中で切れており、野菜を並べた商売の小屋や、外を眺めている人のいる家へと続いている。そうであれば、もともとは右手のような築地を利用した小屋がつくられていたのが、やがて築地が崩されて平地とされ、そこに小屋が建てられるようになったのであろう。

このように中世の京都には庶民信仰を背景として多くの堂（社・道場）が各所につくられ、そこを中心にして町が発展した。一遍が釈迦堂の次に向かった因幡堂では、後に焼き討ちにあうとの噂が飛んだために「近辺の町人」が大勢で昼夜警護したという（『康富記』）。一遍がさらに赴いた三条の悲田院や蓮光院、また祇園社の神輿が渡ってきて賑わった旅所、疫病が流行すると京中の人々が

図1 『一遍上人絵伝』巻7-Ⅱ段，四条京極（清浄光寺・歓喜光寺所蔵）

札を納めた革堂、焼けて再建されると貴賤が挙って結縁した六角堂など、皆、そうした性格を持っていた。四条の釈迦堂もそれと同じであり、千本に建てられた釈迦堂は今に残っている。そうしたところから図に堂を囲んだ街区の姿が見てとれたというわけである。

この内、少将井や大政所、京極寺などの祇園社の御霊会の神輿が祭日に遷幸する旅所の敷地について見ると、これらは敷地内の住人が修造に深くかかわっており、旅所を中心に街区（保・町）が形成されていた。殺人などの犯罪が起きると、住人の家が壊されたり、財産が没収されたりしている。少将井の保から出火した火事は「辻子《ずし》の内の湯屋」が火元であったことがあり、また京極寺の保の住人が博奕の咎によって朱雀面と保内の辻子の小屋が壊されたこともある（『八坂神社記録』）。

辻子とは大路・小路を結ぶ新たな小道であって、京都の道は縦横の大路・小路によって仕切られて

いたが、その街区をさらに東西・南北に仕切る道・辻子がつくられるようになっていた。
　こうした辻子を中心に町が開発されていったのであろう。『古今著聞集』の五百六十三段には、壬生に住む歌人の藤原家隆が、ひえどりの毛を毟り取った円慶という僧のことを歌に詠んでこれを札に書き、壬生の辻子に立てた話を載せている。辻子が人々の集まる場であったことをよく物語っている。『職人歌合』には遊女と番えて「づし女」があげられているが、これは辻子女のことであって、湯屋といい、辻子女の存在といい、辻子の機能がわかる。壬生の辻子には辻子女がいて、僧の円慶と馴染みだったのかもしれない。
　釈迦堂のこの図には見えないが、辻子もきっとつくられたことであろう。もともと京都ではこうした堂や社を建てることを禁じられていたが、その禁制を突破して堂や社がつくられてゆき、そこが町の核になっていったのである。

図2 『一遍上人絵伝』巻7-Ⅲ段，七条市屋道場（清浄光寺・歓喜光寺所蔵）

京都の商工業者

『一遍上人絵伝』のもう一つの京都の図は七条の市跡であるが、この市は古代国家が官営の市場として設けたものであって、かつて空也上人の布教の場であったことから、ここに道場を占めて布教したのである。詞書を見よう。

そののち、雲居寺・六波羅蜜寺、次第に巡礼し給て、空也上人の遺跡市屋に道場しめて数日をゝくり給しに（中略）京中の結縁首尾、自然に四十八日にて侍りしが、市屋にひさしく住給しことは、かたがた子細ある中に、遁世のはじめ、空也上人は我先達なりとて、かの言ども心にそめて口ずさみ給き、

図を見ると、一遍を中心にして踊り念仏をしている板屋の建物の周囲を牛車が取り囲み、さらに小屋・桟敷が立ち並ぶ賑わいが示されている。しかしその左手は空き地となっており、乞食が所々に散在している。古代の市は既に衰退し空閑の地

と化しており、そこに新たな中世の躍動を体現する踊り念仏が入ってきたことがわかる。やがて一遍が去った後には時宗の道場が建てられ周辺に庶民が住みついて、都市の賑わいの拠点となった。

では古代の市が廃れたときに、商人はどこを拠点として活動したのかというと、京都に家地を所有する人から小屋を借りて商工業を始めたらしい。文永十一年（一二七四）に作成された蔵人所の牒によれば、日々の供御の不足に悩んだ御厨子所の預・紀宗季によって、生魚売買を営む六角町供御人が建久三年（一一九二）に立てられたという[1]。これは三条以南で小屋を借りて魚鳥交易を営む商人を供御人として把握し、かれらから上分を徴収しようというものであった。一方、内蔵寮の所領目録には「姉小路町供御人」の名が見えており、『経俊卿記』宝治元年（一二四七）十月十九日条にも姉小路町供御人の訴えが蔵人所で審議されたと見えている。

つまり三条大路と町小路の交差点の辺り（三条町）で魚鳥商売をしていた商人は付近の小屋を借りて商売を行っていたが、これに目をつけた朝廷の官衙ではかれらを供御人に組織して課税したのである。その際、官衙の間に利権争いが生まれたため、三条大路を挟んで北側に姉小路町供御人、南側に六角町供御人が成立されることになったわけであろう[2]。

また仁治元年（一二四〇）十月に造酒司が東西両京の酒屋に対して、年に一升の酒を課すことを許可してほしい、と朝廷に訴え出た際に、先例として内蔵寮の内膳司は市辺での魚鳥を交易している人々から上分を徴収して日々の供御を進めており、左右の京職は京中の保々に命じて染藍や人夫を召しており、装束司は市で苧を売買する商人から上分を召している、といった事例をあげている（『平戸記』）。すべて和市交易に対する課役であるからどうか認めてほしい、と造酒司は述べており、京都の商業活動に目をつけた官衙により商工業者が組織され、課役が課されたのである。

さらに永仁三年（一二九五）には、四条油小路の小屋で商売をしている銅紺青緑青の商人をめぐって採銅所と細工

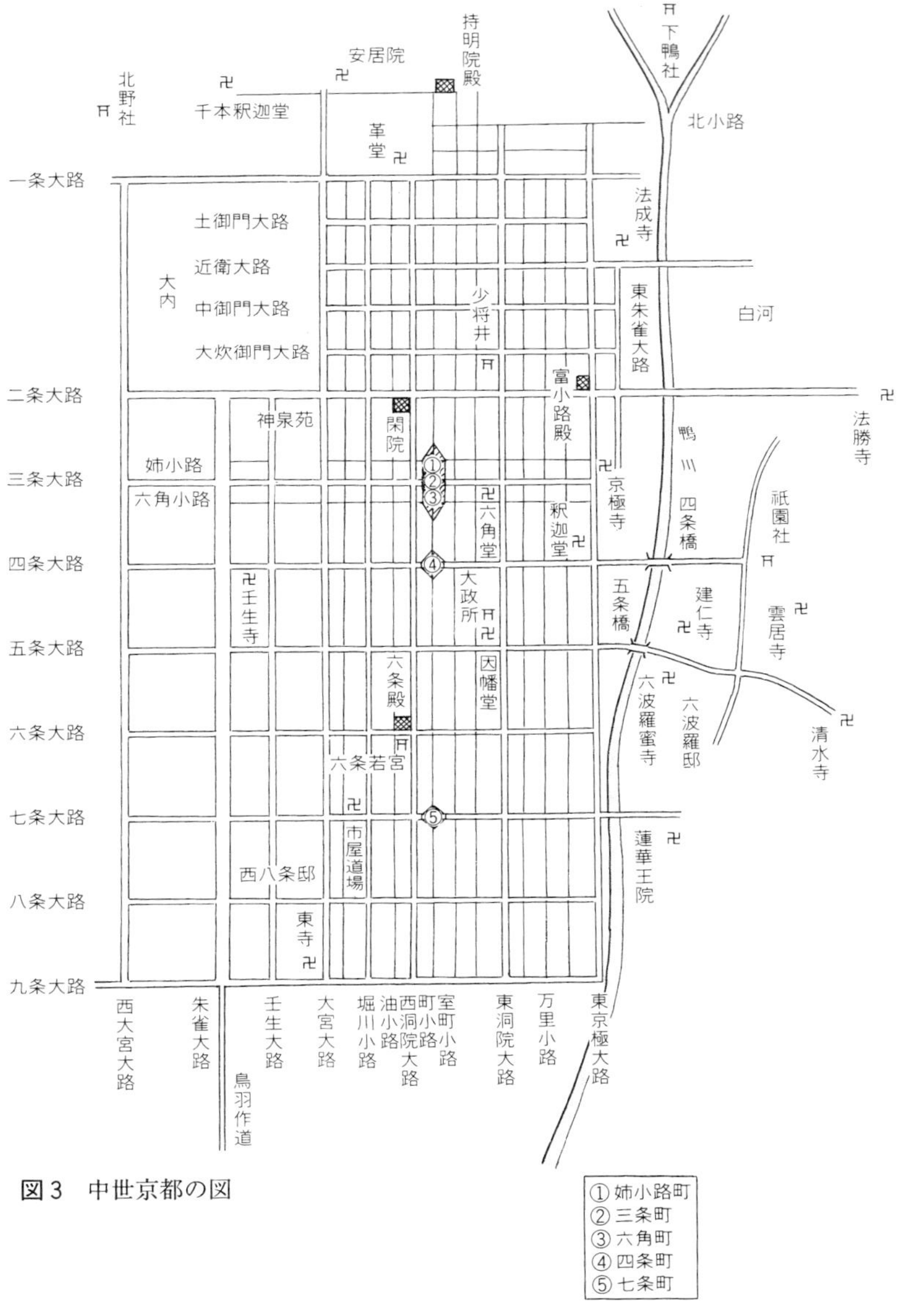
下鴨社
持明院殿
安居院
北野社
千本釈迦堂
革堂
北小路
一条大路
法成寺
土御門大路
近衛大路
大内
中御門大路
少将井
東朱雀大路
白河
大炊御門大路
二条大路
富小路殿
法勝寺
神泉苑
閑院
鴨川
姉小路
三条大路
京極寺
六角小路
六角堂
釈迦堂
四条橋
祇園社
四条大路
大政所
建仁寺
壬生寺
五条橋
雲居寺
五条大路
因幡堂
六条殿
六波羅蜜寺
六波羅邸
清水寺
六条大路
六条若宮
七条大路
蓮華王院
市屋道場
西八条邸
八条大路
東寺
九条大路
西大宮大路
朱雀大路
鳥羽作道
壬生大路
大宮大路
堀川小路
油小路
西洞院大路
町小路
室町小路
東洞院大路
万里小路
東京極大路
①姉小路町
②三条町
③六角町
④四条町
⑤七条町

図3　中世京都の図

所の二つの官衙が課役の賦課を狙って争っている（『壬生家文書』）。摂津国にある採銅所では三種の土貢を納めていたが、その余りを京都でもって商売していた。採銅所は採銅所奉行の旅宿である四条油小路で商売をしているので、その進退は奉行が握っている、と主張し、細工所は商売を隠れてやっているので摘発し住宅を封納したのであると主張しており、四条油小路の小屋は前の細工所別当のときにも唐物を隠し売って摘発されたことがあるとも述べている。

この相論を見ると、四条油小路は先に見た三条町と同じような場であって、諸国の商人が寄宿して商売を行っていたのであろう。また細工所は広く京都での細工関係の商人に対して課役を賦課する権限を持っていたらしい(3)。

都市の隙間

七条の市跡の図をさらに左手に見てゆくと、川の材木を引っ張り上げているのがわかる。京都では川は北から南に流れているので、図は京都の北側から描いたものであり、先の釈迦堂の図とは南北が反対に描かれていることがわかる。どうして南北を逆に描いたのか、そのはっきりした理由は明らかでないが、都市の賑わいを効果的に表現するためのものと考えるのが妥当であろう。

川に沿って通るのが堀河小路であり、そこを横切る東西の道が七条大路である。大路は道幅が広く、溝や築垣《ついがき》があって民家の進出を阻んでいたが、これを見れば、市跡に沿っては溝が見え、向かい側は築垣が崩れていて、そこを利用して民家が建てられたり、また五輪塔が設けられたりしている。もともと都市に拠点を持たなかった庶民はこうした大路の築垣の一角を利用し、さらに道に進出していったのであろう。

なお堀河では材木が引っ張り上げられていたが、ここは堀河の材木商人の拠点であった。祇園社に奉仕する神人のなかの堀河左右神人については、その年貢は榑が人別に四十八寸で二百寸を社頭の修理に当てるとされており、材木の商人であった（『八坂神社記録』）。治承四年（一一八〇）に「堀河材木商人」が見えており（『玉葉』）、堀河筋に展開する材木商人は祇園社に組織されていたのである。

祇園社に組織された神人たちには、材木商人ばかりでなく、綿商売を行う神人がいた。南北朝時代の康永二年（一三四三）にこの綿商人たちの間で本座・新座の相論が起きているが、それによると本座は院政時代の保延年間に設立されたもので、祇園社に「下居御供《おりい》」を奉仕することから保護された三条町・七条町・錦小路町の商人であったという。これに対して新座は鎌倉時代の建仁年間に三月三日の御節供神人として設立された散在の商人であったという（『八坂神社記録』）。町小路に沿って展開する商人の動きに目をつけ組織化したものといえよう。

材木商人が登場したので、京都の大工の動きも考えてみよう。永仁四年（一二九六）十一月の修理職の職官の訴えによると、修理職と木工寮所属の大工は数が少く禁裏・御所の修理が遅々として進まないので、京都に散在する大工を狩り催したところ、所々の権門の権威を背景にして難渋して困っているから何とかしてほしい、とある（『鎌倉遺文』）。

ここで興味深いのは、洛中に住む大工は公役を勤めねばならない、という点であって、これこそ京都の商工業者を把握する論理である。それぞれ権門からは所属の工のリストが提出され審査があった結果、洛中以外の工は免除されたが、洛中の工については、すべて課役が賦課されるか、あるいは一人を除いて賦課されるか、ないしは三分の一が修理職に付けられるか、などが決められた。そして、もしもそれに従わないと住宅を検封して、洛中から追放する、ともされたのであった。

京都が商工業者にとって魅力的な活動の場となっており、そのことから朝廷の官衙が京都の支配権を梃にして統制に乗りだしていった様がよく伝わってこよう。その中心にあったのが官衙の年預であって修理職の年預の重長は「私工」によって修理を行ったとも記されている。

それと同時に、朝廷の課役を逃れて諸寺・諸山や権門勢家、武家などに属する大工の様々な動きも目立っている。賀茂社や鴨社に属した工は、それぞれ二十六人と百三十五人の多きに及んでいた。この両社や法成寺・西園寺の工などは朝廷の工が寄せられたことにより膨れあがったものであるが、建仁寺の場合は、六波羅の武威を頼りに最近になって招き入れられたものだという。院方でも作所・細工所・院庁・別納所にそれぞれ工が付属していた。これらは修理職や木工寮の工が使われていたり、その他の散在の工も使われていたという。

こうして都市の隙間にできた空間を利用して中世の賑わいは始まり、それに対して官衙や権門寺社は様々な手段を講じて把握していったが、その間隙を縫って庶民の活動は広がりを示していった。ではこうした中世都市・京都の出発点はいつに求められようか。

中世京都の出発点

中世の開幕を告げたのは保元の乱である。「武者の世」になったと多くの人に実感させたこの戦乱により、乱後に政治の実権を握った藤原信西は京都の平和を謳って武士たちが武器を帯び京中を横行することを禁じている。いつになっても戦争が起こって、初めて平和を考え唱えるものだ、といわれるとそれまでのことだが、ここに都市の平和を宣言したことは貴重である。もちろん、ただ武器の携行を禁じただけなら、乱後の戒厳令にすぎないのだが、それとともに京都の復興を促した点が重要なところであって、「鏡のように京都の町は磨き立てられた」といわれている(『今鏡』)。そのためには都市民の力が必要とされた。

まず、祇園御霊会(祇園祭)の費用を京都の富裕な市民に負担させる馬上という制度を導入した。第一回の馬上は「洛中の富家」であった院の厩舎人光吉に当てられ(『八坂神社記録』)、治承三年(一一七九)には清水坂の馬借に課されている。厩舎人も馬借も交通に関係する富裕な商人であった。これにより祇園祭は本格的に京都の市民の祭として定着することになり、祇園祭も豪華を極めて、やがて鎌倉時代の末期には鉾が祭に登場するなど賑やかさを増していった。今日の山鉾の前身である。祇園社以外の京都の郊外にある神社、稲荷・日吉・北野・松尾・御霊などの神社でも、京都の「潤屋の賤民」に馬上を課して、華美な祭礼を繰り広げていった（『三代制符』）。これらは京都の都市を場とする都市民の共同体が生まれつつあったことをよく物語っていよう。(4)

もう一つ信西が目をつけたのは、京都に流入してくる人々の活動である。かれらは京都に寄宿して多様な職業に従事していたが、その調査を行って活動や職業を把握した。戦乱や飢饉により流入してきた人々への警戒から治安維持を図る側面もあったが、京都を場とする活発な商工業活動に注目したもので、やがてかれらに課税することになり、朝廷の経済はそれによって維持されるようになってくる。

なおその寄宿人の調査を始めとして、京都の都市行政の中核に据えられたのが、これまでの京職に代わった検非違使である。もともと京都の軍事・警察機構として大きな役割を果たしていたのだが、軍事権が源氏・平氏の武家に吸収されてゆくなかにあって、新たに京都の行政支配の面がクローズアップされてきたものである。洛中は十二の保に分けられ、それを管轄する保官人（保検非違使）は京都の治安・警察・裁判その他の機能をになうことになった。保の範囲は検非違使の数から見て、相当に広範囲に及ぶもので、どうも東西の大路と大路の間であったらしい。南北朝時代の法令に「諸保」として、大路ごとに担当の検非違使の名が列挙されている史料が存在する（『制法』）。(5)

こうして保元の乱は武者の世とともに、中世の都市と市民を生みだし、それが今日の都市の原型となったのである。だがやがて京都が都市として発展してきたのに応じて、武家の力が及んでくる。保官人の活動だけでは治安の維持は不可能となり、強盗や飢饉が相次いだのに対応できなかったためで、そこで置かれたのが篝屋守護人である。承久の乱後の京都の治安悪化に応じて、幕府は京都に篝屋を設置して盗賊などへの対策としている。大路と小路の辻々に置かれたもので、保の篝とも称されて、六波羅探題の指揮下にある在京人がその守護に当たった。保官人と篝屋守護との間の権限も明確にされ、こうして幕府の梃入れで京都の都市の体制も整ったのである。

そこで二つの京都の図を改めて見てみると、四条京極と七条堀河の所に篝屋が描かれていよう。『一遍上人絵伝』は中世の京都の町がどのようにつくられ、いかに発展してきたのかを鮮やかに示している。

境界の町屋

中世都市として京都が発展していた頃、鎌倉も京都の影響を受けながら発達していた。その鎌倉の都市の風景を探る場合にも、『一遍上人絵伝』の図は貴重な素材を提供してくれる。その図は、弘安五年春の三月一日に「もし利益がないならば、これが最後と思うべし」と時衆に示して、一遍が意を決して鎌倉入りを敢行した場面である。詞書にはこうある。

こぶくろざかよりいりたまふに、今日は大守山内へいで給事あり、このみちよりはあしかるべきよし、人申ければ、聖思ふやうありとて、なをいりたまふ、武士むかひて制止をくはふといへども、しゐてとをりたまふに、小舎人をもて時衆を打擲して、

「こぶくろざか」(巨袋坂)より鎌倉に入ろうとしたところが、大守(北条時宗)が山内に出行するということでここからの鎌倉入りを止める人もいた。しかしなお一遍が入ろうとして武士の制止にあい、小舎人らにより時衆が打たれ追い払われた、というものである。図は、大守(北条時宗)一行に鎌倉入りを阻止された場面であって、道の左右には家が並んでおり、中央に溝が通っている。馬に跨がっている白衣の武士が大守、僧侶の集団の先頭に立っているのが一遍である。木戸の外では小舎人が一遍の集団についてきた乞食らを追っている。

ここでまず注意されるのは、詞書と絵とではやや表現を異にしている点であり、詞書には一遍が大守と対峙してい

る場面はない。絵は効果的な表現を工夫したのであろう。また「こぶくろざか」（巨袋坂）は山内と鎌倉を結ぶ切通しであり、このように町並みがあったとも思えない。いささか疑わしい図ともいえる。そこからはこの絵を描いた法眼円伊という絵師がはたして実際に鎌倉までやってきたのか、という問題が出てくる。しかし一遍の歩いた各地の絵がリアルに描かれており、円伊は実際に観察したものを描いたと見る方がよいと思われる。

ただ、京都の町を描いた可能性もあるので、京都の町と比較してみると、道の両側に描かれている板塀で囲った形式の家は京都には見えない。これは鎌倉での家の特徴と考えられ、やはり鎌倉を描いたと見てよいであろう。しかしそれにしても巨袋坂とは考えがたいのであるが、次に続く場面では鎌倉から追放されて山中で念仏を行う図を描いているのが注目される。

武士、鎌倉の外ハ御制にあらずとこたふによりて、そのよは山のそば、みちのほとりにて念仏したまひけるに、かまくら中の道俗雲集して、ひろく供養を述べたてまつりけり、

と詞書にあるもので、おそらく二つの図の対照からして、前者では鎌倉の賑やかな町の場面を描き、後者では山中での風景を描いたのであろう。つまり前者では鎌倉の町を描くのが自然であって、巨袋坂そのものを描いたのでは妙味がないというべきである。

このように鎌倉の町を描いたことはわかったが、そのどこを描いたのであろうか。道の両側に描かれた家の特徴を見ると、側溝に遮られることなく道に張りだしており、最も右の家では一間分ほども道に進出し庇を張りだして小屋がつくられている。妻入りの大きな家では板塀が出っ張っていることなどがあげられる(6)。

実はこれらは寛元二年（一二四四）の鎌倉の都市の禁制に見える「宅檐《えん》を路に差出すの事」「町屋を作り漸々路を狭むるの事」の行為の結果にほかならない。さらに文永二年（一二六五）三月の法令にはこう見えている（『吾妻鏡』）。

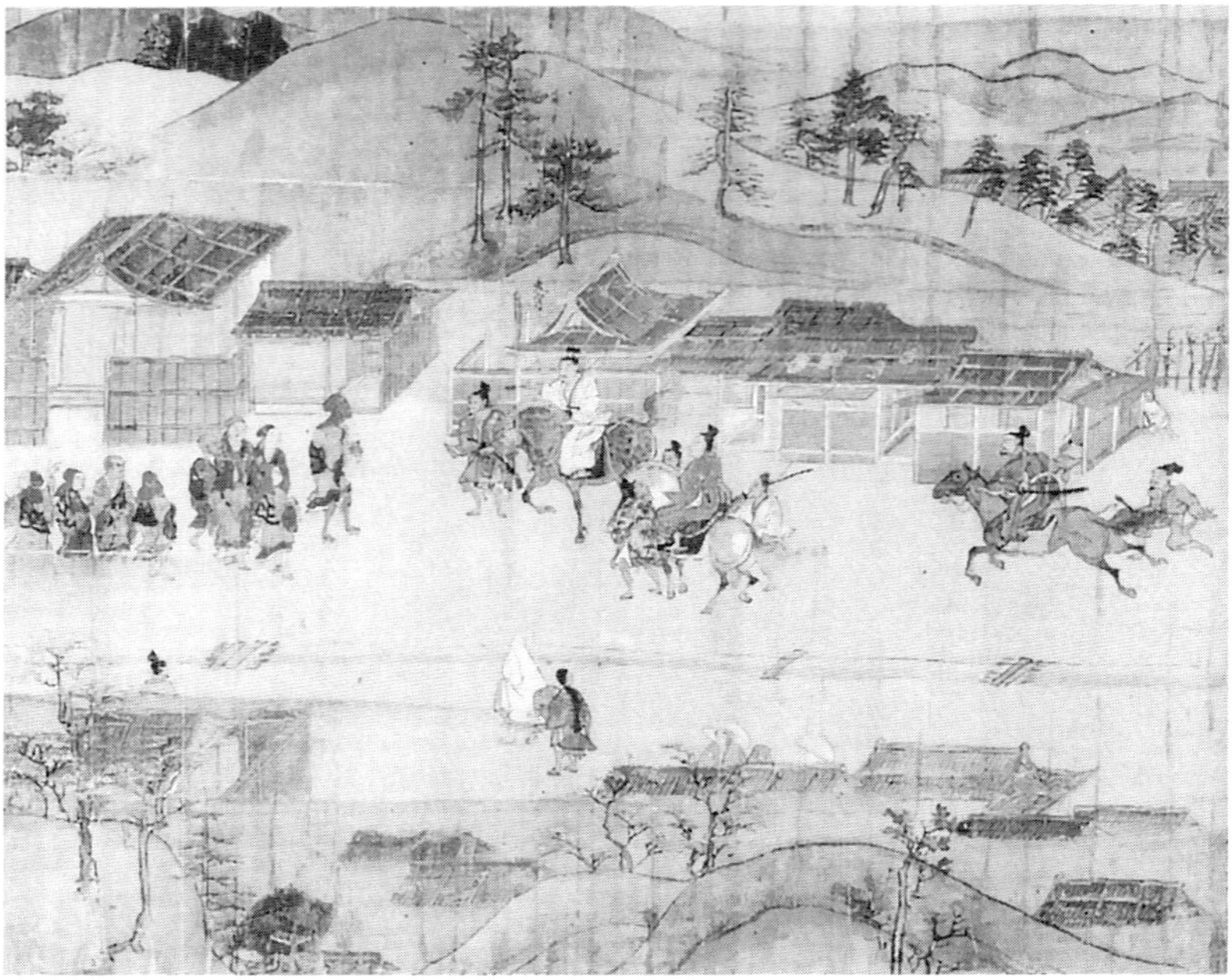

鎌倉中の散在の町屋等を止められ、九ケ所を免ぜらる、又家の前の大路を掘上げ屋を造ること、同じく停止せらる、(中略) 町御免の所の事、一所大町、一所小町、一所魚町、一所穀町、一所武蔵大路下、一所須地賀江橋、一所大倉辻、

鎌倉では九ケ所ほど町屋が認められていたのであり、ほかの場所では家の前の道を掘り上げて家屋をつくることが禁止されている。つまり『一遍聖絵』に描かれたのはこうした町御免の場所であろう。そうするとこの場所は詞書にある「こぶくろざか」(巨袋坂) 近くの町屋と考えられる。大胆に推測すれば「武蔵大路下」であろうか。

図の町屋では道路が周囲の民家のなかに取りこまれており、溝は道の両側にはなく、中央を流れていた。『融通念仏縁起絵詞』の描く京都の町屋では道の中央に井戸があり、洗い場があるなど、公共的な施設が生まれており、これに近いものが

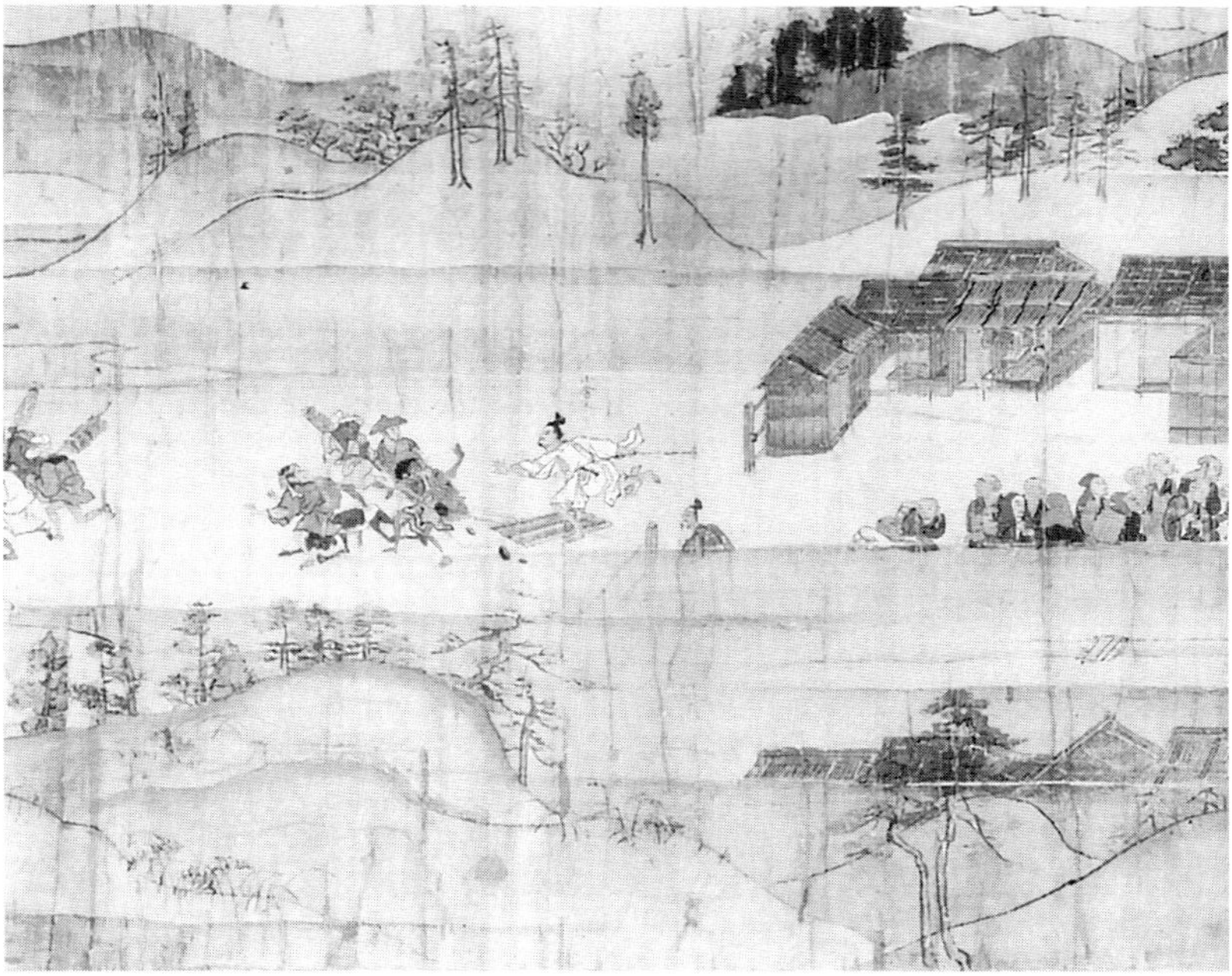

図4 『一遍上人絵伝』巻5－Ⅴ段，鎌倉の町屋（清浄光寺・歓喜光寺所蔵）

ある。なお町の外れには木戸が描かれているが、おそらく町屋の境界を意味するもので、後の京都で広く見える釘貫に相当するものであろう。

二つの町屋

ここで鎌倉の都市の発掘の成果を探ってみよう。

鎌倉駅の西側にある今小路西遺跡は中世鎌倉を知る上でまことに興味深い発掘の成果を示しつつある。武士の屋敷と庶民の家が同時に発掘されており、鎌倉の町での人々の住まい方が一望の下にわかる稀有の例だからである。それぞれ別個に発掘されている例は多々あるが、上級の武士、御家人の屋敷に庶民の家まで揃って発掘されたのはまことに珍しい。都市の発掘はどうしても細切れになってしまうが、幸いなことにここには小学校があったために、広い発掘ができた上に、この地を遡れば古代の郡衙があり、それを継承して中世でも一級地であったことが優れた遺品・遺物をもたらしたものといえる。

さて御成小学校の敷地の南側の武士の屋敷は東と南に門を構えた御家人の屋敷と見られている。屋敷の面積が南北六〇メートル、東西が六〇〜七〇メートルの八戸主相当の有力な御家人の屋敷らしいが、特に注目されるのは、東と南の門と道路とが通用路で結ばれていて、門が道に直面しておらず奥まって屋敷のある点である。そして庶民の家は屋敷と道路の間に並んでおり、その形態は半分は地下にある半地下式建物、あるいは方形竪穴住居と称されているものが多い。さらに最近の発掘では轍のある小道や、商家の倉庫と見られる石で基礎をつくった建物も掘り出されている。こうした方形竪穴住居は鎌倉では若宮大路二ノ鳥居以南、大町地区、由比ガ浜、今小路周辺に分布するという。庶民居住区に広がっていたようである。(7)

ここから鎌倉にはもう一つのタイプの町屋が存在したものと指摘できる。武士の門前と道路に囲まれた地域であって、幕府から道路の規制をかなり受けていた場である。そもそも門とその周辺は武士にとって特別な空間であったらしく、第1章で見たように『男衾三郎絵詞』は「馬庭のすえに生首たやすな、切り懸よ。この門外とをらん乞食・修行者めらは、やうある物ぞ」という詞書にそって、門前を通る乞食や修行者を捕まえ、犬追物の犬に代えて的にする場面を描いていた。門前の場は守る武士のテリトリーであり、そこを通る人々はまさに獲物だった。こうした武士が都市に住みつくのであるから、門は通りに面して構えてはならないという規制が行われたのであろう。そのため庶民は、道と武士の屋敷に挟まれた空間を利用しながら住みつき、町を形成していったわけである。

そこで絵巻を探ってゆくと、同様な住居は『粉河寺縁起絵巻』に見えている。粉河の川の流れに沿った橋際の家であり、切妻の家から道を行く長者の一行を眺めている家のなかの人物は、烏帽子をつけていないところに特徴がある。京都の町では同じ形式の家は見えないが、烏帽子をつけていない住民という点で『長谷雄草紙』に見える土間に座りこむ男が注目されよう。

場面は長谷雄が朱雀門において双六をしようと鬼に連れていかれる途中の図である。長谷雄の家から朱雀門に至る間の地であり、いわば境界の場として描かれた、庶民の住む土地と考えられる。その主人らしい男は土間に座りこんでおり、一家の人も皆、烏帽子をつけていない。そして家の前には荷車が置かれている。この荷車に注目すれば運送労働に従事していたのであろう。粉河の民家が川の流れに沿ってあるのも共通性があるように思う。

運送労働の場面といえば、『一遍上人絵伝』では関寺の門前を行く牛車・馬車が描かれており、それに従事しているのも烏帽子をつけぬ人々であった。鎌倉の家がはたして運送労働とかかわるのか明らかではないが、今後検討の価値はありそうだ。その場合、武家屋敷とどうかかわるのかが興味深い。武家屋敷の奉公人の可能性もあろう。ただ方形竪穴住居に住む人々をすべて運送労働だけで理解する必要はないことはいうまでもない。(8)

鎌倉の中心の変遷

源頼朝が入る前の鎌倉の中心は鎌倉の西側の山裾にあったらしい。鎌倉郡の郡衙の所在地がまさに山裾の御成小学校の遺跡のところであり、鎌倉を根拠地にした頼朝の父義朝もその北に位置する亀谷に居を占めていた。今の寿福寺の辺りである。ここは西は武蔵大路を経て外と結ばれ、東に行けば江戸湾の六浦に出る交通の要衝であった。

頼朝も、当初はここに居を定める予定であったが、手狭のためにそこから東に行った大倉に館を設けた。そしてその御所の西北に浜から八幡宮を移し、南には大御堂を、東に二階堂を建てて、御所の守護としたのである。さらに頼朝の死後には北に法華堂が建てられるが、これらの堂や社はいずれも将軍が避難したり、軍勢が駐屯するような要害としての機能を帯びていた。従って都市といっても全体は要塞としての側面が強かったのである。

鎌倉が本格的に整備されるのは、嘉禄元年（一二二五）に御所が若宮大路に移されてからであった。八幡宮から真っ直ぐ浜に繋がる若宮大路が鎌倉のメインストリートとなり、浜の商業区と山の手の住居区とが結ばれて、御所が鎌倉の中心に位置するようになったのである。やがて鎌倉に都市法が定められた（『吾妻鏡』）。

保々奉行人の存知すべき条々

一　道を作らざるの事

一　宅檐を路に差出すの事

一　町屋を作り漸々路を狭むるの事

一　小家を溝上に造り懸くの事

一　夜行せざるの事

右、以前五箇条、保々奉行人に仰せ、禁制せらるべき也、（中略）仰に依て執達件の如し、

寛元三年四月廿二日　　武蔵守

佐渡前司殿

執権の武蔵守北条泰時が地奉行の後藤基綱を通じて保々の奉行に対し触れたものである。保とは泰時により京都から導入された行政組織であって、鎌倉を幾つかの保に分かちて奉行人を置き、警察・行政を担当させたのであった。第一条の「道を作らざるの事」の道を作るとは、道路の清掃を意味するもので、第二から四条にかけては庶民の家が道路に進出することを禁じたものである。こうして町屋でない地域においては厳しい規制がしかれていた。また建長三年（一二五一）には「小町屋」を大町・小町・米町・亀谷辻・和賀江・大倉辻・気和飛坂上山の七ケ所に限る法令が出されている（『吾妻鏡』）。これらはいずれも鎌倉の周辺部であり、中心部では町屋は認められていなかった。

しかるに文永二年（一二六五）の法令では、「町御免の所々」として大町・小町・魚町・穀町・武蔵大路下・須地

賀江橋・大倉辻などをあげている。建長の法令と違って、須地賀江橋などの鎌倉の中心部にまで認められている反面で、和賀江といった浜の地が除かれているのである。そこに二つの傾向が認められよう。一つは、商工業者の活動が鎌倉の都市の中心に向かってゆく傾向であり、もう一つは、鎌倉の都市域を鶴岡八幡の前方に限定して浜や周辺部を切り捨てていく傾向である。(9)

前者は都市の隙間に入りこむ庶民の動きであって、後者は鎌倉の秩序を保とうという幕府の動きである。その二つの動きのなかから鎌倉の都市は展開していったのであろう。

15 公方と公家と

鎌倉時代の後期になって時代が大きく変化を見た主要な原因に蒙古襲来がある。これまで東アジアの小国として海に守られていた日本に外国の軍勢が攻めこんできたわけであるから、その衝撃はひとかたならぬものがあった。それが幕府と朝廷にどんな影響を与えたのであろうか。まずは合戦の様を伝えている『蒙古襲来絵詞』を手掛りに考えてみよう。

蒙古の襲来と武士

この絵巻には肥後国の御家人竹崎季長がいかに苦労して戦ったかが描かれているが、同時に季長が恩賞を求めてそれを獲得するまでいかに苦労したのかも描かれている。季長は、絵巻を文永の合戦で恩賞を取り計らってくれた幕府の恩賞奉行安達泰盛に感謝しながら作成したらしい。一介の御家人の依頼で絵巻が作成された経緯に驚かされるが、それだけに武士の目から見た合戦の実態がよくうかがえる。

また特に注目したいのは、絵巻の作成経過からする詞書の特異性である。詞書は季長から聞き取って書かれたため、その口振りが生き生きと詞書に表現されている。『天狗草紙』のなかでは画面に「吹き出し」として書かれていたものが、ここでは詞書がその役割を果たしているのである。

文永十一年（一二七四）の文永の役のこと、先駆けの功をいそいだ季長に、味方が続いているのでそれを待って証

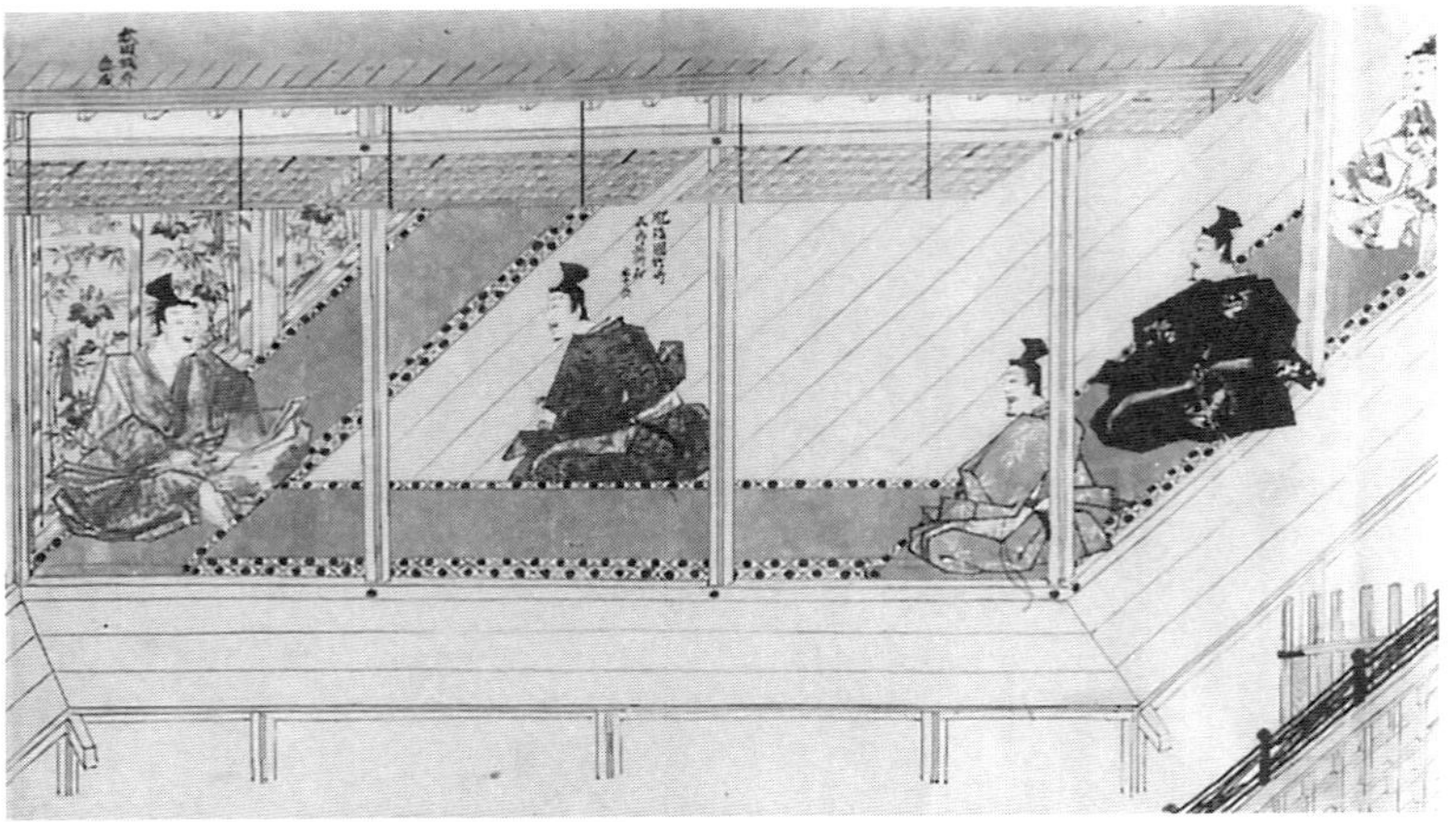

図1　『蒙古襲来絵詞』37紙（模本・東京国立博物館所蔵）

人を立て合戦をすべし、という忠告があったのだが、季長は、「弓矢の道、先をもって賞とす、ただ駆けよ」と叱咤して敵陣に突っこんだ。だが蒙古軍の攻撃にあい、旗差しを始め季長以下三騎が馬を射られてあわや死の寸前までいった。その場面が「てつはう」が炸裂し、馬が射られた図である。

文永の役で先駆けの功を遂げた季長は恩賞を待ったが、その知らせがない。合戦は恩賞によって、その労が報われ、また自弁の武装・費用が補われる。やむなく鎌倉に恩賞を求めて上ることとなった。しかし、中間一人のみすぼらしい季長の訴えはすぐに取り上げてもらえなかった。ついに恩賞奉行の安達泰盛に直訴に及ぶ。

> ひごのくに御けにん・たけざきの五郎ひやうへすゑなが申あげ候、きよねん十月廿日もうこかせんの時、はこざきのつにあひむかひ候しところに、ぞくと、はかたにせめいり候、とうけ給はり候しをもて、はかたにはせむかひ候、

こうして合戦の模様を報告し、いよいよ恩賞の訴えとなった。合戦を指揮した大将軍安達景資からの報告に季長の先駆けのことが記されていたのかどうか、と泰盛との応答が続くのである。

> 君のげんざんにいらず候事、きうせんのめんぼくをうしなひ候、

（先駆けを果たしたのに、それが君の見参に入らぬのでは、弓箭の面目を失う）

御ふしんあひのこり候はば、かげすけへ御けうそをもて御たづねをかうぶり候はんに、申あげ候さきの事、きよたんのよし、きしやうもんにて申され候はば、くんこうをすてられ候て、くびをめさるべく候、

（もし不審ならば、景資に御教書でもって尋ねてほしい。もし偽りとならば、起請文で記したこととて、勲功は捨てられ、首を召されても結構）

こうした迫真の弁舌に季長の訴えは認められた。翌日に季長が、泰盛の甘縄館に赴いたところ、季長のことを「奇異の強者《こはもの》な」と泰盛が評していた噂を耳にしたという。やがて季長は肥後国海東郷拝領の下文を恩賞として得たが、当日、恩賞を得たのは百二十余人におよんだものの、季長のみが恩賞奉行の手から直接に賜ったという。季長は感激のあまり、「夜をもて日につぎ、まかりくだり候て、御大事をあひまつべく候」と述べたのであった。

訴訟社会の到来

蒙古襲来では大量の人員が九州に動員され、それとともに戦後には大量の訴訟が惹起された。季長のように恩賞を求めたのは御家人だけではなかった。異国合戦の祈禱を行った寺社も求めてきたし、御家人に武装・遠征の費用を貸し付けた土倉などの商人は返済の実行を求めてきた。訴訟は「雲霞の如く」幕府に押し寄せた。季長は訴訟に先立って鎌倉の鶴ケ岡八幡宮にその成就を祈ったが、ここではしばしば訴訟人たちが銭を出し合って神楽を行ってもらい訴訟の成就を祈願している（『親玄僧正日記』）。訴訟社会が到来したのである。

訴訟を突きつけられた幕府は対応に追われた。蒙古襲来は先例のない異国との合戦であったから、恩賞の土地をどう見つけるかがまず大変だった。しかも久しくなかった実戦のこととて恩賞の認定も容易でなかった。さらに季長のように、所領の少い無足の御家人が増えていたから、その要求にいかに応えるべきか、難問山積みだったのである。

やがて御家人の借金を棒引きする徳政令を発布したが、これは幕府の予想を越えて庶民に広がり、借金棒引きを求める徳政行動が各地に起きた。訴訟社会の到来によって、人々は自力で自己の存在を守る活動に動きだし、そのなかで一揆や惣といった集団が大きな力を発揮しはじめたのである。

しかるに幕府はそうした情勢のなかで、自らを公方と称するようになった。網野善彦氏によると、弘安六、七年（一二八三、四）頃から、幕府の執権北条氏の家督である得宗に宛てた関東御教書に、「関東公方御教書」という名称がつくようになったという。(1) やがて「公方の御沙汰」、「公方の人々」といった表現が多く使われるようになる。もともと公とは、朝廷のことをさすものであったが、その語を幕府の内部で意識的に使うようになったことは大きな変化である。

朝廷から見れば、幕府は私的な性格を持っていたのであるが、広く訴訟が幕府に殺到したときに、幕府は公であらねばならなかったのである。幕府が徳政を行うのも、その公の意識に発するのであった。だが、その公をになうのはもはや将軍ではなかった。

弘安七年五月、幕府は「新御式目」と称する三十八ケ条の法を定めた。これは以後に続く弘安の徳政の政策の指針となったもので、箇条書きで記されている（『鎌倉遺文』）。この年の三月に幕府の執権時宗が亡くなり、幕府の新たな体制が求められていたのに対応して出されたものであり、その点から、これは新たな得宗の後継者である貞時に対して求められた政策要綱だったことがわかる。

内容は、前半が内談や殿中などでの「御学問有るべき事」といった得宗の私的な部分でのあり方が記されており、後半は「公方の条々」とあって、「越訴の事、奉行人を定めらるべきの事」といった幕府の公的な部分での得宗のあるべき方針が示されている。このように公方のにない手ははっきりと得宗となっていたのである。いやむしろ得宗という朝廷の権威とは全く関係のない存在が、幕府の中心となって幕府を動かしてゆく、そうした傾向が幕府を公方として捉えることになったのであろう。[2]『吾妻鏡』や『曽我物語』が書かれるようになったのも、かかる動きと関係しているとも見てよかろう。

このように、かつての朝廷の領域に幕府は望むと望まざるとにかかわらず、次第に踏みこんでいった。これに対して朝廷はどう動いていたのであろうか。

王権至上主義

国交と通商を求める蒙古の国書が到来した文永五年（一二六八）のこと、後嵯峨院は五十の賀の宴を一年くりあげて開いていた。その華麗な様は『五代帝王物語』や『増鏡』に詳しい。しかし「蒙古の軍といふこと起りて御賀とどまりぬ」と早々に打ち切られ、あわてて対策が講ぜられた。その一つが意見を識者に提出させることである。

吉田経長の日記『吉続記』によると、四月二十三日に意見封事の宣旨が出され、六月から十月にかけて識者たちから提出された十二ケ条の意見について、後嵯峨・亀山の両主の臨席を仰いで評定が行われている。その間、五月二十七日には葉室中納言入道（定嗣）からの書状が経長に寄せられ、十二ケ条の意見を内々に禁裏に進めてほしいと伝えてきている。

この事実から少くとも意見は葉室定嗣に求められていたことが知りうる。定嗣は後嵯峨院の近臣で、『古今著聞集』に「前中納言定嗣卿、和漢の才先祖にもはぢざりければ、寛元四年の脱徙のはじめより、仙洞の執権を承て、ことに清廉のきこえありける程に」と記された「和漢の才」を謳われた能吏の公卿であった。

しかしこのときに意見として何が求められていたのかは『吉続記』からは明らかでないが、実は徳大寺実基が提出した意見が三月二十日付け円性の奏状として残されているのである。これは多賀宗隼氏により紹介された十四ケ条の奏状であり、氏は、円性が実基の法名であることを明らかにした上で詳しい分析を加えている。[3] ただこれがいつのものかは明らかにされなかったのであるが、実基は文永二年九月に出家していて、十年二月に亡くなっていることや、文永六年から九年の間に意見が求められた事実がなく、十年になって五ケ条の意見が召されていることなどから、奏状はこの五年のときの意見と見てよいであろう。

ただ十二ケ条の意見とは条数が一致せず、意見封事の宣旨が四月に出されているのに奏状の日付は三月になっているなどの問題点もあるが、「注し下され候篇目の外、奥に注し加へ候」と見えていて、実基は命じられた以外にも追加して意見を提出しており、また奏状は写しであるから、三月としばしば草字が間違いやすい五月のものだったと考えれば問題はないであろう。

そこからわかる十二ケ条とは、神事の興行、仏法の興隆、賢才の選択、令外官の員数、官民の富足、群臣の朝恩、号令の遵行、変通・不易の政、農桑の勤、民業、撫民倹約、雑訴のそれぞれについての諮問であって、政治はいかに行われるべきなのか、政治の基本理念についての意見が求められたのであった。

そのなかで実基が特に強調した部分は、追加して意見を述べた人材登用の部分であり、「為政はただ人を得るにあり」と指摘した上で、「億兆の趨くところは、一人の執る所にあり」と述べている。天下の万民は天子の考えのある所を見てそれになびくものだと力説しており、天子のとるべき道とその絶対性を説いている。[4] 第一条の神事の興行はそうした天子によって「人の煩」なく行われるべきであり、第二条の仏法の興隆も同じく「国の利」を量って行われるべきだとする。王権の絶対的な優越が主張され、それによって神事も、仏法も興隆されるべしというのが眼目であった。

そこには仏法衰微の現実認識と、蒙古や幕府など外部からの侵入による王権の危機意識が強くあって、これらに対応して王権至上主義をもって克服しようと考えたわけである。多賀氏が指摘するように、実基の奏状はおびただしいばかりに儒書が引用されており、儒教的な合理主義の考えによって貫かれていた。王権至上主義にはこの儒教の思想が大きな影響を与えていたのであろう。

『徒然草』のエピソード

実基は相当有名な人物だったらしく、その思想を物語るエピソードは『徒然草』二百六段にも見えている。検非違使の別当の家の中門廊において評定があったとき、出仕した官人の牛が放れ庁内に入って、別当の座る浜床に上り反芻を行った。それは重い怪異だということで牛を陰陽師に送らせ占わせるべしと人々は口々に申した。しかしそれを聞いた別当の父実基は次のごとく述べたという。

牛に分別なし、足あればいづくへか登らざらん、尫弱《おうじゃく》の官人、たま〳〵出仕の微牛を取られるべきやうなし、

牛に分別があるわけはなく足があればどこにでも登るだろう。貧しい官人がたまたま出仕に使った痩せ牛を取られてはかわいそうだ。この一言で牛は官人に返され、畳が取り替えられただけで済み、それで特別に「凶事」はなかったという。まことに合理的な物の考え方を示しているが、その際に「怪しみを見て怪しまざる時は、怪しみかへりて破る」と兼好は付している。これは宋の洪邁の『夷堅志』の一文からとったもので、おそらくもともとは実基が語ったものであろう。実基の合理主義の背景に宋の学問があることをよく示している逸話である。

この話は実基が子の公孝を別当になして、使庁の庁務をとっていたときのもので、それは文永四年（一二六七）から六年にかけての、ちょうど意見封事の頃であった。同じ頃の文永四年には実基が明法博士中原章澄に諮問して作成させた『明法条々勘録』もなっており、実基の政治や学問への積極的なかかわりを知ることができる。

次の二百七段は、後嵯峨院が亀山殿を建てたときに蛇塚が見つかった話である。蛇塚は所の神であるということで、

どうしたものか勅問があったところ、人々が、古くからこの地を占めていた物であるからむやみに掘り捨てるべきではないと述べたのに対して、実基のみ、

王土にをらん虫、皇居を建てられんに、何の祟りをかなすべき、鬼神はよこしまなし、咎むべからず、ただ掘り捨つべし、

と主張した。王土に住む虫がどうして皇居に祟りをなそうか、鬼神の霊は邪道な行いはしない、ただ掘り捨てればよいと述べる。そこで塚は崩され蛇は河に流されたが、祟りは別段なかったという。王権がなによりも優越する王権至上主義、王土思想がここにはうかがえる。

亀山殿は建長七年（一二五五）に造営されたが、亀山天皇が即位した文応元年（一二六〇）には、『徒然草』と同じような話が見える。大嘗会の女御代に指名された女性について、近親が死去したため憚るべきかどうかの勅問が出された。人々は憚りを主張したが、実基のみが憚る必要なしと主張してこれが採用されたという（『経俊卿記』）。

これらの話からはいかに後嵯峨が実基の言を重く用いたかが知られるが、亀山の即位した直後の院御所での談義では特に召されて実基が出席している（『妙槐記』）など、実基は後嵯峨や亀山に多大の影響を与えたのであった。こうした実基の影響も受けて後嵯峨と亀山は儒学の研鑽に勤しんだ。文永五年（一二六八）五月に吉田経長は「史書を見る、拝趨の隙に学に倦まず、上の好む所なり」（『吉続記』）と記しているほどである。

後嵯峨院といえば、寛元四年（一二四六）に幕府の申し入れによって、院中に評定制度を導入しており、それが以後の朝廷の評定制度の基礎になったのであった。このときの評定制は、幕府が将軍の父頼経を鎌倉から京都に追放し、さらに朝廷で実権を振るう頼経の父九条道家をも退けて、徳政を要求した結果設けられたものであり、それだけに評定衆のメンバーは慎重に選ばれ、関東申次の西園寺実氏、後嵯峨の乳父の土御門定通のほか、吉田中納言為経、葉室

定嗣などの有能な廷臣とともに、右大将実基も選ばれている（『葉黄記』）。いかに後嵯峨の信頼が実基に厚かったかがわかるであろう。

さらに実基の死の直前の文永八年に高麗から国牒が到来したときにも、出家の身ながら評定に召されており、その厚い信頼は終生続いたのであった。

徳大寺家の動き

実基を生んだ徳大寺家はどんな家であろうか。父は公継、母は白拍子の五条夜叉という異色の子であった。その儒学の素養は父譲りであって、俊芿の伝記『泉涌寺不可棄法師伝』によれば、宋に渡って宋学に接した俊芿が、「本朝未談の義」を公継に語ったという。これを信ずるならば、早くから一君万民の宋学の思想を公継は知っていたことになる。ただしその後の宋学の摂取の多くがそうであったように、どこまで学問の内容を理解していたのかは不明であるが。

さて公継の父は『平家物語』において王朝の風流を体現する貴族として描かれていた実定であった。その実定と公継の徳大寺関係の説話は『古今著聞集』に多く載せられており、しかも両人に対して高い評価が与えられていて興味深いものがある。例えば、公継がまだ若いとき、母親が身をやつしてある相人に公継の相を占ってもらったところ、末っ子なのに大臣の相があるといわれた話が見えている。

後徳大寺左大臣のすゑの子にてをはしけるが、このかみみなうせ給て、家をつぎて、大将をへて左大臣従一位にいたりて、天下の権をとり給ける、ゆゆしく相し申たりける也、

と記しているのである。このほか実定や公継の家人が何人も登場している。実定に仕えた料理の名人源行孝とその弟行算や、公継に仕えた随身で競馬の名手佐伯国文、公継の家に伺候していた検非違使の源康仲とそれに仕えることに

なった強盗の小殿、公継からしばしば牛・犬などを貰った大外記中原師季などである。[5] これは徳大寺家の周辺に成季自身が位置していたことから入手したものと考えられ、西園寺家が成季の父との関係から仕えてそこから説話を入手したとすれば、徳大寺家には母ないしは妻の家が関係していたのかもしれない。

さてそこで注目したいのは、徳大寺家に仕えた儒者の人々である。なかでも儒者の藤原永範と実定との関係はしばしば『古今著聞集』に見える。徳大寺家と永範の家との結びつきは『明月記』からもうかがえるところであり、『古今著聞集』の説話では永範の子孫としては「三品経範卿、詩を和したりける、いと興ある事也」と見える経範が登場している。さらには公継からしばしば牛・犬などを貰った大外記中原師季も文筆の家ということで注目されよう。西園寺家では橘・三善といった算道や経済に秀でた文士が家政を握っていたが、徳大寺家では儒者や文筆に秀でた文士が家政を握っていたのであった。

承久四年（一二二二）三月の公継家の政所下文（『鎌倉遺文』）に署判を加えている別当を見ると、筆頭は先にあげた大外記中原師季であり、次が直講で後に助教となった中原師行であって、ともに文筆に秀でた人物が名を連ねている。実基が育ったのは実にこうした環境であった。しかも父の公継は、後鳥羽の近臣源仲国が妻に後白河院の託宣がおりたと称して廟を建てることを建議したときに、僉議の場で一人反対し、さらに承久の乱の際には後鳥羽院を諫めた人物として『承久記』に見えている。実基は父のそうした反骨ぶりをも継承したのであろう。

承久の乱後はあまり目立った活動はしなかったが、公継・実基と宣陽門院の執事となっており、やがて皇統が土御門の流れに移ったのが幸いして実基は後嵯峨院の院庁の別当に任じられ、かくて後嵯峨・亀山の学問に大きな影響を与えたのであった。

儒学と新制

後嵯峨院が文永九年(一二七二)に亡くなり、実基もその翌年に亡くなると、親政を行っていた亀山は意見を人々に求めた(『吉続記』)。ただその内容は明らかではなく、亀山の政治の方針もそこからはわからないが、やがて弘安八年(一二八五)から亀山の子後宇多を中心にして儒学の勉強が活発になってくる。

藤原兼仲の『勘仲記』弘安九年四月十六日条は内裏の芸閣での『史記』の読書の様を詳しく記している。それによると、この読書は勧学のために去年から始まったもので、自分は菅原・大江といった儒者の家ではないことから今まで出席しなかったが、今度は勅定であるゆえに出席することになったと述べ、当日は菅原在輔・在兼、藤原兼仲、菅原在範・大江匡重らが出席したと記している。

八月になると芸閣の読書には、頭弁の中御門為方以下、藤原資高、菅原在輔、藤原兼仲・親顕・信経・範雄、菅原長輔・在範・公業、藤原重範らが出席して広く実務官人にまで規模が拡大している。「近日、文道の紹隆は他なきものなり」が兼仲の感想であった。

さらに十月四日に兼仲は、内裏で開かれていた「上丁御会」という儒学の論議・談義の会に出席することになる。これは月の上旬の丁の日にもたれた会であることから名付けられたもので、十月四日には孔子の影の前で論議があって、次いで『尚書』の談義が行われている。出席者は中心人物の藤原親雄・経世・通俊のほかに公卿の近衛兼忠や藤原公敦、さらに藤原俊定・冬季・実香・経継、平仲兼、藤原兼仲・雅藤らが顔を並べ、広く公卿にまで及んでいた。

こうした儒学の勉強の傍らで政治改革が進行していた。これは幕府が北条時宗の死をきっかけとして始めた政治改革、つまり弘安の徳政の影響を受けたものであって、弘安九年の十一月には評定制度の改革がなされて、徳政評定と雑訴評定の二つに評定が分けられ、一般の政務について審議する徳政評定には大臣・大納言の評定衆が出席し、訴訟関係の雑訴評定には中納言・参議の評定衆が出席することとされた。

十二月一日に開かれた徳政評定には関白鷹司兼平以下の大臣・大納言が出席しており、同三日に開かれた雑訴評定には、亀山院が出御して土御門中納言雅房・按察使葉室頼親・吉田中納言経長・右大弁宰相為方が参仕して、そこに蔵人の兼仲が伺候して訴訟の子細を説明して評定がなされている。雑訴沙汰の日は月に六回あって、当日は訴論人は文殿において子細を尋ねられ、裁許の院宣は当座に渡されるものとされたのである。また評定衆を始めとする訴訟関係者である伝奏・職事・弁官・文殿衆からは、尊卑にかかわらず訴訟を急速に奏聞すべきこと、権勢におもねず不肖といって侮らずに考えを述べること、賄賂に耽らないこと、以上の三ケ条について起請文が提出させられたのであった（『勘仲記』）。

こうした訴訟制度の改革に先立って、弘安八年の十一月に二十ケ条からなる新制が発布されている（『石清水文書』）。内容は所領の相論に関するものであり、そこで特に注目されるのが聖断の重視である。例えば、第四条の「勅裁の地」については、後嵯峨院の聖断が下された土地はたやすく裁きを改めてはならない、と定めている。第八条は朝恩の土地が自由に処分されていることを禁じたものだが、訴訟が起きたときは、根源を尋ね捜して聖断が下されるべきだと述べている。十三条の、両方が提出した文書や証拠が明らかでない場合も、根源を尋ね究めて聖断が出されるべきだとしている。さらに十八条では、聖断が下される以前に使者を相論の起きている土地に派遣して濫妨を行った場合には理のある訴えでも棄却する、と述べている。

ここには聖断至上主義ともいうべき傾向が認められる。王権がなによりも優越する王権至上主義の流れの上にあることは明らかであり、儒学の影響はすこぶる強かったといえよう。

しかしこうした政治改革を積極的に推進した亀山院ではあったが、兄の後深草院が自己の系統に皇位継承を強く幕府に訴えた結果、院政を進めることができず、弘安十年十月に幕府の申し入れによって引退させられた。

伏見天皇の訴訟制度の改革

新たに治天の君となった亀山の兄後深草院は慎重な政治運営を考えた。幕府に評定衆の人事を知らせて承諾を得るなど、常に幕府の存在に配慮しながら政治を行ったため、特別な方向は打ちだされなかった。しかしその子伏見天皇の代になった正応五年（一二九二）には新制が出され、訴訟制度の改革が試みられている。

そこでこのときの十ケ条にわたる訴訟関係法と亀山院による弘安法とを比較してみよう。正応法は石清水八幡宮に出された宣旨から知られるもので、最初の二ケ条は神社のみを対象とし、三条から十二条までが訴訟関係法となっている（『石清水文書』）。

まず第三条にある寄沙汰の禁止とは、紛争の当事者が係争の地を権門に寄せてその権威を借り相論に勝訴する行為を禁じたもので、鎌倉時代に広く一般化した法令であるが、ここでは「公人并びに諸司被官輩」が当事者である場合に限って禁止しているのみであり、しかも処罰は当事者の属する機関の行うところとされている。弘安法も第三条で規定しているが、ごく一般的に禁止を命じており、正応法のような限定はついていない。

第四条は中間狼藉の禁止を命じたものである。係争中の所領への狼藉を中間狼藉《ちゆうげん》というが、弘安法の十八条がその狼藉行為はたとえ理訴であっても認めないとするのに対して、正応法は以後の訴訟を停止するのみで、最終的には勅裁を待つように命じており、極めて慎重な姿勢をとっている。

こうして正応法は著しく慎重な態度がうかがえるが、さらに第五条から十条までの訴訟手続きに関する規定では全般的に厳格な訴訟手続きを規定している。五条は訴えに対する反駁の陳状の提出期限について、六条は職事・弁官の訴訟受理、七条は訴陳は二問二答に限ること、八条は訴論人の奇謀に関する罪科、九条は奉行人の私曲、十条は謀書・相伝地不分明の処理などをそれぞれ定めているが、この内の第五条の陳状の提出期限は、弘安法が第十九条で三十ケ日と定め、それに遅れると所務を止めるとしているのに対して、正応法は二十ケ日に期限を縮め、しかも遅れた場合には所務を止めるのみならず、さらに十五ケ日を過ぎたならば、訴人に一方的に裁許を与えるとしている。

十条の謀書・相伝地不分明の処理については、弘安法は既に見たように聖断による裁許を規定していたが、正応法はその土地を没収すると規定している。訴論人に対して厳格さを要請するだけでなく、六・九条では奉行人の怠慢を戒めており、この点は弘安法は全く触れていない。

つまり正応法は全体に手続きを厳格にしてその不正を取り締まろうという姿勢がうかがえる。弘安法の聖断至上主義に対して、正応法は手続き厳格主義とでも評せようか。この違いがどこからきたのかは、検断について規定した十一・十二条がよく物語っている。

十一条は洛中の宅切という狼藉について規定しているが、これ以前の法令が検非違使による禁獄を定めているのに対して、正応法は「不慮の喧嘩」を想定して武家による追捕を求めている。また十二条の「所々点定物」という訴訟を経ずに山中や水上で物資を奪う行為については禁止はしたものの、断罪に関しては今後の規定を待つとして見送っている。明らかにこの行為に及ぶのが武士に多かったことからの配慮であろう。

このように正応法は幕府の存在に配慮しながら、朝廷の支配領域内における訴訟手続きの整備を図る方向を打ちだしたのであった。翌年にはそれにそって訴訟改革を行っており、雑訴評定には大臣以下参議までが番を組んで月六回の審議を行うものと改められた。雑訴評定が重視されたのであるが、評定への天皇の臨席はなく、評定はあくまでも「内談」とされて職事の奏聞により天皇が裁決することになった。その上、裁決の勅断も慎重を期してすぐに下さぬこととされた。

わずかに目新しいものは新制の出された翌年六月の記録所庭中の新設であった。奉行の職事の怠慢から「衆庶の訴人」の訴えが滞ることについての救済措置であり、記録所に参議・弁・寄人らが毎日参仕し、庭中の訴訟を受理し審議することとされた。上旬には神事を、中旬には仏事を、下旬には雑訴を審議することとし、さらに毎月六ケ度の雑訴の沙汰が行われた。いずれも公卿・弁・寄人らが様々な組み合わせにより交替で審議したのである(『勘仲記』)。厳格で公正な手続きによる制度改革を意図したものであった。

二つの流れ

鎌倉末期、朝廷には幕府の成長に対応するなかで二つの流れが生じた。一つは幕府の路線に合わせながら、朝廷固有の領域を固守しようという持明院統、もう一つは幕府と蒙古襲来という外圧から王権に権力を集中して危機を逃れようとする大覚寺統の流れである。この二つの流れは皇統の対立を軸にして互いに競い合いながら、訴訟制度を整備していったが、同時にそれぞれに党派をつくり次第に大きな潮流を形成し、多くの勢力を巻きこんでいった。幕府もまたその争いに巻きこまれて、方向を見失うことになる。

そうしたなかで持明院統は朝廷の固有の領域を守る立場にあったのに対して、大覚寺統は亀山の後、後宇多・後醍醐と王権至上主義を強力に打ちだしてゆき、ついには承久の乱前の体制に戻れというスローガンを掲げるに至る。それは大覚寺統の傍流から出た後醍醐の周辺により強く主張されて、やがて東の公方の否定に向かった。もともと幕府が朝廷の様々な領域に進出してゆくのと、大覚寺統が王土の領域支配を目指すのとは、正面衝突する可能性を秘めていたのである。食うか、食われるか、後醍醐は、綸旨万能を武器にして、他の権力・権威を否定して、ついには倒幕に邁進したのであった(6)。

持明院統の天皇花園は、後嵯峨以来の中国の学問研究に熱心で、その日記には毎日、何を学んだかがこと細かく記されているが、そこに「近日、禁裏頻りに道徳・儒教の事、沙汰ありと云々、尤も然るべき事なり、而るに冬方朝臣・藤原俊基等、この義殊に張行の者なり」と見える。「禁裏」後醍醐もまた道徳・儒教に熱心であって、やがて花園の下にいた日野資朝なども後醍醐の周辺に集まって、儒教の談義が繰り返された。王権至上主義はそこで強く主張されていったことであろう。

なお後醍醐が山野・河海で活動する人々を広く掌握して、組織していったことを忘れてはならない。元亨二年（一三二二）に親政を開始すると、京都の酒屋に課税してそれを保護したのを始めとして、寺院・神社が京都の職人を組織して課していた公事を停止し、さらに京都の土地に対して課されていた貴族・寺社の地子を停止している。これらが京都の職人を保護するとともに、統轄しようという政策であることはいうまでもない(7)。王土で活動する人々に目をやって、把握するに至り、道々の輩の興行を訴えて組織していった。悪党と呼ばれる集団をも味方に引き入れたのである。

こうして、後醍醐の王権至上主義は倒幕をもたらし、公武一統の建武政権を生んだが、しかし数年にして瓦解している。その原因は様々にあるが、ひとつにはすべてを後醍醐個人が勅断するシステムに本来的な無理があったといえる。それと同時に、既に王朝の政治機構が変質していて、後醍醐の考えた通りには機能しなくなっていたことも重要な点であろう。律令政治への復古の掛け声は、結果的には律令との訣別をもたらしたのである。

幕府との協調を主張していた持明院統の天皇が北朝として立てられたものの、建武政権の成立と崩壊によって、天皇の権威が綸旨の形で広くばらまかれた。天皇の権威が、京都の都市民から全国の非農業民に至るまで、さらに個々の荘園村落にまで下降していった。かれらは綸旨を得て、あるいは偽綸旨を作成して、自己の権利を主張した。そのため朝廷に集中していた権威は広く分散していったが、それはその頃に各地で村・一揆などの自立的集団が生まれてきたのとパラレルな関係にあったことはいうまでもない。その集団に天皇の権威が内的に結びついたといえよう。

鎌倉幕府はその末期には公家に対して公方と称していたが、その公方を否定して築かれた後醍醐の公武一統が崩壊した後、各地には様々な公方が生まれている。室町幕府は公方様、鎌倉府は鎌倉公方、そして所々には所の公方、または時の公方と、公方の多元化と重層化が起きたのである。

かつての二つの流れは、北朝の朝廷が保持していた固有の領域に踏み入っていった足利義満が南北朝を合一することによって、一つに合体させられるが、もはや多元化した公方の統一は不可能であった。

16 文士の終焉

長かった文士と武士の時代も、ついに終焉を迎える。といっても、武士の時代はこれから何百年もの間、続くのであるが、武士とともに時代をリードしてきた文士がその存在に幕を閉じるのである。そこで最後に再び戻ってきたC君を交えて文士の終焉を探ってもらおう。

時代の変化

C　ひどいじゃあないか。僕がいない間に話を進めるなんて。もう終りだって。

A　悪い、悪い。二人で話をしていたら君のことを忘れてしまった。機嫌を直して、一つまとめの司会をやってくれないか。

B　そうそう。最後の大事なところだから、頼むよ。

C　仕方がない。やるか。武士と文士の時代を整理すると、古代社会は天皇・貴族の下に文官・武官が配置されて統治機構がつくられていたわけだが、簡単にいえば、その内の武官が武士に、文官が文士になっていったんだろう。

B　武士の源流はそう簡単にはいえないが、文士はそういっていいだろう。武士の地方での活動に触発されて文士も地方で活躍するようになり、やがて中央の貴族による荘園や国衙などの地方支配のために文士はなくてはならない存在となったわけだ。

A　さらに武士の活動の結果、鎌倉幕府がつくられると、文士は活動の場をそこに求めて鎌倉に下っていった。

C　朝廷に残った文士はどんな状況だったの。

B　荘園や国衙領に地頭が置かれ、また多くの所領が幕府のものとなって、朝廷の経済的な基盤が窮屈になったことから、その経済の再建のために文士の存在は大きくなった。

C　藤原定家の生きた時代だね。

B　そう。王朝の政治と文化に関する学習が貴族を中心にして始まった時代でもある。後鳥羽によって王朝社会への統合が謳われたんだ。しかしその目論見は承久の乱で挫折した。乱により武力を奪われた朝廷では貴族の自信が失われ、貴族に代わって文士が台頭してくることになる。文化のにない手は明らかに文士に移ってゆくんだ。

C　幕府の方はどうなの。

A　幕府は機構の整備を文士に依存していた。幕府独自の「王殺し」の構造との関係で、将軍が京都から迎えられるたびに文士が下ってきており、幕府機構の整備がなされていったし、また文士のもたらす文化が鎌倉に根づいていった。『吾妻鏡』や『曽我物語』はそうして成った作品。

C　京都と鎌倉との交流は活発だったわけだ。『徒然草』百六十五段にあったね。

吾妻の人の、都の人に交り、都の人の、吾妻に行きて身を立て、また本寺・本山を離れぬる顕密の僧、すべて我が俗にあらずして人に交れる、見ぐるし、

兼好は随分とそうした存在に批判的なんだが。

B　京都と鎌倉という二つの場・空間の存在が文士の活動を支えていたようにも思うんだ。あるいは貴族の自信喪失の穴を埋め、武士の自信・自覚を補う役割といってもいい。しかし新たな文化と価値が外から流入してきたときに、

文士たちはこれに対応できなかった。

C　そうそうこのことも『徒然草』にこんな風に見える。

唐の物は、薬のほかは、みななくとも事欠くまじ、書どもは、この国に多く広まりぬれば、書きも写してん、唐土舟の、たやすからぬ道に、無用の物どものみ取り積みて、所狭く渡しもて来る、いと愚かなり（百二十段）

蒙古襲来を契機に大量の唐物が流入して、日本の文化と価値を揺さぶったんだ。

A　兼好は最後の文士とでもいえようか。

説話の吟味

C　鎌倉後期になると、大きな変化が起きたというが、説話についてもそういえるのかい。兼好は「世に語り伝ふる事、まことはあいなきにや、多くは皆虚言なり」（七十三段）と記していたが、説話収集の態度に変化はあったのだろうか。

B　多少の違いはあれ、説話集の作者には等しくこれと同じ認識があったと思う。『宇治拾遺物語』の序文でも「少々は、空物語もあり」と記していた。『古今著聞集』の跋文も「さだめてうける事も、又たしかなることもまじり侍らんかし」と記している。だが、そう表現したとき、虚言のままであってよいと思っていたわけでは決してない。事実との緊張感をそれなりに持っていた。説話の吟味がなされ、説話として書き残されている。

A　そうだね、ところが『徒然草』を境にして、この吟味がほとんどなされなくなるんだ。事実との緊張感を失って、架空の背景が大きな意味を占めるようになる。

C　そうなのか。ただその吟味のレベルは作者によって違いがあるんだろう。

B　『古事談』の源顕兼の場合は、比較的狭い範囲内での説話収集であるため、原典にあまり手を加えていない。関連資料を探すことで、吟味をしている。『古今著聞集』の成季の場合は、自身がひろく尋ね歩いて説話を収集しながら、できるだけ原典に忠実たらんと心掛けていた。自分の眼と、記録の確かさに信頼を置いていたんだね。兼好は、成季の場合に似ていて、京都とその周辺のみならず、鎌倉にも下って説話を得ている。

C　でも『徒然草』なんかを説話集と呼んでいいの。説話を載せていても、兼好は自分の主張のために説話を配列し利用しているように見えるんだが。

A　ほかと違って、兼好は自覚的に説話に対応しており、話はそのままに書かれるものではなかった。例えば、

後徳大寺大臣の寝殿に、鳶ゐさせじとて縄を張られたりけるを、西行が見て、鳶のゐたらんは何かは苦しかるべき、この殿の御心さばかりにこそ、とて、その後は参らざりけると聞き侍るに、綾小路宮のおはします小坂殿の棟に、いつぞや縄を引かれたりしかば、かの例思ひ出でられ侍りしに、まことや、鳥の群れゐて、池の蛙をとりければ、御覧じかなしませ給ひてなん、と人の語りしこそ、さてはいみじくこそと覚えしか、徳大寺にも、いかなる故か侍りけん、

という『徒然草』の十段に載る話があるだろう。最初に見える後徳大寺殿（実定）の所行を非難した西行の話は『古今著聞集』の四百九十四段に見えるもので、兼好はこの話を踏まえながら、小坂殿の話を紹介し、かつそこから西行の話に帰ってその真意を問うている。かなり捻ってあるんだよね。しかもこれら全体は「家居のつきづきしくあらまほしき」こと、の連関から語られている。

B　兼好の事物を見る目から説話が吟味され、配列されているわけだ。

A　説話は兼好その人とともにあって、兼好から離れることはない。また、その時代の常識を背景として、常識の裏を探ってゆくことから、説話の発見に至る。さらに説話の持っている性格に合わせて、説話の表現方法なんかも変

えていた。

C　そうした『徒然草』あたりを境目にして、説話が大きく変化してゆくということだが、それはなぜだろうか。

B　何といっても、説話を生みだしていたのは王朝社会であって、その社会常識に説話は大きく依存していた。ところが王朝社会の価値観が揺すぶられたため、もはや説話を支えきれなくなったことが大きな原因だと思う。

A　幕府が公方として様々な領域に侵入してきたこと、外から価値が流入してきたことが大きな影響を与えている。王朝社会に生まれた記録や実録がはたして何の役に立とうか、そういう懐疑が頭を掠めたとき、説話は音を立てて崩れていった。もっと実際的な知識が求められたし、またもっと面白い話が求められた。

C　説話を吟味しようということが行われなくなったとき、説話の時代が終わったわけだ。

時代の変質

C　ではそうした説話の時代を担った最後の文士・兼好について見ておこうか。

B　兼好は後宇多の子の後二条天皇に蔵人として奉仕し、やがて内裏を退出し蔵人の大夫として徒然なる生活を送るようになった。

C　その後はどんな暮らしをしていたの。

A　正和五年（一三一六）に亡くなった堀河具守の岩倉での葬儀にかかわっているので、どうも堀河家の侍として世を過ごしたらしい（『兼好歌集』）。『徒然草』の百七段は、亀山院が世にあった頃、その具守が、女房たちに「郭公や聞き給へる」と問われて、「岩倉にて聞きて候ひしやらん」と応えたので、「これは難なし」と評価された、という話を載せている。

B　蔵人や史・外記の大夫、あるいは院北面が貴族の侍となって仕えるケースだ。

A　ところで、こうした王朝の風雅を伝える様相は、この頃を境にして変わってきたようだ。二十二段から二十五段まではまとめてこの付近を問題にしている。「何事も、古き世のみぞ慕しき、今様は無下にいやしくこそなりゆくめれ」(二十二段)、「衰へたる末の世とはいへど、なほ、九重の神さびたる有様こそ、世づかず、めでたきものなれ」(二十三段)という。

B　王朝の雅はわずかに内裏に残っているのみというわけだ。

A　しかしその次の二十四段に見える「やさしく、面白き事の限りと」と謳われた野宮にある斎王も、制度として失われつつあった。兼好が見聞して記したのは、こうした王朝への追憶と、その現実との落差なんだと思う。二十五段はかつての栄華を誇った寺院が皆、滅んでゆく様を「飛鳥川の淵瀬、常ならぬ世」として詠嘆している。

C　では内裏の周辺はどうなの。朝廷は貴族によって運営されていた公事・行事で成り立っていただろう。その公事・行事はどうなっていたのかな。

B　そこにも大きな変化がうかがえる。百一段は、ある公卿が任大臣の節会の内弁を勤めたときに、内記の持っていた宣命を取らないで堂の上に昇り、着座してしまった失礼の話を載せる。このときに急場を助けたのが六位の外記中原康綱であり、衣を被った女房を語らって、宣命を渡して難なく過ごした、という話。これは文士が公卿の失礼を助けた話だ。次の段は、公事に一番詳しいのが実は卑しい衛士であったという話。公卿の源光忠が、追儺の上卿を勤めるに際して、教えを故実に詳しい洞院公賢に請うと、公賢は「又五郎男を師とするより外の才覚候はじ」と述べたという。又五郎とは老いた宮中の門番であり、公事に詳しかったらしい。また、摂関家の近衛経忠が着陣するときに敷物を忘れて外記に持ってくるように命じると、篝火を焚いていた又五郎が、最初に敷物を召すものだ、と呟いたという。

C　うーん、かつては貴族の最大の関心事であった公事・行事への取り組みも著しく減退していったんだね。では、その関心はどこに向けられていったの。

A　僕が八十段で説明しよう。

人ごとに、我が身にうとき事をのみぞ好める、法師は兵の道を立て、夷は弓ひく術知らず、仏法知りたる気色し、連歌し、管弦をたしなみあへり、されど、おろかなるおのれが道よりは、なほ人に思ひ悔られぬべし、法師のみにもあらず、上達部・殿上人、上ざままでおしなべて、武を好む人多かり、

貴族や法師たちが武を好んで兵の道にいそしみ、夷（武士）が弓矢でなくて、連歌や管弦を嗜もうとする、と述べている。既に貴族社会の価値は失いかけている。そのなかで文士もまたその存在価値を失ってゆくことになる。文士の基盤である朝廷と貴族社会が空洞化していたんだ。

C　兼好のその後はどうなるの。

A　時代は下って『太平記』に兼好の話が見えている。

『太平記』の性格

B　有名な『仮名手本忠臣蔵』のモデルとなった話だろう。室町幕府の執事高師直が気分の晴れぬ毎日を過ごしていた頃、女房から塩冶判官の北の方が絶世の美女であるという話を聞いて言い寄ったものの、いろよい返事がないので恋文を出すことになった。

兼好ト云ケル能書ノ遁世者ヲ呼寄テ、紅葉重ノ薄様ノ、取手モクユル計ニコガレタルニ、言ヲ尽シテゾ聞ヘケル、返事遅シト待処ニ、（中略）師直大ニ気ヲ損ジテ、イヤイヤ物ノ用ニ立ヌ物ハ、手書也ケリ、今日ヨリ其兼好法師、是ヘヨスベカラズ、トゾ忿ケル、

恋文の代筆に呼び寄せられたのが「能書ノ遁世者」兼好だった。その結果は不首尾に終わり、兼好は面目を失ったというものだ。

A　そこでは兼好は単に能書としか評価されていない。「イヤイヤ物ノ用ニ立ヌ物ハ、手書也ケリ」と文士はいつしか「道々の輩」になっていたんだ。多芸の文士から一芸の道々の輩へ。

C　でもそれは『太平記』の性格とも関係するんじゃあないのかな。『太平記』について考えてみる必要があるね。

B　そう。これまでの文士の作品とは大きな違いがうかがえる。新たな文芸と時代が見出されるように思う。そこに文士の時代に次ぐ新たな時代の特色が見られる。

C　どんな特色があるの。

B　『太平記』は語られるものではなく、人に講釈する性格を持っていたらしい。そして『平家物語』などの軍記物語とは違って、ほとんど事件から時を経ずにつくられており、多分に実用的な性格を持っていた。百科事典として利用された節もあるという。

C　じゃあ『太平記』はどのようにつくられたのか、考えてみようよ。

B　『太平記』も考えるのかい。

A　それは面白いね。やってみようよ。

B　なにか成算でもあるの。

A　僕が注目したいのは『難太平記』なんだ。『平家物語』の成立を物語る『徒然草』の二百二十六段のように、これは『太平記』の成立の有様をよく伝えているように思う。

C　書名はいささかイデオロギッシュだね。内容は大丈夫なのかい。

B　いやいや、これは本来、今川了俊が子孫のために家の記録を書き留め、教訓として伝えようとしたもので、置文や家訓としての性格を持つものなんだ。『難太平記』は後世の人が『太平記』を批判していることから、勝手に名づけただけのもの。

A　そう。だから『太平記』に触れた部分も内容の吟味という視角から扱っており、決して非難を第一にしてはいない。その成立を述べているのも、『太平記』の吟味にはそれが欠かせない、という認識に基づくものであったと思う。

C　これがその記事かい。

此の太平記事、あやまりも空ごともおほきにや、昔等持寺にて、法勝寺の恵鎮上人、此の記を先三十余巻持参し給ひて、錦小路殿の御目にかけられしを、玄恵法印によませられしに、悪ことも、誤も有しかば、仰云く、是は且見及ぶ中にも、以の外ちがひめおほし、追て書入れ、又切出すべき事等有り、其程外聞有るべからざるの由、仰せ有し、後に中絶也、近代重て書続けり、

A　法勝寺の恵鎮上人がもたらした『太平記』を玄恵法印が錦小路殿足利直義の前で読んだ、と見えているね。『太平記』が最初から読まれる性格のものであったことがよくわかる。

B　うん、語られる性格の『平家物語』との違いは成立の当初から存在していたらしいね。語られるものと読まれるものの違いを考えたいところだ。

C　その玄恵の読む行為とはどんなものなのかな。

B　後醍醐が倒幕のために催した無礼講の記事を見ようか。

無礼講ト云事ヲゾ始ラレケル、（中略）其事ト無ク、常ニ会交セバ、人ノ思咎ムル事モヤ有ントテ、事ヲ文談ニ

寄ンガ為ニ、其比才覚無双ノ聞ヘアリケル玄恵法印ト云文者ヲ請ジテ昌黎文集ノ談義ヲゾ行セケル、

文談・談義の場こそ読まれる場であった。さらには玄恵は将軍尊氏の御前での評定の場に出てきて、評定衆の問いに答えて「種々ノ物語」に言い及んでいる。(1)読み聞かせ助言する、これが文談・談義の場にほかならない。『太平記』もそういう場で読まれたのだろう。

C　『平家物語』が語られる場とはどうだったの。

B　これも『太平記』に探すと、

毎日酒肴ヲ調テ、道々ノ能者共ヲ召集テ、其芸能ヲ尽サセテ、座中ノ興ヲゾ促シケル、(中略)真都ト覚都検校ト、二人ツレ平家ヲ歌ケルニ、

「道々ノ能者」と呼ばれた琵琶法師らの芸能が語られたのは、宴の場だったわけだ。

A　そう見てくると、『太平記』の実用的性格がよくわかる。読む人、聞く人が付け加えたり、切りだしたりするのも、そうした性格からくるのだろう。

B　『太平記』のなかで玄恵は独清軒の号でもって政談を行い、また遊和軒朴翁の名を持つ人物が政談を行っていたことが記されている。『太平記』とはそうした政談集の側面をも有していたらしい。

『太平記』の構想

C　『難太平記』では『太平記』をもたらしたのは恵鎮上人だというが、この玄恵と恵鎮とを結ぶ延長上に『太平記』の作者を想定できるのかい。

B　そう。『太平記』の一本には恵鎮が書いたとも見えている。このことから「原太平記」は恵鎮を編集者としてその門下の手になることがこれまでにも指摘されている。(2)恵鎮は後醍醐の帰依を受けた、叡山に基盤を置く律宗の法

師なんだ。(3)

A　確かに恵鎮門下の律僧の動きをもってとらえれば、理解がしやすいようだが、でも恵鎮が、『太平記』の時代の半ばで亡くなるのは、どう考えるべきだろう。

C　『太平記』の作者としては「小島法師」がよく知られているが。

B　応安七年（一三七四）四月末に「天下太平記」の作者といわれている「小島法師」が亡くなった、と『洞院公定日記』は記している（五月三日条）。恵鎮から小島法師への律僧の流れのなかでとらえたらどうだろうか。

A　『難太平記』によれば、『太平記』は一旦書かれた後、中断されて、再び書き継がれて成ったとあるね。

C　作者像を考えるためには、さらに『太平記』が南北朝時代をどのように描こうとしたのか、という問題をも考えてみる必要はないのかな。

A　それはそうだ。最初の構想と書き継ぎの構想はどういう関係にあったのか、という問題からしても。

B　『太平記』は全部で四十巻、後醍醐天皇の治世から始まって、細川頼之の上洛をもって終えている。その上洛の直前の記事を見ると、中殿御会があり、将軍義詮が死去し、鎌倉府の公方基氏の死去となるが、特に注目されるのは、中殿御会の記事だろう。

A　確か後鳥羽院の建保六年（一二一八）にも行われた行事だったね。

B　そう。後光厳天皇が強く希望したこの行事は、以前に後醍醐天皇の元徳二年（一三三〇）に行われ、その前が後鳥羽のときだったから、「不吉」「先規不快」という反対があった。それぞれ数年後に「天下の凶事」（戦乱）が起きていたからであるが、しかし「王道の興廃」を知らしめるためには、是非とも必要だという天皇の強い意思によって挙行されたという。

C　この行事と最初の後醍醐の挙兵とはどう繋がっているの。物語は初めと終りが肝心なんだろう。

B　後醍醐の理念が公武一統であることを考えれば、その点で照応している。さらにそこから浮かび上がってくるのが、康永四年に行われた、第二十四巻に述べられている天龍寺供養なんだ。幕府の主催により光厳上皇の臨席を仰いで挙行される予定だったのが、山門の強訴のために、上皇は一日ずらして臨幸するに至ったという。まさに公武一統をめぐる重要な行事として位置づけられていた。

A　その供養は、後醍醐の菩提を弔うためのものだったね。

B　その点が重要なところで、これによって後醍醐をめぐるストーリーは終わる。従って『太平記』を二部構成でもって考えるならば、第一部は後醍醐の挙兵から天龍寺供養までの後醍醐の物語とみなせるわけだ。そして第二部はそれ以後に書き継がれたもので、公武一統の歴史を描いたものといえよう。武家の内部の確執が観応の擾乱でピークに達し、その余波の戦乱が引き続き起こる、その様を描いて『太平記』は締め括られている。

C　小島法師の「天下太平記」という呼称も、第一・二部通じての内容にこそよく合うというわけだ。

A　これまでは『太平記』を見誤っていた。本来は後醍醐の物語として始まっていたということだね。

B　同じ頃に足利尊氏・直義兄弟の将軍物語としての『梅松論』がつくられていることをあわせて考えてみるといいね。また『承久記』が後鳥羽院の記述に始まる物語であることが思いだされるし、さらに『五代帝王物語』は後嵯峨の物語であった。

C　『太平記』はもともとは後醍醐の霊を鎮める物語としての性格を持っていたとすると、ますます恵鎮が重要な存在になるわけだが、もう少し紹介してよ。

作者の検討

A　後醍醐の帰依を受けて北条氏の菩提を弔い、その霊を慰めるために鎌倉に宝戒寺を建てているんだ。『太平記』が鎌倉の最期に詳しいのはそのことと関係している。

C　『太平記』では恵鎮はどう描かれているの。

B　恵鎮は、後醍醐天皇が幕府調伏のために行った祈りに、小野の文観とともに「法勝寺ノ円観上人」として登場し、やがて六波羅勢に捕えられた僧「法勝寺ノ円観上人、小野ノ文観僧正、浄土寺ノ忠円僧正」三人の一人としてあげられ、ついでかれら三人は関東に下されたのだが、そこでの『太平記』の紹介は恵鎮に最も手厚い。また、

円観上人計コソ、宗印・円照・道勝トテ、影ノ如ク随形ノ御弟子三人、随逐シテ輿ノ前後ニ供奉シケレ、其外文観僧正・忠円僧正ニハ相随者一人モ無テ、怪ナル店馬ニ乗セラレテ、

とあるように、幕府のもてなしも厚く、さらに恵鎮一人だけが拷問を受けることなく、結城宗広に預けられて奥州に流されたという。ここに垣間見える恵鎮に随行した「宗印・円照・道勝」らの律僧の見聞がもとになって、『太平記』が書かれたという想定も不可能ではなかろう。

C　そうだ。恵鎮を預かった結城宗広の最期については「結城入道堕地獄事」の章に見えるが、そこに描かれている宗広の日常生活が、第1章で触れた記事。

ゲニモ此道忠ガ平生ノ振舞ヲキケバ、十悪五逆重障過極ノ悪人也、鹿ヲカリ鷹ヲ使フ事ハ、セメテ世俗ノ態ナレバ言フニタラズ、咎ナキ者ヲ殴チ縛リ、僧尼ヲ殺ス事数ヲ知ズ、常ニ死人ノ頸ヲ目ニ見ネバ、心地ノ蒙気スルトテ、僧尼男女ヲ云ズ、日毎ニ二三人ガ首ヲ切テ、態目ノ前ニ懸サセケリ、サレバ彼ガ暫モ居タルアタリハ、死骨満テ屠所ノ如ク、尸骸積デ九原ノ如シ、

勇士の姿、荒々しい武士の実像が浮かんでくる。

B　それに続いて宗広の死を「其比、所縁ナリケル律僧」が夢のなかで知り、そのことを家族に伝えた話が載せられている。この「所縁ナリケル律僧」が恵鎮門下の律僧であることは疑いない。

A　そうそう、楠正成の記述も注目されるね。『太平記』は正成については共感をもって記しており、建武二年（一三三五）の京都での合戦では、次のような記事を載せている。

楠判官山門へ帰テ、翌ノ朝律僧ヲ二三十人作リ立テ京へ下シ、此彼ノ戦場ニシテ、尸骸ヲゾ求サセケル、京勢怪テ事ノ由ヲ問ケレバ、此僧共悲嘆ノ泪ヲ押ヘテ、

正成の計略に山門の律僧が荷担しているんだが、これも恵鎮門下の律僧とは考えられないかな。

C　そうすると『太平記』を書き継いだ小島法師は。

B　同じく恵鎮門下の律僧だと思う。恵鎮門下の活動は遠く九州にまで及び、特に『太平記』の記述の多い近江は恵鎮の生まれた国であるとともに、恵鎮は佐々木氏頼の帰依を得てここに慈恩寺を建てている。小島も近江の地名なんだ。

C　では恵鎮門下はどうして『太平記』をつくったの。

B　恵鎮が後醍醐のためになにかしようとしたことは十分考えられるところ。でも足利尊氏・直義は禅僧の夢窓疎石の勧めによって天龍寺を建立したものの、そこに恵鎮の出番はなかった。そのことから後醍醐の鎮魂の物語の発想が生まれたのではなかったろうか。『太平記』が夢窓に冷たいのも興味深い。

職人の世界

C　『太平記』が幾多の律僧からの情報や知識を盛りこみ、あるいは文者による文談・談義での講談が盛られて書かれたのであり、それは実用的な知識・情報として多くの人々に受容されたことがわかった。

A　そうした『太平記』が文士の作品でないことは明らかであり、鎌倉時代の後期になってはっきりと姿を現わした道々の輩、つまり諸道の人々により担われていたんだ。『徒然草』には実に様々な職人が登場しているだろう。百九段の「高名の木登り」、つまり名の高い植木職人は、高い木で作業していた弟子に地面に降りる寸前になって、「あやまちすな、心しておりよ」と注意したという。不審に思った人が聞くと、「あやまちは安き所に成りて、必ず仕る事に候」と答えた。感心した兼好が「あやしき下﨟なれど、聖人の戒めにかなへり」と評している。

C　そういえば、その次の百十段の「双六の上手といひし人」、つまり博打打ちも面白い。勝つ手立てを聞かれて、「勝たんと打つべからず、負けじと打つべきなり、いづれの手が疾く負けぬべきと案じて、その手を使はずして、一目なりともおそく負くべき手につくべし」と述べているね。兼好は「道を知れる教へ、身を治め、国を保たん道も、またしかなり」と絶賛して憚らない。

B　こうした職人はほかにも「宇治の里人」（水車づくり、五十一段）、「よき細工」（二百二十九段）、「商人」（百八段）、「大福長者」（二百十七段）、「盲法師の琵琶」（二百三十二段）、「連歌の賭物取り」（連歌師、八十九段）、「ぼろぼろ」（百十五段）、「陰陽師」（二百二十四段）などがあげられており、かれらは一家言を持って喋り、そこに兼好の強い関心が示されている。

A　そのような職人の姿は、既に見たこの時代の絵巻物にもビジュアルに表現されている。鎌倉時代の後期は職人らがはっきりと姿を見せた時代であった。また、『徒然草』が記すようにかれらが自己主張をしはじめた時代であったわけだ。この付近は僕の『中世のことばと絵』を読んでもらいたい。

C　職人たちの住む都市の変化についてはどうなの。

A　最近の京都や鎌倉の発掘の成果を見ると、鎌倉時代の末期になって庶民の町屋が爆発的に増えているという。都市とその庶民の空間が独自性を示し始めた時代が鎌倉時代末期だったらしい。

B　その点で面白いのは『徒然草』の五十段の「応長の比、伊勢の国より女の鬼になりたるを率て上りたりといふことあり」という話だろう。女が鬼になって伊勢から京に上ってきたという噂が京中に広まり、人々はその鬼を見んものと、「只今はそこそこに」などと右往左往した様子が活写されている。「まさしく見たりと言ふ人もなく、そらごとなりと言ふ人もなし、上下ただ鬼の事のみ言ひやまず」という有様だったという。こうした鬼や妖怪の話自体はそれまでの説話集にも多く見えているが、それらのほとんどは館や家の中の薄暗い場所か、人家の絶えた閑散とした場所だった。しかしこれは違うんだね。京の人口の稠密な地におきた話であって、人々はこれを恐れるどころか、好奇心も旺盛に見物にいっている。

C　それはまさに都市のフォークロア。都市が大きく変わってきたことがよくわかる。

A　そうした都市の庶民文化が、やがて「この頃、都に流行《はや》るもの」を列挙して建武政権の周辺を痛烈に批判した二条河原の落首を生むことになるわけだ。

C　そうか。やがて都市民の手に成る文芸作品や文化が大きく開花してゆくことになる。そうすると、能や狂言など新たな文化をになう階層がいかに生まれて成長してゆくのか、武士もまたそれにあわせていかに変化していったのか、次はその点を考えることになるのだが。

B　それこそ君が考えてくれたまえ。今は文士の時代はかくて終焉したというところで、終わりたい。

C　その前にどうして文士は没落したのか、示してほしいね。

B　文士が貴族の家々や武家に引き裂かれていたために、身分支配を打ち破れなかったことが大きい。それは独自の思想的基盤を持ちえなかったことも関連しているがね。

A　結局、文士が結集して政治権力を握ることはできなかった。そのために文士は没落する。このことが日本の社会に与えた影響は大きいと思うんだ。中国や朝鮮のような士大夫層による官僚支配とは違う方向に日本社会は進んでいったのだから。

C　じゃあ、その後の文士はどうなったの。

A　文士の時代は終わり、文士ということばも死語になったが、文士自体が全く姿を消したわけではない。やがて再び「文士」のことばが復活するが、それは武士の時代に別れを告げた明治時代になってからだ。内容は全く違うけれど。

C　いや、どうもありがとう。また話ができるのを楽しみにしているよ。

注およびコメント

第Ⅰ部　武士の春

1　勇士たちの社会

（1）この門前の風景については黒田日出男『『獄』と『機物』』（『姿としぐさの中世史』平凡社、一九八六年）を参照されたい。
（2）伊東玉美「武士の説話について」（『国語と国文学』六十八巻十号、一九九一年）
（3）黒田日出男「首を懸ける」（『月刊百科』三一〇号、一九八八年）は、首をめぐる習俗を検討して、首を軍神に生贄として捧げる武士たちの信仰や芸能を探っている。
（4）戸田芳実「国衙軍制の形成過程」（『初期中世社会史の研究』東京大学出版会、一九九一年）
（5）笹山晴生『古代国家と軍隊』（中央公論社、一九七五年）
（6）石井進「中世成立期の軍制」（『鎌倉武士の実像』平凡社、一九八七年）
（7）石井進『中世武士団』（日本の歴史十二、小学館、一九七四年）
（8）石井進・大三輪龍彦編『よみがえる中世（3）　武士の都・鎌倉』（平凡社、一九八九年）
（9）五味「武家の屋敷と庶民の家」（『神奈川地域史研究』十号、一九九二年）
本章の概要は『合戦絵巻　武士の世界』（毎日新聞社『復元の日本史』一九九〇年）において述べた内容を発展させたものである。

2　武者の好むもの

（1）佐藤進一『古文書学入門』（法政大学出版局、一九七一年）。源頼朝の下文については黒川高明『源頼朝文書の研究　史料編』（吉川弘文館、一九八八年）を参照。

（2）以仁王の令旨については佐藤進一『日本の中世国家』（岩波書店、一九八三年）、羽下徳彦「以仁王〈令旨〉考」（日本古文書学会編『日本古文書学論集五　中世1』吉川弘文館、一九八六年）、五味『平家物語、史と説話』（平凡社、一九八七年）を参照。
（3）平氏と忠盛の動向については高橋昌明『清盛以前』（平凡社、一九八四年）、及び五味「大庭御厨と『義朝濫行』の背景」（『院政期社会の研究』山川出版社、一九八四年）を参照のこと。
（4）新田英治「鹿島神宮文書雑感」（『論集日本歴史4　鎌倉政権』有精堂出版、一九七六年）、これへの批判は湯田環「鎌倉幕府草創期の政務と政所」（『お茶の水史学』二九、一九八五年）がある。
（5）国立歴史民俗博物館蔵の「六条若宮関係文書」によると、「文治二年四月、御敷地を四丁に広げられ、諸大名等に仰せ付けられ、御造営の功を遂げられ畢ぬ」とあって、「御殿・拝殿・小神」が「政所の御沙汰」によったとある。
本章で注目した下文や政所などについては「武家政権と荘園制」（網野善彦他編『講座日本荘園史2　荘園の成立と領有』吉川弘文館、一九九一年）で若干触れているので参照されたい。

3　地頭に法あり

（1）石母田正「鎌倉幕府一国地頭職の成立」（石母田・佐藤進一編『中世の法と国家』東京大学出版会、一九六〇年）
（2）河内祥輔『頼朝の時代』（平凡社、一九九〇年）、三田武繁「文治の守護・地頭問題の基礎的考察」（『史学雑誌』百編一号、一九九一年）、保立道久「日本国惣地頭・源頼朝と鎌倉初期新制」（『国立歴史民俗博物館研究報告』39集、一九九二年）
（3）石母田正「文治二年の守護地頭停止について」（『法学志林』五十六巻一号、一九五八年）
（4）義江彰夫『鎌倉幕府地頭職成立史の研究』（東京大学出版会、一九七八年）
（5）五味「院支配の基盤と中世国家」（前掲『院政期社会の研究』）
（6）上横手雅敬『日本中世政治史研究』（塙書房、一九七〇年）

4　文士は下る

（1）以下、五味『吾妻鏡の方法』（吉川弘文館、一九九〇年）参照。
（2）目崎徳衛「鎌倉幕府草創期の吏僚について」（『三浦古文化』一五号、一九七四年）
（3）五味「花押に見る院政期諸階層」（前掲『院政期社会の研究』）
（4）五味「紙背文書の方法」（石井進編『中世をひろげる』吉川弘文館、一九九一年）
（5）戸田芳実「王朝都市と荘園体制」（前掲『初期中世社会史の研究』）、五味「保元の乱の歴史的位置」（前掲『院政期社会の研究』）
（6）山本信吉・瀬戸薫「半井本『医心方』紙背文書について」（『加能史料研究』四号、一九八九年）
（7）五味「前期院政と荘園整理の時代」（前掲『院政期社会の研究』）

第Ⅱ部　荘園の夏

5　目代を探って

本章は五味「紙背文書の方法」（前掲石井進編『中世をひろげる』）を会話体に改めたものである。基本史料は半井本『医心方』紙背文書であり、これの全貌は山本信吉・瀬戸薫「半井本『医心方』紙背文書について」（前掲）に示されており、さらに戸田芳実「院政期北陸の国司と国衙」（前掲『初期中世社会史の研究』）と瀬戸薫「半井本『医心方』紙背文書とその周辺」（『加能史料研究』四号、一九八九年）の関連論文がある。

6　荘園への誘い

（1）本章の基本史料は『大日本古文書』の『高野山文書』（東京大学史料編纂所編）であり、本文で断りのない限りは史料はこれによっている。
（2）以下の記述は五味「平家領備後国大田庄」（『遥かなる中世』二号、一九七七年）による。
（3）大山喬平「文治国地頭の停廃をめぐって」（横田健一先生還暦記念会編『日本史論叢』一九七六年）、義江彰夫『鎌倉幕府地

頭職成立史の研究』(前掲)
(4) 河音能平「平安末期の在地領主制について」(『中世封建制成立史論』東京大学出版会、一九七一年)
(5) 戸田芳実「備後国大田荘の古道」(『歴史と古道』人文書院、一九九二年)
(6) 五味「鎌倉幕府の成立」(永原慶二編『ジュニア日本の歴史3　武士の実力』小学館、一九七八年)
(7) 永原慶二「荘園制支配と中世村落」(『日本中世社会構造の研究』岩波書店、一九七三年)

7　東の武士と西の武士たち

(1) 工藤敬一「鎌倉時代の肥後国人吉庄」(『熊本大学文学部論叢』一号、一九八〇年)、「九州における王家領荘園の存在形態」(渡辺澄夫博士古稀記念事業会編『九州中世社会の研究』一九八一年)
(2) 清業の動きについては五味「花押に見る院政期諸階層」(前掲)
(3) 五味『藤原定家の時代』(岩波書店、一九九一年)
(4) 工藤「九州における王家領荘園の存在形態」(前掲)、筧雅博「関東御領考」(『史学雑誌』九十三編四号、一九八四年)
(5) 服部英雄「空から見た人吉庄・交通と新田開発」(『史学雑誌』八十七編八号、一九七八年)、「人吉庄再論」(『日本歴史』三七五号、一九七九年)
(6) 以下の記述は五味「地頭支配と検注」(『日本歴史』三九〇号、一九八〇年)を参照のこと。
(7) 石井進『中世武士団』(前掲)
(8) 石井進「『古今著聞集』の鎌倉武士たち」(前掲『鎌倉武士の実像』)
(9) 龍粛「西園寺家の興隆とその財力」(『鎌倉時代下』春秋社、一九五七年)、及び五味『古今著聞集』と橘成季」(前掲『平家物語、史と説話』)を参照。
(10) 高橋昌明「西国地頭と王朝貴族」(『日本史研究』二三一号、一九八一年)を参照。
(11) 西園寺家の所領とその発展については網野善彦「西園寺家とその所領」(『国史学』一四六号、一九九二年)を参照。

8　侍の家

本章の基本史料の「名田庄熊野神社文書」所収の大般若経紙背文書は、『福井県史　資料編9　中・近世七』（一九九〇年）に翻刻されており、網野善彦氏による解説も同書に収められている。なお近藤成一氏には写真版史料の提供についてお世話になった。記して感謝したい。

第Ⅲ部　王朝の秋

9　王朝の物語

本章のテキストは『宇治拾遺物語』が『新日本古典文学大系』42の『宇治拾遺物語　古本説話集』（岩波書店、一九九〇年）、『古今著聞集』が『日本古典文学大系』84（岩波書店、一九六六年）、『五代帝王物語』が『群書類従』3帝王部（続群書類従完成会、一九三三年）、『なよたけ物語』が小松茂美編『続日本の絵巻』17『奈与竹物語絵巻　直幹申文絵詞』（中央公論社、一九九二年）である。

10　歌人の群像

（1）五味『平家物語、史と説話』（前掲）
（2）多賀宗隼『慈円の研究』（吉川弘文館、一九八〇年）
（3）佐藤美知子「八条院高倉の論」（『大谷女子大学紀要』十号、一九七五年）
（4）福田秀一『中世和歌史の研究』（角川書店、一九七二年）
（5）細川涼一「王権と尼寺」（『女の中世』日本エディタースクール出版部、一九八九年）

本章で扱った日記や紀行に関するテキストは、主に『新日本古典文学大系』51の『中世日記紀行集』（岩波書店、一九九〇年）によっており、その解説を参照した。

11　京の武士たち

（1）石田吉貞「宇都宮歌壇とその性格」（『国語と国文学』二十四巻十二号、一九四七年）

（2）田中稔「醍醐寺所蔵『諸尊道場観集』紙背文書」（『醍醐寺文化財研究所研究紀要』六・七号、一九八四・五年）、「大内惟義について」（『鎌倉幕府御家人制度の研究』吉川弘文館、一九九一年）

（3）五味『吾妻鏡の方法』（前掲）

（4）五味『藤原定家の時代』（前掲）

（5）慈光寺本『承久記』は『新撰日本古典文庫』（現代思潮社、一九七四年）による。

（6）杉山次子「慈光寺本承久記成立考（1）」（『軍記と語り物』七号、一九七〇年）

12　『吾妻鏡』の誕生

（1）以下の記述は五味『吾妻鏡の方法』（前掲）を参照。

（2）金沢氏については関靖『金沢文庫の研究』（講談社、一九五一年）

（3）五味「公方」（網野善彦他編『ことばの文化史　中世3』平凡社、一九八九年）

（4）青木晃他編『真名本　曽我物語』（平凡社、一九八七年）

（5）村上学『曽我物語の基礎的研究』（風間書房、一九八四年）

第Ⅳ部　文士の冬

13　絵巻は訴える

（1）森末義彰『中世の社寺と芸術』（畝傍書房、一九四一年）

（2）五味『中世のことばと絵』（中央公論社、一九九〇年）

（3）田中稔「醍醐寺所蔵『薄草子口決』紙背文書（抄）」（『醍醐寺文化財研究所研究紀要』三号、一九八一年）

（4）宮島新一「歴史と絵画　『絵師草紙』の場合」（『日本史の研究』一五四号、一九九一年）

(5) 黒田日出男「『異香』と『ねぶる』」(前掲『姿としぐさの中世史』)
(6) 黒田「『天狗草紙』における一遍」(前掲『姿としぐさの中世史』)

14 都市の小さな空間

(1) 赤松俊秀『古代中世社会経済史研究』(平楽寺書店、一九七二年)
(2) 五味文彦「洛中散在の輩」(『遥かなる中世』五号、一九八二年)
(3) 小泉恵子「中世前期に於ける下級官人の動向について」(石井進編『中世の人と政治』吉川弘文館、一九八八年)
(4) 五味「馬長と馬上」(前掲『院政期社会の研究』)
(5) 五味「使庁の構成と幕府」(『歴史学研究』三九二号、一九七三年)
(6) 野口徹『中世京都の町屋』(東京大学出版会、一九八八年)
(7) 石井進・大三輪龍彦編『よみがえる中世(3) 武士の都・鎌倉』(前掲)
(8) 五味「武家の屋敷と庶民の家」(前掲)
(9) 馬淵和雄「都市の周縁、または周縁の都市」(『青山考古』九号、一九九二年)

15 公方と公家と

(1) 網野善彦「『関東公方御教書』について」(前掲『日本古文書学論集五　中世1』)
(2) 五味「公方」(前掲)
(3) 多賀宗隼『鎌倉時代の思想と文化』(目黒書店、一九四六年)
(4) 笠松宏至『徳政令』(岩波書店、一九八二年)
(5) 小泉恵子「『古今著聞集』成立の周辺」(『日本歴史』四八二号、一九八八年)
(6) 五味「王権と幕府」(別冊『文芸』特集天皇制、河出書房新社、一九九〇年)
(7) 網野善彦『異形の王権』(平凡社、一九八六年)

16　文士の終焉

（1）玄恵については鈴木登美恵「太平記作者と玄恵法印」（『国語と国文学』五十巻五号、一九七三年）を参照。

（2）荒木良雄「太平記の成立と恵鎮上人」（『国語と国文学』十巻三号、一九三三年）、砂川博『軍記物語の研究』（桜楓社、一九九〇年）

（3）恵鎮については松尾剛次「恵鎮円観を中心とした戒律の復興」（『三浦古文化』四十七号、一九九〇年）を参照。

本章の前提には五味「古記録・実話と説話」（『説話の言説』便誠堂、一九九一年）、「後醍醐の物語」（『国文学』36—2、学燈社、一九九一年）、『中世のことばと絵』（前掲）があるので参照されたい。なおテキストの『徒然草』『太平記』はともに『日本古典文学大系』（岩波書店）によっている。

あとがき

『中世のことばと絵』では『絵師草紙』という絵巻を素材にして鎌倉末期の社会を描き、続いて『藤原定家の時代』では歌人である藤原定家という人物を通じて鎌倉前期の社会を描いた。そこで本書では武士と文士という階層に注目して中世前期の社会を考えたわけである。

こうした事情のために使う素材が増えて、また対象とする時代も広がったこと、さらに武士・文士などといった階層の性格がテーマであることなどから、叙述はどうしても散漫になりがちである。そのために全体をまとめるためにやむなく、というよりは進んで会話体の文章を各所で用いた。一度ならず、二度・三度ということであるから、批判はもちろん覚悟のうえである。「会話体に代わる新たな表現方法を考えねば」という批判は甘受しよう。

ただ、会話体だから学問的な手続きに疑問が残る、という批判は当たらないであろう。例えば、本書の第5章「目代を探って」は「紙背文書の方法」という論文を会話体に改めたものであるが、会話体であっても学問的な手続きは十分にとりうる。会話体にすることによって、問題の急所をつけるメリットもあり、なによりも読んでわかりやすいのが魅力である。しかし、やはり新たな表現方法を開拓する必要はあろう。『中世のことばと絵』に始まり、『藤原定家の時代』を経て、ここになった本書をいわば三部作の最後となすことによって会話体とも別れを告げたい。

そこでこれまでに私を助けてくれたA・B・Cの三君に労いの言葉をかけてあげよう。そして会話体を支持してくれた多くの読者にも感謝しよう。挑発的なA君がいなかったら怠惰な私がこのように続け様に本を書くこともなかったであろう。文化に関心を持つB君がいなかったら、文化史などという領域に踏み込まなかったであろう。それに困った時に登場してくれたC君がいなかったら本書は生まれなかったろう。そして何より「楽しく読んでるよ」という読者の反応がなかったなら、三部作は誕生しなかった。

感謝ついでにワープロにも感謝の言葉をかけておこう。機械に弱い私にワープロは不似合いかと思ったが、使ってみると便利このうえない。ワープロと会話体の文章がマッチしたこともあって、もはや離れられなくなってしまった。最後になってしまったが、本書の編集をしていただいた東京大学出版会の高橋朋彦氏には特別に感謝の意を表したい。鮮やかな手捌きで大変よい本に仕立てていただきました。えっ、まだ忘れてやしませんかって。そうだった、そうだった。

「いつもお世話になっております。ありがとう」

一九九二年七月十八日

五味文彦

高橋慎一朗・千葉敏之 編	中世の都市	四六	三二〇〇円
高橋慎一朗・千葉敏之 編	移動者の中世	A5	五〇〇〇円
村井章介 著	日本中世の異文化接触	A5	七八〇〇円
高橋昌明 著	武士の成立 武士像の創出	A5	五八〇〇円
高橋昌明 著	平家と六波羅幕府	A5	五二〇〇円
脇田晴子 著	能楽からみた中世	A5	五八〇〇円
三枝暁子 著	比叡山と室町幕府	A5	六八〇〇円
須田牧子 著	中世日朝関係と大内氏	A5	七六〇〇円
佐伯智広 著	中世前期の政治構造と王家	A5	五六〇〇円

ここに表示された価格は本体価格です．御購入の
際には消費税が加算されますので御了承下さい．

著者紹介
1946年山梨県生まれ．東京大学文学部卒業．東京大学大学院人文科学研究科博士課程中退．現在，東京大学名誉教授・放送大学名誉教授．
主な著書に『院政期社会の研究』（山川出版社，1984年），『吾妻鏡の方法』（吉川弘文館，1990年，増補版2000年，新訂版2018年），『中世のことばと絵』（中公新書，1990年，サントリー学芸賞），『書物の中世史』（みすず書房，2003年，角川源義賞），『文学で読む日本の歴史』（全5巻，山川出版社，2015-20年），『鎌倉時代論』（吉川弘文館，2020年），『武士論』（講談社選書メチエ，2021年），『明日への日本歴史』（全4巻，山川出版社，2023年）など多数．

武士と文士の中世史　新装版

1992年10月15日　初　版　第1刷
2024年 9 月30日　新装版　第1刷

［検印廃止］

著　者　五味文彦《ごみふみひこ》

発行所　一般財団法人　東京大学出版会

代表者　吉見俊哉

153-0041 東京都目黒区駒場4-5-29
http://www.utp.or.jp/
電話 03-6407-1069　Fax 03-6407-1991
振替 00160-6-59964

印刷所　株式会社三陽社
製本所　誠製本株式会社

© 2024 Fumihiko Gomi
ISBN 978-4-13-020165-0　Printed in Japan

JCOPY 〈出版者著作権管理機構　委託出版物〉
本書の無断複写は著作権法上での例外を除き禁じられています．複写される場合は，そのつど事前に，出版者著作権管理機構（電話 03-5244-5088，FAX 03-5244-5089，e-mail: info@jcopy.or.jp）の許諾を得てください．

図版目次

本書掲載の写真図版については，表記の所蔵者・機関のほか，栃木県立文書館，角川書店などにご協力いただきました。記して感謝いたします。

人名索引

ア～オ

カ・キ

ク・ケ

サ・シ

ス～ソ

タ・チ

ツ～ト

ナ～ノ

ハ～ホ

マ～モ

ヤ～ヨ

ラ～ロ